Maindok · Professionelle Interviewführung in der Sozialforschung

Reihe Sozialwissenschaften
Band 21

Professionelle Interviewführung in der Sozialforschung

Interviewtraining:
Bedarf, Stand und Perspektiven

Herlinde Maindok

Centaurus-Verlagsgesellschaft
Pfaffenweiler 1996

Zur Autorin: *Herlinde Maindok* ist Diplom-Soziologin. Sie habilitierte 1995 an der Universität Dortmund und ist dort gegenwärtig an der Fakultät für Wirtschafts- und Sozialwissenschaften als Akademische Rätin tätig.

Die Drucklegung erfolgte mit freundlicher Unterstützung der Deutschen Forschungsgemeinschaft.

Gedruckt auf alterungsbeständigem Papier.

Die Deutsche Bibliothek – CIP-Einheitsaufnahme

Maindok, Herlinde:
Professionelle Interviewführung in der Sozialforschung : Interviewtraining: Bedarf, Stand und Perspektiven / Herlinde Maindok. – Pfaffenweiler : Centaurus-Verl.-Ges., 1996
   (Reihe Sozialwissenschaften ; Bd. 21)
   ISBN 3-8255-0015-2
NE: GT

ISSN 0177-2813

Alle Rechte, insbesondere das Recht der Vervielfältigung und Verbreitung sowie der Übersetzung, vorbehalten. Kein Teil des Werkes darf in irgendeiner Form (durch Fotokopie, Mikrofilm oder ein anderes Verfahren) ohne schriftliche Genehmigung des Verlages reproduziert oder unter Verwendung elektronischer Systeme verarbeitet, vervielfältigt oder verbreitet werden.

© *CENTAURUS-Verlagsgesellschaft mit beschränkter Haftung, Pfaffenweiler 1996*

Satz: Vorlage der Autorin
Druck: Prisma-Druck, Frankfurt/M.

EINFÜHRUNG: PROFESSIONELLE INTERVIEWFÜHRUNG IN DER SOZIALFORSCHUNG - INTERVIEWTRAINING: BEDARF, STAND UND PERSPEKTIVEN 9

1. Das Interview als Kommunikationsprozeß 10
2. Ausgangsthesen 16
3. Interviewtraining als Prozeß der Habitualisierung 25
4. Ziele der Arbeit 27
5. Inhalt und Durchführung 29

1. INTERVIEWTRAINING ALS THEMA IN LEHRBÜCHERN 32

1.1. Neuerscheinungen 33
1.2. Traditionelle Methodenlehre 36
1.3. Das Interviewtraining nach Kahn und Cannell 41
1.4. Zusammenfassung 46

2. DAS INTERVIEW IN DER EMPIRISCHEN SOZIALFORSCHUNG 48

2.1. Die Konfrontation von Methodologie und Forschungspraxis als thematischer Rahmen - Die soziale Dimension des Interviews 48

2.2. Interviewer: Anforderungen, Fähigkeiten und Fertigkeiten 50
   2.2.1. Zur Problematik von Untersuchungen zum Interviewerverhalten 50
   2.2.2. Interviewer: Professionalität und/oder Erfahrung 56
   2.2.3. Befragte 62
   2.2.4. Professionelle Orientierungsweisen und die Situationsdefinition im Interview 69
   2.2.5. Zwischenergebnis 74

2.3. Die Dramaturgie des Fragebogens und die Lehre von der Frage als professionelle Ressourcen empirischer Sozialforschung 75
   2.3.1. Techniken der Gesprächsführung 76
   2.3.2. Die Dramaturgie des Fragebogens 81
   2.3.3. Die Lehre von der Frage 88

3. QUALITATIVE SOZIALFORSCHUNG: DAS NARRATIVE INTERVIEW 94

3.1. Der Zusammenhang von Gegenstandskonstitution und Methode als thematischer Rahmen - Die kognitive Dimension des Interviews 97
   3.1.1. Das Forschungsprogramm "Grundlagentheoretische Voraussetzungen methodisch kontrollierten Fremdverstehens" 99
   3.1.2. Formalpragmatische Interaktionsuniversalien 104
   3.1.3. Methode des narrativen Interviews 108

3.2. Interviewer: Anforderungen, Fähigkeiten und Fertigkeiten 111
   3.2.1. Das Ablaufschema des narrativen Interviews als
   erzählgenerierende Gesprächsstrategie 111
   3.2.2. Der Interviewer als Zuhörer - Vom Zuhörer zum Interviewer 114
   3.2.3. Das narrative Interview als Kommunikationsarbeit 116

3.3. Kommunikative Strategien zur Steuerung von Schemata der
Sachverhaltsdarstellung als professionelle Ressourcen im
narrativen Interview 121
   3.3.1. Das narrative Interview als spezifische Befragungsform:
   Erzähl- und biographietheoretische Annahmen 122
   3.3.2. Anwendungsformen des narrativen Interviews und andere
   Formen offener Interviews 124
   Exkurs: Das problemzentrierte Interview 127
   3.3.3. Die Wirksamkeit kognitiver Mechanismen im
   Kommunikationsprozess 129
      3.3.3.1. Zugzwänge als Steuerungsmechanismen für den Verlauf
      von Kommunikation 130
      3.3.3.2. Kognitive Figuren als organisatorischer Rahmen von
      Kommunikation 131
      3.3.3.3. Selbstläufigkeit versus interaktiver Hervorbringung von
      kognitiven Figuren der Kommunikation 134

4. TECHNIKEN DER GESPRÄCHSFÜHRUNG IN NACHBAR-
DISZIPLINEN: ROGERS KLIENTENZENTRIERTES INTERVIEW 136

4.1. Die Balance zwischen Steuern und Motivieren -
Die affektive Dimension des Interviews 136
   4.1.1. Zum Entwicklungsstand von Gesprächstechniken
   in Nachbardisziplinen 137
   4.1.2. Was klientenzentrierte Gesprächsführung für die Interviews
   in der Sozialforschung interessant macht 140
   Exkurs: Die Rezeptionsgeschichte von Rogers in der deutschen
   Soziologie 141
   4.1.3. Das Konzept der klientenzentrierten Psychotherapie nach
   Carl Rogers 143
      4.1.3.1. Klientenorientierung als Alternative zu direktiven
      Beratungskonstellationen 143
      4.1.3.2. Ablauf und Funktion des therapeutischen Prozesses in
      der klientenzentrierten Therapie 145
   Exkurs: Klientenzentrierte Therapie und demokratische Kultur in
   den USA 152

4.2. Interviewer: Anforderungen, Fähigkeiten und Fertigkeiten 153
   4.2.1. Die Technik der klientenzentrierten Gesprächsführung 153

4.2.3. Der Stellenwert einer Gesprächstechnik in der Therapie 155
4.2.4. Offenheit und Strukturierung in der klientenzentrierten Therapie 157
4.2.5. Die Rolle des Therapeuten/Beraters 158

4.3. Nicht-direktive Techniken der Gesprächsführung als professionelle
Resourcen im Klienten-orientierten Interview 160
4.3.1. Modifikationen des Konzepts von Carl Rogers 160
4.3.2. Modifikationen der klientenzentrierten Psychotherapie für
die Sozialforschung 165
4.3.3. Kommunikationsprozesse in der Psychotherapie und in der
Befragung: Differenzen und Gemeinsamkeiten 168
4.3.4. Spiegeln als eine Technik der Gesprächsführung im
sozialwissenschaftlichen Interview 171

5. INTERVIEWTRAINING FÜR SOZIALFORSCHER: PERSPEKTIVEN 175

5.1. Anforderungen an Interviewer 180
5.2. Lernziele und Lerninhalte für ein Interviewtraining 183
5.3. Interviewtraining als Lernprozeß 187

LITERATURVERZEICHNIS 191

Einführung: Professionelle Interviewführung in der Sozialforschung - Interviewtraining: Bedarf, Stand und Perspektiven

In nicht-standardisierten Befragungsverfahren muß die Erhebung von Daten kommunikativ realisiert werden. Die Qualität sozialwissenschaftlichen Datenmaterials wird dadurch unmittelbar abhängig von den kommunikativen Fähigkeiten des Interviewers oder der Interviewerin. Zumindest auf den ersten Blick ist es daher erstaunlich, daß in der einschlägigen Methodenliteratur dem Themenkomplex "Techniken der Gesprächsführung" sehr wenig Aufmerksamkeit geschenkt wird. Die Aussparung dieser Thematik hat vermutlich damit zu tun, daß sie zwar theoretisch äußerst voraussetzungsvoll ist, sich aber aus Gründen der Arbeitsökonomie auf praxisorientierte und instrumentelle Fragestellungen konzentrieren muß. Diese Konstellation bietet Gelegenheit für allerlei Mißverständnisse.

Wenn im Folgenden der Interviewer als Experte für Gesprächsführung vorgestellt wird, dann ist dies als thematische Ausgrenzung aus einem wesentlich umfassenderen Zusammenhang zu verstehen: Dem Interview als sozialer Beziehung und der interaktiven Erzeugung von sozialwissenschaftlichen Daten. Daß hier eine Zuspitzung auf lediglich ein Segment dieser Problematik vorgenommen wird, ergibt sich aus dem Ziel der vorliegenden Arbeit, Grundlagen für Interviewtrainings zu schaffen, die auf spezielle Anforderungen von Sozialforschern zugeschnitten sind. Dabei geht es hauptsächlich um eine Konzeption praxisorientierter Lerninhalte und deren Vermittlung. Die Diskussion wissenschaftslogischer und interaktionstheoretischer Annahmen, die mit der Vorstellung eines Experten für Gesprächsführung verbunden sind, müssen gegenüber diesem in erster Linie praxisorientiertem Interesse der vorliegenden Arbeit nachgeordnet werden. Weiter unten in der Einleitung wird ausführlicher dargelegt, wann und unter welchen Fragestellungen darauf eingegangen wird. In der Regel werden wissenschaftslogische und interaktionstheoretische Fragestellungen aufgenommen, um die Position der hier behandelten Ansätze zu klären und die Brauchbarkeit und Umsetzbarkeit der von ihnen entwickelten Methoden der Interviewführung für ein Interviewtraining zu diskutieren.

Auch wenn die vorliegende Arbeit einen anderen Schwerpunkt hat, so ist es doch unverzichtbar, zumindest einige der ihr zugrunde liegenden methodologischen und theoretischen Annahmen zu skizzieren. In diesem Sinne wird im nächsten Abschnitt der Einleitung das Interview als Kommunikationsprozeß thematisch aufgenommen. Dabei geht es hauptsächlich um den Stellenwert von Gesprächstechnik im Verhältnis zu gegenstandsbezogenem Wissen und anderen Aspekten von Kommunikationsfähigkeit. Ein anderer Abschnitt der Einleitung befaßt sich mit dem Interviewtraining als Lernprozeß. Dieser Abschnitt soll skizzieren, welcher Lernbegriff mit Formen von Kommunikationstraining in Verbindung gebracht werden kann.

1. Das Interview als Kommunikationsprozeß

Wissen über soziale Tatbestände, so die zentrale Kritik der qualitativen an der traditionellen Sozialforschung, kann nicht im Sinne eines Meßvorgangs ermittelt werden. Die Sozialwissenschaften haben es überwiegend mit einer Art von "Daten" zu tun, die nicht unabhängig von sinnorientierten Handlungen existieren. Der Sinnhaftigkeit sozialer Tatbestände entsprechend, muß zu ihrer Erforschung mit Methoden gearbeitet werden, mit deren Hilfe Prozesse der Bedeutungszuschreibung nachvollzogen werden können. Es muß also mit Verfahren gearbeitet werden, in deren Rahmen Prozesse des Verstehens und der Verständigung möglich sind, und dies sind in erster Linie offene Befragungsverfahren[1]

Wird auf Grund dieser methodologischen Annahmen der Forschungsprozeß als Kommunikationsprozeß verstanden, müssen alltägliche Kommunikation und Kommunikation im Forschungsprozeß voneinander abgegrenzt werden. In der qualitativen Sozialforschung gibt es dazu - wie in der empirischen Sozialforschung insgesamt - Gegenüberstellungen von alltäglicher Kommunikation und dem besonderen Falle der Kommunikation im Forschungsinterview[2]. Diesen Gegenüberstellungen läßt sich entnehmen, daß es sich bei Alltagskommunikation um eine relativ amorphe Angelegenheit handelt, die von Akteuren vergleichsweise

---

[1] Das Verhältnis von quantitativer und qualitativer Sozialforschung zueinander, die Bedeutung standardisierter und offener Verfahren für die Sozialforschung ist in den beiden letzten Jahrzehnten ausführlich diskutiert worden. Stellvertretend vgl. z.B. Küchler 1983.

[2] Die in der entsprechenden Literatur vorliegenden Gegenüberstellungen von Alltagskommunikation und strategischer Kommunikation im Interview weisen eine Reihe von Problemen auf, denen hier allerdings nicht nachgegangen wird: Im allgemeinen bleibt z.B. unthematisiert, welchen Status diese Gegenüberstellung hat. Es wird häufig nicht deutlich, ob sie deskriptiv gemeint ist, oder als symbolischer Ausdruck zur Charakterisierung auch theoretisch unterschiedlich zu konzipierender Typen von sozialen Situationen. Die fast durchgehend enthaltene unausgesprochene Annahme über soziale Wirklichkeit bei dieser Gegenüberstellung besagt: Es gibt alltägliche Gesprächssituationen, in denen die Beteiligten sich immer spontan von der Situation treiben lassen und in denen keine kalkulierte Kommunikation stattfindet. Als Beispiel für diesen Typus der Kommunikation wird gerne auf die Situation von zwei Fremden verwiesen, die auf einer Bahnfahrt miteinander ins Gespräch kommen. Dieses Konstrukt ist m.E. in jeder Hinsicht unangemessen: Als Bild zur Beschreibung alltäglicher Erlebnisformen entspricht es wohl eher der sozialen Wirklichkeit der fünfziger- und sechziger Jahre als der Gegenwart. Darüber hinaus enthält jede Gepräschssituation eine strategische Komponente, da schließlich jede Situation hinsichtlich ihrer Handlungsanforderungen und -verpflichtungen für die Teilnehmer definiert werden muß.

spontan und/oder unüberlegt praktiziert wird. Wenn für alltägliche Kommunikation zwischen den Dimensionen der Inhaltsebene und der Beziehungsebene unterschieden wird, so ist dies eher ein von außen angelegtes Konzept, als die Perspektive der unmittelbar Beteiligten. (Vgl. dazu Watzlawick u.a. 1967) Die Kommunikation im Forschungsinterview hingegen sollte ein methodisch kalkulierter und in seinen Dimensionen noch stärker differenzierter Vorgang sein. Dieser stärkeren Differenzierung des Kommunikationsprozesses entsprechen spezialisierte Kompetenzen, der der Interviewer in die Befragung einbringen sollte. Zum Zwecke einer knappen Darstellung dieser Thematik, schlage ich das Schema in Abbildung 1 vor:

Kommunikation im Interview

Fachkompetenz	thematische Kompetenz
Gesprächstechnik	alltagskommunikative Kompetenz

Abb. 1

Während für Alltagskommunikation davon ausgegangen wird, daß Akteure spontan über eine mehr oder weniger entwickelte allgemeine Fähigkeit zur Verständigung verfügen, stellt sich diese allgemeine Kompetenz für den Kommunikationsprozeß im Forschungsinterview als ein Set von aufeinander bezogenen, verschiedenartigen Kompetenzen dar. Eine erste grobe Klassifizierung verschiedenartiger Kompetenzen läßt sich entlang der - auch für Alltagskommunikation üblichen

- Unterscheidung von Inhaltsebene und von Beziehungsebene vornehmen. Für die Dimension der Inhaltsebene bietet sich die Differenzierung nach Fachkompetenz und thematischer Kompetenz an. Während die Fachkompetenz bestimmte theoretische und methodologische Voraussetzungen beinhaltet, bezieht sich die thematische Kompetenz auf Kenntnisse über die von Experten zu befragenden Sachverhalte. Die Beziehungsebene bezieht sich auf interaktiven Kompetenzen, die zur Gestaltung des Beziehungsaspektes der Kommunikation eingebracht werden müssen. Nach der Dimension der alltagskommunikativen Kompetenz hin verlangt sie, daß Interviewer zu "normalen" Gesprächen in der Lage sind. Dies ist aber nicht lediglich eine triviale Voraussetzung, sondern impliziert für die Methodenwahl, daß der Forscher, resp. Interviewer, sich eines Verfahrens bedienen muß, das Raum für alltägliche Prozesse des Verstehens und der Verständigung läßt. Diese Aufforderung zur Arbeit mit offenen Erhebungsverfahren macht wiederum nur dann Sinn, wenn auch theoretisch organisiertes empirisches Wissen über diese Verfahren vorhanden ist. Daran an schließt sich als andere Dimension der interaktiven Kompetenzen die Gesprächstechnik. Allgemein ausgedrückt geht es dabei um den strategischen Einsatz von Wissen über Kommunikation. Dies ist eine Kompetenz zur Förderung des Prozesses der Datengewinnung, die relativ unabhängig von persönlichen Voraussetzungen und inhaltlichen Kompetenzen des Interviewers ist. Diese Dimension der Kommunikationsfähigkeit wird in der entsprechenden Literatur eher randständig behandelt, wobei die gleiche Literatur aber auch nahelegt, daß dieser Aspekt für den Verlauf von Interviews durchaus bedeutsam ist.

Die erste systematische Bestandsaufnahme der Realität sozialwissenschaftlicher Interviewsituationen und ihrer Probleme findet sich bei Hopf (1978). Ihr Anknüpfungspunkt ist das Dilemma zwischen methodischer Verpflichtung zu "natürlicher" Kommunikation und asymmetrischer Strukturierung der Interviewsituation qua Rollenvorschriften für Interviewer und Befragtem. In dieser Situation allein gelassen, gibt es für Interviewer zwei Lösungsmöglichkeiten, die beide wenig förderlich für das Gelingen der Kommunikation im Interview sind: Die Leitfadenbürokratie und das Verlassen auf alltagskommunikative Kompetenz. Die Probleme, die sich aus der Leitfadenbürokratie ergeben, sind im Anschluß an den Aufsatz von Hopf hinreichend diskutiert worden. Vieles, was bei Hopf hingegen im Zusammenhang mit alltagskommunikativen Kompetenzen an Problemen aufgezeigt wurde, bzw. im Rahmen dieser Problematisierungen vorausgesetzt wurde, ist weiterhin ungeklärt.

Den Balanceakt der von Interviewern zwischen Spontaneität und Restriktivität hergestellt werden muß, betrachtet Hopf zunächst auf der Ebene der Fragetechnik: Dort werden im Einzelfall zu lange Fragen gestellt, unklare, schwer verständliche Fragen, überladene Fragen, in denen verschiedene Gegenstände angesprochen werden, suggestive Fragen usw. (Hopf 1978: 108).

Quelle dieser "Fehler" ist zweifellos der Rückgriff des Interviewers auf Kommunikationsmuster des Alltags. Was im Alltag durchaus eine gesprächsfördernde Funktionen haben kann, ist hinsichtlich seiner Auswirkungen im Interview differenzierter einzuschätzen. Wie Hopf insbesondere am Beispiel suggestiver Fragen darlegt, müssen bestimmte Fragen, die klassischerweise methodologisch begründeten Verboten unterliegen, nicht zwangsläufig nachteilige Wirkungen auf ein Interview haben[3]. Alltägliche Kommunikationsmuster wirken also nicht in einer eindeutig angebbaren Weise auf den Verlauf von Interviews, sondern ihre Wirkung hängt auch davon ab, wie kontrolliert sie eingesetzt werden.

Auf der Ebene komplexer Rollenbeziehungen im Interview verweist Hopf auf die Probleme, die sich daraus ergeben, daß die Rolle des Interviewers in der Regel nur ein Segment einer umfassenderen Berufsrolle ist und daß eine Klärung der einzunehmenden Rollen zu Beginn eines Interviews offensichtlich kaum ausreicht, da in seinem Verlauf immer wieder spontane Rollenübernahmen (ebd.: 110) notwendig sind. Beide Dimensionen, die der Frageformulierung und die der Rollenübernahme, so legen die weiteren Ausführungen von Hopf nahe, müssen auf kognitiver Ebene bewältigt werden:

> Es müssen situationsgebunden allgemeinere Forschungsfragen in konkrete, situationsbezogene Interviewfragen umgesetzt werden und umgekehrt müssen die von den Interviewten eingebrachten Informationen laufend unter dem Gesichtspunkt ihrer möglichen theoretischen Bedeutung beurteilt und auch bewertet werden - bewertet insofern, als der Interviewer unter dem laufenden Druck steht zu entscheiden, ob, an welcher Stelle und in welcher Form er Anknüpfungspunkte für ein Weiterfragen aufgreift. (ebd.: 111)

Hermanns (1981) knüpft am Modell des Interviews in der traditionellen Sozialforschung an, nach welchem der Interviewer Gegenstandslaie, also ohne Kenntnisse über den zu erfragenden Gegenstand, aber Verfahrensexperte ist. D.h., "daß der Interviewer z.B. weiß, welche Fragen zum Gegenstand relevant sind und wann eine Auskunft erschöpfend ist." (ebd.: 15) In traditionellen standardisierten Verfahren muß diese Kompetenz des Interviewers aber nicht in seiner Person liegen, sondern wird vom Fragebogen abgedeckt. Dies ist aus der Perspektive qualitativer Sozialforschung nicht möglich, denn Relevanz und Vollständigkeit der Äußerun-

---

3 In Interviews mit Studienräten z.B. wurden suggestive Fragen (die den Interviewern als "Kunstfehler" unterliefen) von den Befragten entschieden zurückgewiesen. (Ebd. 110) Wie Hopf mit ihren Verweisen auf Scheuch und Richardson u.a. nahelegt (ebd. 109f), können gezielt eingesetzte suggestive Fragen sogar methodisch fruchtbar sein. - Vgl. dazu auch in dieser Arbeit, unten, Abschnitt 4.3.1.

gen von Befragten können nicht extern bestimmt werden, sondern können immer nur Ergebnis eines Aushandlungsprozesses sein, in den "sowohl Untersuchungsinteresse und Vorwissen des Interviewers als auch die Sachkenntnis des Interviewpartners eingehen müssen." (ebd.: 16) Nur so kann eine Befragung Ergebnisse für eine gegenstandsbezogene Theorie[4] hervorbringen. Statt den Rahmen möglicher Antworten schon vorab durch kategorial eingegrenzte Fragen zu beschränken, geht es hier um folgendes:

- Wie das Verhältnis von Standort und Perspektive der Interviewpartner berücksichtigt wird,
- wie ein Verständnis der gültigen Interpretation der verwendeten Symbole hergestellt wird,
- wie die Vermittlung der jeweils mitgedachten, aber nicht expliziten Hintergrundes der Darstellung geleistet und berücksichtigt werden kann und
- wie jeweils Verfahren und Gegenstand und damit der Sinn jeder Phase des Interesses zwischen Interviewer und Interviewpartner ausgehandelt wird. (Hermanns 1981: 16)

Der von Hermanns betonte Aspekt von Interviewanforderungen ist das Wissen über Regeln der Verständigung und die strategische Handhabung dieser Regeln. In anderen Arbeiten von Hermanns und auch in denen von anderen Vertretern des narrativen Interviews, wird als thematischer Schwerpunkt der Aspekt der alltagskommunikativen Kompetenzen bearbeitet. Welche Bezüge zwischen diesen und der Dimension der Gesprächstechnik im Interview gesehen wird bleibt unklar, da das Thema "Kommunikationsarbeit im Interview" von diesen Autoren bislang vertagt wurde.[5]

Ähnlich uneindeutig bleibt die Abgrenzung zwischen alltagskommunikativen Kompetenzen und Gesprächstechnik auch bei anderen Vertretern der qualitativen Sozialforschung[6]. Dies ist erstaunlich, da hier eine Gefährdung, aber auch ein Potential der nicht-strukturierten Erhebungsverfahren gesehen wird:

---

4 Die Ausführungen von Hermanns lassen unbestimmt, ob er nun für theoretische Offenheit oder für theoretische Voraussetzungslosigkeit plädiert. Hopf (1985: 91) weist darauf hin, daß die von Glaser/Strauss übernommene und von der qualitativen Sozialforschung so gerne betonte theoretische Voraussetzungslosigkeit für teilnehmende Beobachtung und nicht für Befragungsverfahren konzipiert wurde, und daß eine Gleichsetzung "zu einem handfesten Problem" führen kann, u.a. deswegen, da bei solcher Voraussetzungslosigkeit "alles" im Interview relevant werden kann, und kaum mehr handhabbare Datenberge entstehen.

5 Vgl. dazu unten, Kapitel 3.

6 In den Ausführungen von Windolf (1990) bleibt es unentschieden, ob er zwischen Alltagstechniken der Kommunikation und Wissen um, bzw. der Beherrschung von grundlegenden Prozeduren des Verstehens und der Verständigung unterscheidet. Die von ihm skizzierte doppelte Aufgabe des Interviewers im Interview beinhaltet: "- Als Handelnder hat er die Situation des Interviews mit Mitteln des Alltagswissens zu managen (Vertrauen erwerben,

Auch die sogenannten qualitativen Verfahren der Datenerhebung formen - graduell sicher unterschiedlich stark - die durch sie produzierten Daten. Die Chancen der Kontrolle dieser Überformung schwinden dabei in dem gleichen Maße, in dem der Sozialwissenschaftler - sei es als teilnehmender Beobachter oder als "offener" Interviewer eines "offenen Interviews" - der Illusion verfällt, daß "Nähe zum Feld" oder abnehmende Standardisierung des Erhebungsverfahrens von sich aus bereits "natürliche" Daten produzierten: Auch das "offene" Interview bleibt ein Interview, d.h. eine spezielle Technik, die eine besondere Interaktionssituation schafft. Der teilnehmende Beobachter konzentriert sich auf die Beobachtung, nicht auf die eigene Teilnahme am Interaktionsgeschehen; er handelt nicht in demselben Sinne, wie die von ihm Beobachteten dies tun (Soeffner 1989: 58f).

Die qualitativen Verfahren sind vielmehr ein Typ der Datenerhebung, dessen Kontrollbasis

> auf dem zuvor herzustellenden Wissen über die Verfahren "alltäglicher", "relativ natürlicher" Interaktions-, Darstellungs-, Rede- und Deutungsstrukturierung und auf deren kontrolliertem Einsatz in der Interpretation (ebd.: 60)

aufbaut.

Honer (1993) befaßt sich mit dem explorativen Interview. Dieses ist verfahrenstechnisch darauf ausgerichtet,

> möglichst weite, 'unbekannte', auch latente Wissensgebiete des Befragten zu erschließen. ... Aufgrund seiner situativen Flexibilität kann es sowohl zur Rekonstruktion biographischer Deutungsschemata als auch zur Rekonstruktion von Sonderwissensbeständen eingesetzt werden. (ebd.: 1)

Die von Honer am nachdrücklichsten betonte Dimension ist die der thematischen Kompetenz des Interviewers. Zur Rekonstruktion von Sonderwissensbeständen muß er ohnehin thematische Kompetenzen einbringen. Unabhängig davon aber wird das Experteninterview als eine funktionale Erzählung betrachtet, und in diesem Fall ergibt sich die Relevanz des zu Erzählenden aus einem "übergeordneten Handlungszusammenhang". Dieser wiederum ergibt sich aus biographischen Relevanzen des Erzählers, aber auch aus der aktuellen Interaktionssituation. Mit der Interaktionssituation als einem Element der Relevanzfestlegung wird die Dimension der interaktiven Kompetenzen im Interview angesprochen. Dies wird mit dem Konzept der 'trichterförmigen' Datenerhebung und der Mehrphasigkeit im Interview weiter ausgeführt: Zuerst wird, um an die Relevanzen der Befragten und deren eigene Sprache heranzukommen, ein quasi-normales Gespräch geführt. Es ist kein wirklich normales Gespräch, weil ein außerhalb der aktuellen Situation liegendes Interesse der Forscherin besteht. Die zweite Phase beginnt mit der Auffor-

---

Freundlichkeit etc.). - Als Wissenschaftler muß er die Theorie beherrschen, um die für unsere Hypothese *relevanten* Phänomene in Daten transformieren zu können." (ebd.: 207)

derung zum Erzählen und wird vom Befragten beendet.[7] Daran schließt sich dann das eigentliche Experteninterview an. Dies sollte sein: Offen, situationsflexibel und "auf der Basis von möglichst einschlägigem Vorwissen der Forscherin" (ebd.: 14). Das Frageset des Interviewers sollte als "Angebot für ein informiertes Gespräch" verstanden werden (ebd.: 14). Als Drittes schließt sich eine reflexive Phase an. Orientiert am fokussierten Interview von Merton/Kendall, geht es darum, einen "auf das gemeinsame Thema, bzw. auf gemeinsame (Interaktions-)Erfahrungen bezogenen Leitfaden" (ebd.: 16) zu bilden, um verbliebene oder im Verlauf des Interviews entstandene Fragen zu explorieren.

Mit dem Verweis auf das fokussierte Interview werden hier dem Interviewer Kompetenzen aus der Dimension der Gesprächstechnik abverlangt. Die Differenz zwischen dem in der ersten Phase geführten "quasi-normalen" Gespräch und einem wirklich normalen Gespräch dürfte wohl hauptsächlich auch über die Dimension der Gesprächstechnik zu klären sein.

Zusammengefaßt ergeben die Ausführungen der verschiedenen Autoren und Autorinnen das folgende Bild: Es besteht Konsens darüber, daß Interviewer in ihrer Gesprächsführung methodisch, und d.h. auch strategisch, vorgehen müssen. Wie solche strategischen Kalküle nun im einzelnen aussehen könnten, darüber besteht weniger Dissens, als daß die Thematik von unterschiedlichen Ansatzpunkten her diskutiert wird. Auffällig ist dabei allerdings, daß die Dimension der Gesprächstechnik kaum explizit angesprochen wird. Dies verweist darauf, daß Aspekte der Gesprächstechnik noch zu wenig als eigenständige Dimension von Interviewkommunikation wahrgenommen werden. Anders ausgedrückt, werden Probleme der Gesprächstechnik noch zu wenig differenziert von Problemen thematischer Kompetenz und alltagskommunikativer Kompetenz behandelt.

2. Ausgangsthesen

1. In der Sozialforschung sind gestiegene Anforderungen an die Tätigkeit von Interviewern und Interviewerinnen zu verzeichnen, da die Arbeit mit offenen Befragungsformen zugenommen hat. Die Ausbildung von Interviewern hat mit dieser Entwicklung nicht Schritt gehalten. Es werden kaum professionelle Interviewtrainings angeboten und auch in der entsprechenden Literatur wird das Thema Interviewtraining wenig aufgegriffen.

---

7 Honer läßt offen, wie in der ersten Phase entweder vermieden wird Relevanzfestsetzungen, Indexikalisierungen oder ähnliche Einflüsse auf den erst in der zweiten Phase einsetzenden Erzählvorgang zu vermeiden sind - bzw. wenn dies vorab stattgefunden hat, wie damit umgegangen wird.

2. Um situative Anforderungen in sozialwissenschaftlichen Interviews professionell handhaben zu können, müssen Interviewer als Experten für Gesprächsführung qualifiziert sein. Dies wiederum setzt ein entsprechendes Training voraus.
3. In der empirischen Sozialforschung und in Nachbarprofessionen sind im Zusammenhang mit Befragungsverfahren professionelle Ressourcen (fachliches Spezialwissen, Techniken, Verfahrensweisen etc.) entstanden, die für die Ausbildung von Experten für Gesprächsführung genutzt werden können.

ad 1. In der Methodendiskussion der 70er und 80er Jahre wurden die Vorzüge qualitativer Verfahren hervorgehoben. Die Diskussion hat sich als so folgenreich erwiesen, daß inzwischen offene Erhebungsverfahren schon fast zum Standardrepertoire sozialwissenschaftlicher Forschungsprojekte gehören. Das Interview - schon immer der "Königsweg" der Sozialforschung - kommt hierbei in seinen verschiedensten 'qualitativen' Varianten am häufigsten zum Einsatz.

Darüber hinaus setzt sich auch in der traditionellen Sozialforschung zunehmend ein Interesse an zumindest qualitativ "durchsetzten" Befragungsformen durch[8]: Geer (1991) z.B. kommt aufgrund der Ergebnisse einer experimentellen Untersuchung zu der Ansicht, daß auch die Umfrageforschung mehr mit offenen Fragen arbeiten sollte, da nur über offene Fragen die über einen längeren Zeitraum stabilen Einstellungen ermittelt werden können. Ähnlich wurde in der British Household Panel Study dafür plädiert, quantitative und qualitative Befragungsformen nicht ausschließend, sondern als einander ergänzend einzusetzen (Laurie/Sullivan 1991).[9]

Noch nachdrücklicher wurde die Arbeit mit qualitativen Erhebungsverfahren in den 70er Jahren im Umfeld der Organisationsentwicklung gefordert (z.B. Kappler 1980; Sievers 1977). Daß die Arbeit mit offenen Interviews, bzw. mit Fragebogen, die zumindest teilweise offene Fragen enthalten ergiebiger ist, sobald sozialwissenschaftliche Erhebungen in unmittelbare Praxisbezüge eingebunden sind, belegen auch jüngere Untersuchungen (z.B. McKillip/Moirs/Cervenka 1992).

---

8 Dies drückte sich bereits in der Methodenliteratur Ende der 70er Jahre aus (vgl. Küchler 1980).

9 Gleichzeitig aber scheint sich bei Vertretern von Umfrageforschung und statistisch orientierter Sozialforschung die Erkenntnis durchzusetzen, daß quantitative und qualitative Befragungen nicht schlicht additiv eingesetzt werden können: In einer Reanalyse von Stouffers Studie *Communism, Conformity, and Civil Liberties* belegen Kane/Schuman (1991), daß offene und geschlossene Fragen nicht die gleichen Angelegenheiten in lediglich unterschiedlicher Intensität ansprechen. Sie fordern daher eine Revision und eine genauere Ausarbeitung der Vorstellungen über die Bedeutung der Antworten auf offene und geschlossene Fragen für die Erhebung persönlicher Einstellungen.

Für die Interviewer, die Erhebungen mit offenen Instrumenten durchführen, ergeben sich sehr andere und bisweilen erheblich anspruchsvollere Anforderungen im Vergleich zur Arbeit mit einem durchstrukturierten Fragebogen, der möglichst auch Antwortvorgaben enthält. Im Umfeld der Biographieforschung z.B., wird es als eine der Aufgaben des Interviewers betrachtet, daß er immer wieder strukturierend in den Ablauf des Interviews eingreift (Lehmann 1983: 55ff). Diese stärkere Gewichtung des Interviewers hat Konsequenzen für die Qualität des erhobenen Materials: In der Analyse von Interviews kann nachgewiesen werden, daß der Interviewer, oft auch unbeabsichtigt - und damit unkontrolliert-, in den Kommunikationsprozeß eingreift und damit auf Menge und Qualität des hervorgebrachten Materials Einfluß nimmt (Honer 1989).

Als logische Konsequenz aus dieser Entwicklung ist ein Bedarf an speziellen Ausbildungs- und Trainingsverfahren für Interviewer entstanden. Dies ist aber nur einer von vielen Ansprüchen, die sich aus der Arbeit mit Methoden der qualitativen Sozialforschung ergeben. In der alltäglichen Forschungspraxis besteht wenig Raum für die Bearbeitung der Folgeprobleme, die eine Entscheidung für einen qualitativen Ansatz nach sich zieht und es müssen Prioritäten gesetzt werden: Bislang wurde in erster Linie der eigene theoretisch-methodologische Standort expliziert;[10] an nächster Stelle wurde unter methodologischen, aber auch unter pragmatischen Aspekten die Auswertung von Interviews thematisiert. Der eigentliche Prozeß der Datenerhebung, die Interviewsituation und die Qualifikation von Interviewern, wurden kaum zu Thema.[11]

Forschungsberichte schweigen sich in der Regel aus, soweit es in der Praxis um den Prozeß der Datenerhebung geht[12]. Dort, wo auch über diesen Aspekt der Praxis berichtet wird, ergibt sich folgendes Bild: Die Erhebungsarbeit wird nur ungern und ausnahmsweise delegiert und meist von den Projektmitarbeitern selbst ge-

---

10 Vgl. dazu als eines von vielen Beispielen: Bohnsack 1991.
11 Eine bemerkenswerte Ausnahme ist der Workshop "Politisches Handeln/Experteninterview", der vom 28.-30.6.1991 in Bamberg stattgefunden hat. Der experimentierfreudige Arbeitskreis "Soziologie politischen Handelns" verknüpfte dabei zwei Dinge, die sonst bedauerlicherweise meist getrennt behandelt werden: Eine thematisch bezogene Diskussion mit Methodenfragen (Hitzler 1991). Allerdings wurde auch hier weniger auf Probleme der Qualifizierung von Interviewern eingegangen, sondern eher auf wissenschaftslogische Probleme von Experteninterviews (Brosziewski 1991) und auf die Ergebnisse dieses Interviewtyps (Meuser/Nagel 1991). - Als beispielhaft für die wenigen, Hinweise auf die Notwendigkeit der Qualifizierung von Interviewern sei hier auf die besonders nachdrücklichen Äußerungen von Hopf (1991) verwiesen. - Die wohl am weitesten gehenden Überlegungen zur eigentlichen Erhebungssituation im Interview finden sich bei Honer (1993).
12 Daß offene Interviews ein ganz wesentlicher Teil z.B. der industriesoziologischen Forschung sind, und daß die Arbeit mit qualitativen Befragungsverfahren auch einer bestimmten Technik bedarf, steht außer Frage (Minssen 1991: 161ff).

macht (z.B. Kern/Schumann 1984: 32f). Es gibt eine ganze Reihe guter Gründe, daß so verfahren wird und auch weiterhin so verfahren werden sollte. Dabei darf aber nicht übersehen werden, daß diese Art der Personalunion auch von methodischen Defiziten, die bei der Arbeit mit qualitativen Interviews bestehen, ablenkt: Bei der Feldarbeit mit diversen Varianten offener Befragung, haben die Interviewer ein hohes Maß an situativer Entscheidungskompetenz. Wie sie diese Autonomie ausfüllen bleibt mehr oder wenig zufällig und damit für Dritte kaum kontrollierbar. Unter diesen Bedingungen bleibt den Mitarbeitern von Projekten eigentlich nur die Möglichkeit, den Prozeß der Datenerhebung selbst zu übernehmen. Das Kontrollproblem ist damit aber lediglich verschoben, nämlich vom Projekt zu den Rezipienten der Studie, bzw. zur fachwissenschaftlichen Öffentlichkeit. Aber da Prozesse der Datenerhebung oft nicht ausreichend dokumentiert werden und auch kein institutionalisiertes Interesse an solchen Kontrollen besteht, bleibt die Datenerhebung eine black-box.

Solange der Prozeß der Datenerhebung nicht unter methodisch kontrollierten Bedingungen abläuft, werden die Vorteile der Datengewinnung, die offene Formen des Interviews bieten, durch unkontrolliert und zufällig auftretende Effekte, die vom Interviewer ausgehen, gefährdet. (Ähnlich auch Küchler bereits 1980 und Soeffner 1985: 58f) - Hermeneutische Ansätze der Sozialforschung bieten hier, durch ihre Betonung der Protokollhaftigkeit sozialer Daten eine Alternative. Im Rahmen ausführlicher Dokumentationen und Interpretationsverfahren kann hier - zumindest ex post - an den Aufzeichnungen festgestellt werden, wo im Verlauf eines Interviews eine ungewollte Fokussierung aufgrund von Interventionen oder Versäumnissen des Interviewers stattgefunden hat. Aber auch, wenn hier über nachträgliche Rekonstruktionsmöglichkeiten unbeabsichtigte Situationseffekte erkannt werden können, so hat doch möglicherweise der reale Erhebungsprozeß einem Verlauf genommen, der nicht gewünscht war.

ad 2. Die Forderung, mit speziellen Trainings auf die Durchführung von Interviews vorzubereiten, kann zu verschiedenen Mißverständnissen Anlaß geben. Hier wird mit Interviewtrainings die Erwartung verknüpft, daß sie - neben anderen methodischen und technischen Instrumentarien - dazu beitragen, daß der Forschungsprozeß methodisch kontrolliert abläuft. Dies schlägt sich nieder im methodischen Status, der dem Interview in der Sozialforschung eingeräumt wird, und auch in Annahmen über die Formbarkeit von Interviewern.

Cicourel, inzwischen ein Klassiker zum Thema, macht deutlich, daß das Interview in der Sozialforschung zwar methodisch kontrolliert ablaufen kann bzw. sollte, dabei aber keineswegs als Meßvorgang mißverstanden zu werden braucht.[13]

---

13 Denn, "... mit einer Theorie des sozialen Prozesses können wir dadurch, daß wir wissen, was wir zu erwarten haben, und aufzeichnen, was tatsächlich geschah, wenigstens die Situationen besser kontrollieren. Was gebraucht wird, ist eine explizitere und präzisere Theorie, eine, die

In seiner Auseinandersetzung mit klassischen Lehrbüchern legt er dar, daß insbesondere die Arbeit mit Befragungsverfahren es verbietet, den sozialwissenschaftlichen Forschungsprozeß als Meßvorgang gestalten zu wollen, da das Interview eine soziale Beziehung ist. Als soziale Beziehung ist es von den wechselseitigen und kontinuierlichen Interpretationsleistungen der Beteiligten abhängig und die Forderung nach Konstanz der Meßsituation kann aufgrund der Logik der zu erhebenden Situation prinzipiell nicht eingehalten werden. Am Beispiel der Arbeiten von Kahn/Cannell und Hyman e.a. zeigt Cicourel auf, daß deren Vorschläge zur Reinigung des Interviews von "Verzerrungen" letztlich zu einem nicht-lösbaren Unterfangen führen. Seine Kritik an dieser Tradition der Lehre vom Interview setzt allerdings nicht daran an, daß sie Verzerrungen vermeiden wollen, sondern an der Wahl ihrer Mittel, bzw. an ihren Strategien. Sie versuchen nämlich, die Person des Interviewers zu formen, zu gestalten, zu verändern. Aber, so Cicourel:

> Es ist zweifelhaft, ob der Interviewer dazu geschult werden kann, die Prinzipien des sozialen Prozesses beim Interviewen buchstäblich zu benutzen, denn dies würde bedeuten, daß man ihn wie einen Computer programmiert. Das Programm würde idealiter all unsere Kenntnis über sozialen Prozeß beinhalten und auch alle möglichen Handlungen antizipieren in jedem situationalen Kontext, in dem Rollenvorschriften nicht explizit sind. Aber in der endgültigen Analyse würde jeder solche Versuch den Interviewer in die lebende Verkörperung eines Computers transformieren müssen, mit anderen Worten, er würde eine vollständige Rationalisierung des Handelnden notwendig machen. Wir wünschen jedoch einen Interviewer, der vollkommen flexibel ist in Laune, Affekt, Erscheinung etc., in seiner Ich-Präsentation als ein Interviewer; all dies, während er die standardisierte Information, die von einem standardisierten Schema erfordert wird, auf eine Weise gewinnt, die alle idiosynkratischen, situationalen und problematischen Merkmale in Rechnung stellt (Cicourel 1964: 133).

Auch Cicourel weist auf die Existenz von "Verzerrungen" hin, d.h. auf die Tatsache, daß es in sozialen Situationen unweigerlich zu Einflüssen auf Meinungen oder auch ganz allgemein zu Einflüssen auf Form und Inhalt von Äußerungen der an einer Kommunikation Beteiligten kommt. Dabei unterscheidet er aber solche "Verzerrungen", die ein Interview nicht beeinträchtigen von solchen, die unvermeidbar sind und solchen, "die den Informations- und Kommunikationsfluß erleichtern, solange wir uns ihrer Anwendung und Wirkung bewußt sind und dadurch eine gewisse Kontrolle über sie haben..." (Cicourel 1964: 136).

Cicourel und mit ihm Vertreter des Interaktionismus, der Ethnowissenschaften und der Phänomenologie haben hervorgehoben, daß soziale Tatbestände nicht unabhängig von sozialen Handlungen, und damit nicht unabhängig von Akteuren

---

die allgemeinen sozialen Typen, die in der Gesellschaft zu finden sind, die typischen Arten der vollzogenen Unterstellungen und der interpretativen "Regeln" die zur Handhabung der wechselseitigen Gegenwart angewandt werden, bezeichnet." (Cicourel 1964: 129)

existieren können. Soziale Tatbestände sind Bestandteile einer sinnhaften Welt sind, die durch die Interpretationsleistungen und die Handlungen individueller Akteure konstituiert wird. Die Annäherung an einen so verstandenen Gegenstandsbereich kann nur über Erhebungsmethoden erfolgen, die auf die Rekonstruktion von Sinnzusammenhängen abzielen. Dies wiederum impliziert, die Erhebungssituation selbst soweit offen zu halten, daß der Kontext individueller Interpretationen seitens der Erforschten dargelegt und somit die Einbindung partikularer Äußerungen in umfassende Sinnsysteme nachgezeichnet werden kann.

Wenn aber die soziale Welt immer auch als ein Produkt der Interpretationsleistungen von Individuen gesehen werden muß, wie kann sie dann überhaupt verstanden werden? Die Antwort aus den Reihen der qualitativen Sozialforschung: über die gleichen Mechanismen der Sicherstellung von Intersubjektivität und Verständigung, die auch im Alltag wirksam sind. Der Forscher, selbst der Alltagswelt verhaftet, muß die Basisregeln, die Kommunikation und Interaktion strukturieren, ermitteln, die fallbezogene Anwendung dieser Basisregeln nachweisen, um dann seinerseits seinen "Fall" interpretieren zu können. Der Zusammenhang zwischen theoretischem Gegenstandsbezug, Methode und wissenschaftlicher Praxis schließt sich hier. Allerdings nur insoweit, als die Seite sozialwissenschaftlicher Praxis betrachtet wird, die sich mit der Auswertung von "Daten" befaßt, und die auf die Konstruktion von Theorien bezogen ist. Weitgehend unthematisiert bleibt - wie auch in der empirischen Forschung - die Seite der Datenerhebung.

Mit Ausnahme einiger Vertreter des Interaktionismus legen die Vertreter qualitativer Verfahren ihr Augenmerk auf den Text und den Prozeß seiner Auswertung. Der Prozeß der Generierung des Materials wird nur insoweit analysiert, als er Auskunft über Kommunikations- und Interpretationshandlungen des beobachteten Akteurs gibt. Der Beobachter oder Interviewer wird weitgehend übersehen. Da er an der Hervorbringung des Materials beteiligt ist, dessen Menge und Qualität von ihm mitverantwortet wird, kommt ihm aber eine wesentliche Stellung zu. Um so erstaunlicher ist es eigentlich, daß diese Person und ihre Funktion nur in Nebensätzen Erwähnung findet. Es entsteht der Eindruck, als würde ihr im Entstehungsprozeß von Texten nicht mehr Beachtung eingeräumt als einem scheinbar beliebig austauschbaren Stimulus.

Wenn schon in explizit theoretisch-methodologischen Schriften die Frage nach der Qualifikation von Interviewern weitgehend ausgespart bleibt, dann kann erst recht nicht von Projektmitarbeitern, die die Feldarbeit leisten erwartet werden, daß sie ihr Vorgehen systematisch explizieren und methodologisch begründen. Da sie faktisch aber sich selbst mehr, als externen Interviewern, trauen drängt sich die Frage auf, welche objektiven Voraussetzungen sie denn einbringen, die sie vor externen Interviewern dazu befähigen, mit den Anforderungen offener Interviews umzugehen.

Die Antwort liegt auf der Hand: Sie sind über die Vorlaufphase des Projektes, die Arbeit an Exposé, Fragestellung und Leitfäden in besonderer Weise mit der Thematik des Projektes vertraut und sind von daher auch besonders geeignet, auf die thematischen Aspekte des Gesprächsverlaufes zu reagieren. Dies muß sie aber nicht zwangsläufig in besonderer Weise für die Interviewer-Tätigkeit i.S. strategischer Gesprächsführung qualifizieren. Es ist durchaus möglich, daß es sich gelegentlich um Personen handelt, die in Interviewsituationen ein besonders ausgeprägtes intuitives Einfühlungsvermögen entwickeln und diese Fähigkeit auch noch im Verlauf vorausgegangener Interviewerfahrungen weiter ausbilden konnten. In der Regel dürfte es aber wohl so sein, daß auch die Mitarbeiter von Projekten eher über zufällige Erfahrungen als Interviewer verfügen. Dies bedeutet, daß selbst die Besten und Erfahrensten nicht auf der Grundlage systematischer Qualifikationen, sondern nach Faustregeln arbeiten[14]. Und was durch Interviewtrainings verändert werden sollte, wäre eben - zumindest in einem gewissen Rahmen - die Überführung von Intuition und Faustregeln in Systematik.

ad 3. Ein Interview ist eine soziale Beziehung, die auf verschiedenen Ebenen der Interaktion angesiedelt ist. Ihre professionelle Steuerung verlangt, daß sie vom Interviewer auf unterschiedlichen Ebenen wahrgenommen und kontrolliert werden kann.

Da ist zum einen die affektive Ebene, denn jedes Interview verlangt eine Balance zwischen zwei nahezu inkompatiblen Anforderungen: Auf der einen Seite soll ein möglichst offenes Gespräch in Gang gesetzt werden, und auf der anderen Seite geht es darum, ein Gespräch unter strategischen Gesichtspunkten zu führen, den Redefluß zu steuern. Für den Interviewer besteht die Aufgabe, diesen widersprüchlichen Anforderungen, der Gesprächskontrolle und der Motivationsarbeit, gleichermaßen nachzukommen. Eine weitere Auflage an den Interviewer besagt, daß er sich strikt neutral zu verhalten habe, um jedwede Beeinflussung des Befragten zu vermeiden. Der Interviewer sollte demnach am besten als Unperson auftreten, zumindest doch so, daß seine eigenen Meinungen und Einstellungen nicht erkennbar werden und nach Möglichkeit auch in einer Art, die nicht ohne weiteres auf seine Einstellungen, Meinungen etc. schließen lassen sollte. Durch diese Zurücknahme der eigenen Person wird zumindest die zu leistende Motivationsarbeit noch weiter kompliziert.

Diese widersprüchliche Aufgabenstellung besteht in jeder Variante des persönlichen Interviews. Die Intensität, mit der sie für Interviewer zum Problem wird, dürfte in der Regel vom Standardisierungsgrad der Befragung abhängen. Bei erzähltheoretisch orientierten Interviews ist nahezu der gesamte Gesprächsverlauf

---

14 Diese Gegenüberstellung von Intuition oder Faustregeln und Systematik oder Professionalität wird unten, Abschnitt 2.2.2., ausführlicher erläutert.

den situativen Fähigkeiten der Interviewer überlassen. Bei standardisierten Interviews wird der Ablauf des Gesprächs durch den Fragebogen vorstrukturiert und über den Aufbau des Fragebogens sollte auch die Spannung zwischen Gesprächskontrolle und Motivationsarbeit reguliert werden. Aber selbst bei diesen Befragungsformen, die dem Interviewer wenig Spielraum lassen, ist seine situative Entscheidungskompetenz gefordert: Wann immer der Befragte das implizite Rollenspiel des Interviews nicht durchhalten will oder kann, Nachfragen stellt, Antworten verweigern will, vom Thema abschweift, den Interviewer auch über das befragen möchte, worüber er als Befragter Auskunft erteilen soll etc., muß der Interviewer in einer ungeplanten Situation steuernd eingreifen, ohne negative Affekte beim Befragten auszulösen.

Letztlich entscheidet diese affektive Balance über Bereitschaft zum Interview oder Verweigerung. In jeder Befragungssituation wird sie aber auch modifiziert und überlagert durch die anderen Dimensionen der sozialen Beziehung. Einprägsame Beispiele dazu finden sich u.a. bei Wrobel und Briggs.

Wrobel (1985) fragt nach dem Stellenwert des Erstinterviews in der Psychoanalyse, da das Interview von seiner Konzeption her für therapeutische Zwecke ambivalent einzuschätzen ist: Einerseits ist es ein Instrument, das Beziehungen asymmetrisch strukturiert, mithin ungeeignet, auf Seiten des Patienten Offenheit und Vertrauen entstehen zu lassen. Andererseits ist es für den Therapeuten ein alternativloses Mittel zur Beschaffung der Informationen, die er für seine Diagnose braucht. Die Erfahrungen in der therapeutischen Praxis weisen das Erstinterview als ein nützliches Instrument aus und bestätigen die Befürchtungen nicht. Folglich fragt Wrobel:

> ... Wie verwenden Therapeuten Fragen, ohne damit zugleich jene asymmetrische Beziehungs- und Rollenkonstellation herzustellen, die zwar allgemein für den Gesprächstyp des Interviews charakteristisch ist, die jedoch in der diagnostisch-therapeutischen Gesprächssituation als kommunikative Asymmetrie gerade nicht erwünscht ist ? (Wrobel 1985: 97)

In seiner Antwort bezieht er sich auf den Tatbestand, daß es sich beim Erstinterview um eine bestimmte "institutionalisierte Fragekonstellation" handelt[15]. Was immer der institutionelle Rahmen eines therapeutischen Erstinterviews sein mag, eine Klinik, eine sozial-caritative Einrichtung etc., so ist er doch in jedem Fall der Rahmen, innerhalb dessen die Rollen- und Situationsdefinitionen von Sei-

---

15 Was Wrobel im weiteren Verlauf daran interessiert und was er zum Gegenstand seiner weiteren Analyse macht sind "spezifisch institutionelle, d.h. diskurstypische Formen und Funktionen des Kommunikationshandelns des Therapeuten". Und in der Folge zeigt er verschiedene Formen der Frageformulierung, der Nachfragen, Hilfestellungen zur Antwort etc., die typisch für therapeutische Erstinterviews sind. Worauf Wrobel leider nicht weiter eingeht, ist das besondere institutionelle setting, das er mehrfach betont.

ten des Therapeuten und des Patienten vorgenommen werden. Dieses institutionelle setting scheint die Fragen des Therapeuten offensichtlich mit einer besonderen affektiven Bedeutsamkeit zu unterlegen. Dadurch wirkt die faktische Asymmetrie der Situation nicht entmotivierend auf den Befragten, sondern veranlaßt ihn vielmehr, sich auf eine bestimmte Diskurs- oder Kommunikationsform einzulassen, in der sich eben auch der Therapeut bewegt.

Briggs (1986) hat die Wirksamkeit von bestimmten kognitiven Komponenten im Interview beobachtet. Nach mehreren Untersuchungen bei Mexicanos fiel ihm auf, daß die Validität der von ihm durchgeführten Interviews nicht nur davon abhängt, daß er den spanisch-mexikanischen Dialekt der Befragten beherrscht. Darüber hinaus muß er seine Interviewtechnik auch den jeweiligen "native metacommunicative repertoires" anpassen. Mißverständnisse und Fehler im Interview sieht Briggs deshalb auch im Zusammenhang mit

> ... the extent to which the metacommunication statements which report, describe, interpret and evaluate communicative acts and processes which emerge during the interview tend to be ignored by the researcher (Briggs 1986: ix).

Bewußt sind diese Beispiele nicht aus der Sozialforschung im engeren Sinne, sondern aus der Psychoanalyse, bzw. aus der Anthropologie genommen. Ob nun das institutionelle setting, andere Aspekte der sozialen Dimension im Interview oder seine kognitiven Bedingungen deutlicher hervortreten, das ist auch eine Frage des themen- oder fachspezifischen Zusammenhangs, in dem mit Befragungen gearbeitet wird. Der Hinweis darauf, daß diese drei Aspekte, der affektive, der kognitive und der soziale, in jeder tatsächlichen Interviewsituation untrennbar miteinander verwoben sind, erübrigt sich. Dennoch - und das sollten die Beispiele von Wrobel und Briggs verdeutlichen - treten diese einzelnen Aspekte der Beziehung im Interview in jeweils unterschiedlich ausgeprägter Weise in Erscheinung, erhält oder enthält jede Analyse von Interviewsituationen einen themen- oder fachspezifischen Bias. Dies schlägt sich auch nieder in den professionellen Ressourcen, die jeweils in der Arbeit mit Befragungsverfahren entwickelt wurden, bzw. werden. Die Ermittlung von solchen Fähigkeiten, Fertigkeiten und Wissensbeständen, über die ein Experte für Gesprächsführung verfügen sollte, legt es daher nahe, einen Blick auf unterschiedliche Richtungen und Fachgebiete, bzw. Nachbarprofessionen der Sozialwissenschaften zu werfen. Dabei ist aber zweierlei zu berücksichtigen:

– Fähigkeiten, Fertigkeiten und Wissensbestände, die für ein Interviewtraining geeignet sein könnten, sind für die unterschiedlichsten Zwecke, aber nicht unbedingt für die Belange von Interviews in der Sozialforschung entwickelt worden.

– Fähigkeiten, Fertigkeiten und Wissensbestände, die für ein Interviewtraining geeignet sein könnten, sind in den seltensten Fällen so aufbereitet, daß sie unmittelbar für Trainingszwecke übernommen werden könnten.

Bei der Suche nach professionellen Ressourcen, die im Rahmen eines Interviewtrainings vermittelt werden sollten, müssen daher gewisse "Vorarbeiten" erbracht werden, ehe derartige Wissensbestände, Techniken und Fertigkeiten unmittelbar in einem Interviewtraining für Sozialwissenschaftler zum Einsatz kommen können. Erstens muß die Brauchbarkeit von professionellen Ressourcen für die Belange von Sozialforschung diskutiert werden. D.h., ihre Leistungsfähigkeit muß in Beziehung gesetzt werden zu den Anforderungen sozialwissenschaftlicher Befragungen und zu den Fähigkeiten und Fertigkeiten, die diese den Interviewern abverlangen. Zweitens müssen vorhandene professionelle Ressourcen auf die Möglichkeiten ihrer Vermittlung hin überprüft werden. Wissensbestände und Verfahren, die eben nicht aus Intuition und Aneignung durch Erfahrung in Systematik überführt werden können, die sich gegen kompakte Vermittlung und die Überprüfung von Lernerfolgen sperren, sind für ein Interviewtraining kaum geeignet.

3. Interviewtraining als Prozeß der Habitualisierung

Gerade weil das Thema Interviewtraining bislang innerhalb der Sozialforschung erst wenig diskutiert worden ist, bietet es Anlaß für verschiedene Mißverständnisse: In einem Interviewtraining gibt es erstens Lernformen und -ziele, die sich von denen in einem sozialwissenschaftlichen Studium unterscheiden. Diese Andersartigkeit ist offensichtlich, bleibt zunächst aber unbestimmt. Zweitens impliziert ein Interviewtraining die Beherrschung und die Anwendung von Techniken. Dies verlangt eine Klärung des Stellenwertes von Technik - Kommunikationstechnik - in einem Interview. Da professionelle Interviewführung sich als Alternative zur bisherigen Praxis anbietet, die sich eher durch eine spontane Bewältigung der Kommunikationsarbeit im Interview auszeichnet, stellt sich drittens die Frage nach dem Verhältnis professioneller Fähigkeiten und Fertigkeiten gegenüber Erfahrung und Intuition.

Eine Schnittstelle dieser verschiedenen Probleme ist der Lernbegriff, mit dem in einem Interviewtraining operiert werden soll, und über dessen Offenlegung auch eine Klärung dieser Probleme eingeleitet werden kann.

Das Charakteristische des Lernprozesses in einem Interviewtraining sollte darin bestehen, daß eine kognitive Bearbeitung bislang spontan praktizierter Handlungsweisen stattfindet, die sich strukturverändernd auf künftige, wiederum spontan praktizierte, Handlungen auswirkt. Popitz/Bahrdt u.a. (1957) haben einen derartigen Lernprozeß als Vorgang der Habitualisierung beschrieben. Zunächst am Beispiel des Umwalzers in einem Stahlwerk stellen sie dar, wie dieser seine komplexe Tätigkeit erlernt:

> Er vergegenwärtigt sich ihre Details, übt diese ausdrücklich in ihrer Reihenfolge und scheidet die Details dann wieder aus seinem Bewußtsein aus: Erst dann kann die Tätigkeit zügig und kontinuierlich geleistet werden (Popitz/Bahrdt u.a., 1957:113).

Das Zustandekommen eines kontinuierlichen Prozesses setzt also voraus, daß die einzelnen Details, aus denen ein solcher Prozeß sich zusammensetzt, im Lernprozeß vergegenwärtigt und eben erlernt worden sind, um das Bewußtsein dann von diesen Details zu entlasten. Diese "Entlastung" ist Voraussetzung der Habitualisierung, denn:

> Die Entlastung hinterläßt in der Regel nämlich nicht eine Lücke, sondern die Details werden in der Ganzheit eines als Einheit erlebten und vollzogenen, umgreifenden Aktes aufgehoben: Aus den einzelnen Griffen, Rumpfbewegungen und Wahrnehmungen entsteht das "Umstecken", wie aus Strichen und Buchstaben das Schreiben (Popitz/Bahrdt u.a., 1957: 114).

Nun kann ein Interview auf der Basis der in einer Schulung erworbenen Fähigkeiten und Fertigkeiten nicht ohne weiteres zu einem fließenden Gespräch werden, wie ein Bewegungsablauf zu einem einheitlichen Ganzen wird. Die Notwendigkeit zum "Umsteuern", die Vergegenwärtigung dessen, wovon die Aufmerksamkeit des Akteurs im habitualisierten Ablauf gerade entlastet ist, kann häufiger auftreten, und auch die Zahl der Details, die dann wieder vergegenwärtigt werden müssen, wird größer sein. Die Komplexität eines Kommunikationsprozesses ist im Vergleich zu einem technischen Vorgang nicht nur quantitativ umfangreicher, sondern als Prozeß des Aushandelns hat ein Kommunikationsprozeß eben eine andere Qualität. Gleich, ob es sich nun um einen sozialen Prozeß oder um einen technischen Vorgang handelt, ermöglicht Habitualisierung den Akt der Themaverschiebung:

> Vergegenwärtigen wir uns, was in diesem Lernprozeß geschehen ist. Zuerst werden eine Reihe von Einzelvollzügen wirklich einzeln nacheinander ausgeübt. Die Gegenstände, mit denen es der Lernende zu tun hat, sind ausdrücklich als Objekt des Verhaltens gegeben: Der Fahrschüler muß aufpassen, daß er sie nicht verwechselt, muß sich die Reihenfolge der Verrichtungen einprägen. Sein Tun hat eine ganze Kette verschiedenartiger "Themen", die sich gesondert stellen und gesondert - freilich in Form einer Reihenfolge aufeinander bezogen - bewältigt werden müssen. Aber noch muß der Fahrlehrer eine Hand am Lenker haben und auf den Verkehr achten, denn es ist mehr oder weniger Zufall, ob der Fahrschüler "zwischendurch" noch ein Auge für die Straße hat (Popitz/Bahrdt u.a., 1957: 118) .

Wie der Fahrschüler sukzessive die Straße und den Verkehr zu seinem Thema machen kann, da die Beherrschung der Technik nur noch eine "Mitgegebenheit" seiner Aufmerksamkeit ist, da er sie habitualisiert hat, so kann der Interviewer seine Aufmerksamkeit von der interaktiven auf die inhaltliche Dimension des Interviews verlagern. Dies könnte Voraussetzung zu einer anderen Qualität von Interview sein, die dadurch hergestellt wird, daß die notwendige strategische Kommunikationsarbeit weitgehend intuitiv - d.h. hier habitualisiert - hergestellt werden kann und mehr Raum für die Auseinandersetzung mit den Inhalten gegeben ist:

> Zwischen Thema und Mitgegebenheit besteht ... ein qualitativer Unterschied. Das Thema ist nicht nur das deutlicher Gegebene, sondern auch das von meinem Bewußtsein Gemeinte, das, auf was sich meine Intention richtet, und zwar als das, wozu es durch meine Intention wird. Das ist in einem Akt des Denkens oder Erkennens nicht anders als bei praktischem Verhalten, von dem hier immer die Rede ist, auch wenn wir es in seiner Spiegelung im Bewußtsein, von dem es begleitet wird, untersuchen. Die Neukonstituierung eines Themas, sei es durch "Zusammenfassung" oder "Verschiebung", bedingt dann auch eine neue Struktur des Aktes und eine völlig andere Situation (Popitz/Bahrdt u.a., 1957: 120).

4. Ziele der Arbeit

In dieser Arbeit werden verschiedene Diskussionszusammenhänge, die bislang eher selektiv und abgrenzend voneinander Kenntnis genommen haben, auf eine gemeinsame Problemstellung bezogen. Die Literatur zur empirischen Sozialforschung, die Arbeiten zum narrativen Interview und auch Rogers Schriften zur klientenzentrierten Therapie befassen sich unter jeweils spezifischen Gesichtspunkten mit Interviewpraxis. Bezogen auf die Praxis sozialwissenschaftlicher Interviews bedeutet jeder dieser Schwerpunkte bei isolierter Betrachtung eine Verengung, bzw. Ausgrenzung. Indem ich die verschiedenen Zusammenhänge rekonstruiere, aus denen heraus Interviewpraxis thematisiert wird, hoffe ich, eine unangemessen selektive Wahrnehmung der einzelnen Ansätze zu vermeiden. Gleichzeitig soll die Einführung von Elementen dieser verschiedenen Ansätze in ein Interviewtraining nicht additiv, sondern integrativ organisiert sein, und deswegen werden die Perspektiven der einzelnen Richtungen in einen Rahmen gestellt, der durch das Interview als einer sozialen Beziehung abgesteckt wird.

1. Die Ermittlung der verschiedenen Fertigkeiten und Fähigkeiten und des notwendigen Spezialwissens, über das ein Experte für Gesprächsführung verfügen sollte. Die Bestimmung dessen, was einen Experten für Gesprächsführung ausmacht, ist zugleich auch ein Katalog möglicher "Lernziele" für ein Interviewtraining.

2. Die Ermittlung professioneller Ressourcen, auf die in sozialwissenschaftlichen Interviews zurückgegriffen werden kann. In diesem Zusammenhang ist auch zu klären, ob auf Erfahrungen, bzw. Techniken von Nachbarprofessionen für die

Zwecke von sozialwissenschaftlichen Forschungsinterviews zurückgegriffen werden kann. Das Ergebnis wäre auch ein Katalog möglicher "Lerninhalte" für ein Interviewtraining.

3. Die ermittelten "Lernziele" und "Lerninhalte" können abschließend daraufhin diskutiert werden, ob und in welchem Umfang sie im Rahmen eines Interviewtrainings vermittelt werden können, oder ob sie nur intuitiv wirksam werden oder nur aufgrund langdauernder Erfahrung erlernt werden können. Für ein Interviewtraining geeignete "Lernziele" und "Lerninhalte" müssen Möglichkeiten der "Erfolgskontrolle" beinhalten, die in diesem Zusammenhang skizziert werden.

Als Konsequenz der oben erläuterten Ausgangsthesen ergibt sich die Notwendigkeit eines kompakten Programms für ein Interviewtraining, in dem Basisqualifikationen eines Experten für Gesprächsführung vermittelt werden. Ein solches Programm wäre denkbar in Form einer Anleitung für eine einsemestrige Veranstaltung oder einen zweitägigen Kompaktkurs, oder auch als Handbuch, auf das für entsprechende Trainings zurückgegriffen wird. Auch wenn das Ergebnis der vorliegenden Arbeit noch nicht das Programm selbst, sondern eine Vorbereitung dazu ist - wie aus den unmittelbar vorangestellten Zielen der Arbeit hervorgeht -, muß auch hier noch einiges über praktische Voraussetzungen von Interviewtrainings, ihren Inhalt und ihre möglichen Funktionen geklärt werden. Schließlich sind dies Bedingungen, die bereits von Vorarbeiten zu einem Interviewtraining in Rechnung gestellt werden müssen:

– Ein Interviewtraining kann nicht Persönlichkeitsmerkmale kompensieren. Anders ausgedrückt, kann ein Interviewtraining nur aufbauen. Ein gewisses Maß an ethnographischer Neugierde und Offenheit und Kommunikationsfähigkeit muß vorhanden sein.

– Es bestehen erhebliche Unterschiede zwischen einem Interviewtraining und der sonstigen Ausbildung von Sozialwissenschaftlern. Während es sonst überwiegend um die Vermittlung von Wissensbeständen geht, Lernen primär auf kognitiver Ebene abläuft, geht es hier vornehmlich um die Vermittlung von Fähigkeiten und Fertigkeiten, um eine Vorbereitung auf Handeln in sozialen Situationen.

– Selbstverständlich sind auch die praktischen Wirkungen eines Interviewtrainings begrenzt. Seine wesentliche Funktion ist seine Wirksamkeit als Orientierungshilfe für das eigene Verhalten in Interviewsituationen.

5. Inhalt und Durchführung

Eröffnet wird die Arbeit mit einer Darstellung des gegenwärtigen Standes von Konzeptionen, bzw. fragmentarischen Überlegungen zu Interviewtrainings in den Sozialwissenschaften, soweit sie sich in der Literatur niederschlägt. Das vorhandene Instrumentarium wird auf seine Brauchbarkeit, seine Probleme für die Ausbildung von Experten für Gesprächsführung diskutiert, wobei das Schwergewicht auf qualitative Interviews, bzw. teil-standardisierte Interviews mit offenen Passagen gelegt wird.

Entscheidend für den weiteren Verlauf ist, daß die Arbeit sich mit Problemen von Forschungstechnik auseinandersetzt, die in der Literatur kaum eigenständig, sondern eher indirekt oder als Randnotizen zu thematischen oder methodischen Arbeiten abgehandelt werden. Dies bedeutet erstens, daß sich Antworten auf die oben genannten Fragen nicht unmittelbar ergeben, sondern aus dem jeweiligen Zusammenhang rekonstruiert werden müssen. Zweitens ergibt sich aus der randständigen Auseinandersetzung mit forschungstechnischen Fragen, daß sie selten umfassend, sondern meist nur auf bestimmte Aspekte hin erörtert werden, die sich aus dem thematischen, bzw. methodischen Zusammenhang ergeben, in dem sie angesprochen werden.

Die verschiedenen Bereiche, in denen Erfahrungen mit Interviews gemacht werden und die hier untersucht werden, sind:

1. Beiträge, in denen die Interviewpraxis in der Sozialforschung thematisiert wird. Sie bieten besonders viele Anhaltspunkte für die Dimensionen, die sich aus den sozialen Aspekten der Beziehung im Interview ergeben. Die dort am weitesten entwickelten professionellen Ressourcen sind die Dramaturgie des Fragebogens und die Lehre von der Frage.

2. Stellvertretend für die qualitative Sozialforschung wird das narrative Interview untersucht. In diesem Zusammenhang werden eher die kognitiven Aspekte von Interviews und die Entwicklung von kommunikativen Strategien zur Steuerung von Schemata der Sachverhaltsdarstellung betont.

3. Schließlich die in Nachbarprofessionen geläufige klientenzentrierte Gesprächsführung nach Carl Rogers, in deren Diskussion affektive Komponenten hervorgehoben werden. Das geläufigste und erfolgreichste Verfahren in diesem Kontext ist eine - mittlerweile in verschiedenen Varianten vorliegende - nichtdirektive Form der Gesprächsführung.

Neben den genannten inhaltlich-theoretischen Gesichtspunkten spricht für die hier vorgenommene Auswahl auch deren faktische Bedeutsamkeit.

ad 1. Die Auswahl von Beiträgen zum Thema Interview, die im Umfeld der empirischen Sozialforschung entstanden sind, versteht sich von selbst. Schließlich ist dies der Rahmen, in dem die speziellen Erfahrungen und Probleme im Umgang mit Interviews in der Sozialforschung thematisiert werden. Allerdings sind die verschiedenen Arbeiten, auf die hier Bezug genommen wird, nicht unbedingt als Beiträge zur Selbstverständigung über den Umgang mit einem Forschungsverfahren entstanden. Sie sind vielfach aus anderen Motiven heraus geschrieben worden, und Material und Bemerkungen zur Praxis empirischer Sozialforschung sollen eher methodologische Positionen klären als die eigene Forschungspraxis.

ad 2. Die Entscheidung für das narrative Interview hat auch damit zu tun, daß es mit steigender Tendenz als Erhebungsverfahren in der Sozialforschung eingesetzt wird. Sein geradezu inflationärer Gebrauch hat allerdings dazu geführt, daß seine Konturen bisweilen verschwimmen (vgl. Hopf 1991). Dort, wo das narrative Interview aus seinem theoretisch-methodologischen Rahmen herausgelöst wird, besteht die Gefahr, daß es auch seine technisch-instrumentelle Wirksamkeit einbüßt.

ad 3. Innerhalb des Spektrums von Ansätzen und Techniken der Gesprächsführung beinhaltet die klientenzentrierte Gesprächsführung von Rogers die entwikkelste Interviewtechnik. Dies betrifft sowohl die Seite ihrer theoretischen Begründung, als auch ihre praktische Erprobung und damit die Entwicklung einer Technik der Gesprächsführung im engeren Sinne. Der starke Praxisbezug, der diesen Ansatz für verschiedene Nachbarprofessionen und -disziplinen überaus attraktiv macht, läßt ihn auch für die Belange eines Interviewtrainings für Sozialwissenschaftler interessant erscheinen.

Ähnlich wie beim narrativen Interview zu beobachten, hat auch die enorme Popularität der klientenzentrierten Gesprächsführung zum Verlust von Potentialen dieses Ansatzes geführt. Auf der einen Seite - und dies gilt insbesondere für die Sozialforschung - fand eine relativ frühzeitige Abgrenzung von diesem Ansatz statt, die mit einer Ausgrenzung bestimmter, bei Rogers wesentlicher Dimensionen, einherging. Andererseits wurde die eigentliche Technik der Gesprächsführung, bzw. wurden einzelne ihrer Elemente, aus ihrem konzeptionellen Rahmen gelöst, in verschiedenen Varianten weiterentwickelt oder umgeformt. Auf diesen Wegen veränderte sie sich bisweilen von einem anspruchsvollen und lebendigen Verfahren zu einem ritualisierten Instrument[16].

Aus den Zielen der vorliegenden Arbeit[17] ergeben sich die Dimensionen, auf die hin die Literatur zum Thema Interview aus den genannten Bereichen bearbeitet wird:

1. Der thematische Rahmen, in dem das Interview in der traditionellen Sozialforschung, im narrativen Interview und in der klientenzentrierten Ge-

---

16 Als eines von vielen Beispielen: Schott/Zickendraht 1992. Ausführlicher wird darauf nochmals unten, Seite 165, eingegangen.
17 Vgl. Mitte, Seite 27.

sprächsführung jeweils behandelt wird und die Dimension des Interviews, die dort jeweils betont wird;

2. Anforderungen an Interviewer, die dort angesprochen werden, bzw., Fähigkeiten und Fertigkeiten, die ihnen abverlangt werden;

3. Professionelle Ressourcen, die im Zusammenhang mit Befragungsverfahren zum Tragen kommen.

1. Interviewtraining als Thema in Lehrbüchern

Der Bedarf an Ausbildung von Interviewern, die sozialwissenschaftliche Erhebungen durchführen ist keine neue Entwicklung, sondern er ist mit der empirischen Sozialforschung entstanden. Bei einem Interview handelt es sich zwar um einen kommunikativen Prozeß und damit um einen Typus sozialer Beziehung, den wir tagtäglich in den unterschiedlichsten Varianten praktizieren, aber ein Interview ist eben auch noch etwas anderes, als ein normales Gespräch. - Was die Besonderheit des Kommunikationstypus "Interview" im Einzelnen ausmacht, sei zunächst einmal dahingestellt. - Vielleicht sind wir in der Lage, intuitiv die diesem Gesprächstypus entsprechenden kommunikativen Muster zu praktizieren, aber das Verlassen auf Intuition ist möglicherweise riskanter als das Vertrauen auf systematisierte und erlernte Fähigkeiten und Fertigkeiten. Und noch ein weiterer Aspekt legt die Vermutung nahe, daß das Training von Interviewern schon immer ein Thema der Methodenlehre in der Sozialforschung war: Das Interview ist nicht lediglich ein besonderes Erhebungsverfahren, sondern das am häufigsten eingesetzte. Zumindest für seine quantitative Bedeutung gilt daher die Rede vom Interview als dem "Königsweg" der Sozialforschung. Diesem aus sachlichen und quantitativen Gegebenheiten schon immer vorhandenem Bedarf an Training für Interviewer entsprechen aber keineswegs die vorhandenen Möglichkeiten.

Bei dieser Diskrepanz zwischen Bedarf und Angebot ist allerdings davon auszugehen, daß die Situation sich sehr verschieden darstellen kann, je nachdem, ob der Bezugspunkt entsprechende Fachliteratur ist, oder die Grauzone hinter den Türen verschiedener Forschungsinstitute, bzw. im Umfeld von Projekten.[18] Es scheint wohl - so legt die bisherige Literatur zum Thema nahe - Wissensbestände und Techniken für die Ausbildung von Interviewern zu geben, aber die sind nicht öffentlich zugänglich, und sie werden schon gar nicht in Lehrbüchern publiziert. Die Geheimhaltung von Wissensbeständen vor der Öffentlichkeit entspricht allerdings eher den Praktiken mittelalterlicher Dombauhütten, als dem Selbstverständnis einer modernen Wissenschaft.

---

18 Es gibt kaum gute, aber immerhin plausible Gründe, warum die dort praktizierte Ausbildung von Interviewern nicht veröffentlicht wird. Vermutlich handelt es sich um eine Mischung aus Unsicherheiten über die Qualität der eigenen Ausbildungskonzepte, um den Versuch, 'Wettbewerbsvorteile', die sich aus der eigenen erfolgreichen Konzeption ergeben, zu wahren, um einen schlichten Mangel an Zeit, auch noch diese Dimension der eigenen Arbeit für die öffentliche Präsentation aufzubereiten etc. Welche Ursachen letztlich ausschlaggebend dafür sind, daß Interviewtrainings bislang eher in Grauzonen als in der Fachöffentlichkeit entwickelt und praktiziert worden sind, soll hier allerdings nicht diskutiert werden.

Orientiert man sich an dem, was nun wirklich öffentlich diskutiert wird, so hat das Thema Interviewtraining in den letzten Jahren erheblich an Aktualität gewonnen. Dies drückt sich allerdings noch nicht in fertigen Konzepten oder Handbüchern aus, sondern zunächst einmal darin, daß die Ausbildung von Interviewern nachdrücklicher, als dies früher üblich war, in den Themenkatalog von Methodenlehren aufgenommen wird.

1.1. Neuerscheinungen

Frey/Kunz/Lüschen stellen in ihrem 1990 erschienenen Handbuch Telefonumfragen in der Sozialforschung fest, daß in der deutschen und auch in der amerikanischen Literatur das Thema Interviewtraining nicht als eigenständiges Methodenproblem behandelt, sondern allenfalls kurz erwähnt wird (S.187, Anm. 6). Es ist einer der Verdienste dieser Autoren, daß sie als erste in der deutschsprachigen Methodenliteratur konkrete Hinweise zur Gestaltung eines Interviewtrainings geben. Adressaten ihres Buches sollen Dozenten sein, die hier - wie in den USA bereits üblich - Studenten in "Umfrage-Labors" auf ihre Feldarbeit vorbereiten sollen. - Das Handbuch von Frey/Kunz/Lüschen ist zwar auf die besonderen Erfordernisse von Telefonumfragen bezogen, aber die Vorschläge, die dort entwickelt werden, wie z.b. das Konzept einer drei-phasigen Schulung - mit etlichen Beispielen dargestellt - (S. 187ff), dürften im wesentlichen auch für face-to-face Interviews gelten.

Für die 1. Phase der Schulung schlagen sie vor, eine allgemeine Einführung in die Praxis des Interviewens zu geben und mit den Anforderungen an Interviewer ver

traut zu machen. Hierbei nennen sie Techniken des verbalen Verhaltens wie die freie Nachfrage, das Proben[19] und Fragewiederholungen unter Beachtung von Wortfolgen und motivationale Techniken, mit denen das Einverständnis des Befragten hergestellt werden kann. Schließlich verweisen sie darauf, daß die Aussprache und Präsentation der Fragen und die Herstellung eines angemessenen Konversationstons ("balancierter Rapport") eingeübt werden müssen. Als Hilfsmittel werden der Einsatz von Videos und Rollenspiele vorgeschlagen.

Wer hier die Darlegung von expliziten Techniken erwartet, wird enttäuscht. Gleichzeitig gehen die Autoren aber weiter, als dies in vergleichbaren Handbüchern üblich ist. Eine der wohl am häufigsten zitierten Interviewtechniken, das Proben, bleibt in der Regel in der Methodenliteratur unausgeführt, und auch Frey u.a. deuten nur vage an, wie diese Technik aussehen könnte und verweisen - auch

---

19 Das Proben wird unten, Seite 43, im Zusammenhang mit Kahn/Cannell erläutert und in Kapitel 4.

dies entspricht der üblichen Behandlung der Thematik - auf keine weiterführende Literatur. Immerhin aber führen sie eine Reihe von Beispielen für freies Nachfragen an. So sollten Interviewer z.b. bei offenen Fragen, auf die nur sehr knapp oder auch zögernd geantwortet wird, ermuntern mit Formulierungen wie:

- "Gibt es noch etwas anderes, was Sie sagen möchten ?" "Sind Sie sicher, daß das alles ist?"
- "Könnten Sie das noch etwas weiter ausführen?"

Dabei betonen sie, daß der Interviewer eine Formulierung finden und verwenden muß, die seiner persönlichen Sprechweise am nächsten kommt. Und dieser flexible Umgang mit sehr allgemein gehaltenen Vorgaben ist es, der hier wohl wirklich auf eine komplexe Technik verweist, und nicht auf isolierte instrumentelle Regeln. Ähnlich verhält es sich mit den Beispielen, die sie zur Sicherstellung des Rollenspiels im Interview bei gleichzeitiger Aufrechterhaltung der Gesprächsbereitschaft des Befragten anführen. So soll der Interviewer, wenn z.b. ungefragt die Meinung dritter referiert wird intervenieren mit Formulierungen wie:

- "Ich verstehe, aber was glauben Sie nun?"
- "Es ist Ihre Meinung, die wir tatsächlich brauchen".

In einer 2. Phase sollte ein studienspezifisches Training stattfinden, das sich auf die Arbeit mit dem konkreten Fragebogen bezieht. Als mögliche Lernformen hierzu werden vorgeschlagen, daß Frage für Frage durchgegangen wird und schließlich wechselseitige Probeinterviews geführt werden.[20]

Abschließend, in einer 3. Phase, werden alle technischen Details durchgesprochen. Was hier auf den speziellen Bedarf von Telefoninterviews zugeschnitten ist, kann analog für jedes andere Interview zusammengestellt werden.

Die Basisqualifikation, die Frey u.a. von Interviewern fordern, ist deren Zurückhaltung in sachlicher und emotionaler Hinsicht. Diese Prioritätensetzung ergibt sich aus ihrer methodologischen Orientierung am kritisch-rationalistischen Paradigma und ihrem Verständnis des Interviews als einem Meßvorgang. Als Anforderung an den Interviewer kann das dahingehend zusammengefaßt werden, daß er sich in der Rolle eines neutralen Mediums verhalten sollte.

Kurz nach dem Erscheinen des Handbuchs von Frey/Kunz/Lüschen hat auch Atteslander in der überarbeiteten Version seiner Methoden der empirischen Sozialforschung (1991) auf die Ausbildung von Interviewern Bezug genommen. Seiner methodologischen Orientierung entsprechend, begreift er das Interview als einen

---

[20] Neben dem Trainingseffekt für die Interviewer könnte diese Phase dann auch Bedeutung als eine Art Pretest für die Untersuchung haben, die letzte Korrekturen am Fragebogen ermöglicht.

genuin sozialen Prozeß und den Interviewer auch nicht als einen Faktor, der neutralisiert werden könnte oder sollte. Sein Interesse richtet sich mehr auf qualitative Interviews und seine Vorschläge zur Ausbildung von Interviewern beziehen sich hauptsächlich auf die für qualitative Interviews erforderliche Qualifikationen:

> Qualitative Befragungen verlangen nach einem hohen Grad von Professionalität. Die Schulung dauert in diesem Falle mehrere Monate, Felderfahrung ist unverzichtbar. Befragungen im offenen Konzept sind in der Regel wiederholt zu üben, wobei die Gespräche aufgenommen, transkripiert (sic!) und dann vom Befrager selbst zu analysieren sind: Nur in ausführlichen Selbstanalysen lernt der Forscher sich als "Instrument" kennen, seine Eigenheiten, sein verbales Verhalten mit anderen. Dabei sind Probebefragungen mit oder ohne Leitfaden mit unterschiedlichen Partnern durchzuführen. (Atteslander 1991: 198f)

In der Feldarbeit, so Atteslander, setzt sich die Qualifizierung der Interviewer fort, weshalb in laufenden Projekten die Zusammenarbeit mit Supervisoren angezeigt sei. Die notwendigen Vorbereitungen auf die Arbeit mit standardisierten Fragebogen schätzt Atteslander nur graduell unterschiedlich ein. Diese Thematik führt er allerdings nicht weiter aus, sondern verweist auf Ausführungen anderer Autoren (Atteslander 1991: 199).

Das von Atteslander besonders empfohlene Lehrbuch von Schnell, Hill und Esser (1988)[21] gehört ebenfalls zu der neueren Generation von Methodenlehren, in denen die Notwendigkeit einer Ausbildung von Interviewern betont wird. Wie bereits in der Formulierung der Kapitelüberschrift "Interviewerschulung und Pretest" deutlich wird, gewichten die Autoren die Ausbildung von Interviewern als gleichwertig zu den übrigen methodischen Vorbereitungen. Leider bleibt es bei den weiteren Ausführungen zur Interviewerschulung bei Stichwörtern:

- Erläuterungen der geplanten Untersuchung,

- Erläuterungen des Fragebogens (aller Fragen, Filterführung, Besonderheiten einzelner Fragen, usw.),

- Erläuterungen der Dokumentation der Antworten,

- Darstellung der Möglichkeiten, Kontakt mit den Befragten aufzunehmen,

- Einübung der "Vorstellungsformel" bei Kontakt mit Befragten,

- Verhaltensregeln für die Erhebungssituation (Neutralität usw.), insbesondere auch für nonverbales Verhalten,

- Verweis auf die Konsequenzen bei Täuschungsversuchen. (Schnell/Hill/Esser 1992: 357f)

---

21 Die Methoden der empirischen Sozialforschung von Rainer Schnell, Paul B. Hill und Elke Esser erschien bereits 1992 in 3. erweiterter und überarbeiteter Auflage. Auf diese Ausgabe wird hier Bezug genommen.

Ansonsten plädieren sie für Probeinterviews und Rollenspiele, während sie den Einsatz von Supervisoren bei nicht-professionellen Interviewern für unrealistisch halten.

Auch in den Neuerscheinungen deckt die Behandlung des Themas "Interviewerschulung" bei weitem nicht den Bedarf an Anleitung zum praktischen Umgang mit Methoden. Im Vergleich zu den Lehrbüchern der empirischen Sozialforschung der vorausgegangenen Jahrzehnte setzen sie aber insofern andere Akzente, als der Interviewerschulung zumindest programmatisch die gleiche Bedeutung unterstellt wird, wie anderen methodischen Vorarbeiten. Sie wird als ein Aspekt der Methodenlehre hervorgehoben, der eigentlich nicht ausgespart bleiben dürfte, obgleich lediglich Frey u.a. die Thematik wesentlich umfänglicher behandeln, als dies in älteren Lehrbüchern üblich war.

1.2. Traditionelle Methodenlehre

Zweifellos wußten auch die Sozialforscher früherer Jahrzehnte um das Verhältnis von qualifizierten Interviewern und der Brauchbarkeit der Daten. Bis in die 80er Jahre hinein wurde in Lehrbüchern der empirischen Sozialforschung aber weitgehend gar nicht oder nur kursorisch auf das Thema Interviewerausbildung eingegangen, bzw. seine Behandlung erschöpfte sich in der Auflistung von Merkposten, die Interviewern vor ihrem Gang ins Feld mitzuteilen sind.

Das Interview von René König fällt in zweierlei Hinsicht aus dem Rahmen typischer Lehrbücher. Erstens ist es ein Sammelband mit Lehrbuchcharakter und kein Lehrbuch im engeren Sinne. Als eines der ersten Handbücher zu Befragungstechniken nach dem 2. Weltkrieg waren seine Intentionen etwas anders gelagert, als dies in Lehrbüchern üblicherweise der Fall ist. Wie König einleitend darlegt, sollen mit diesem Band erstens Vorurteile gegenüber einer vermeintlich überwiegend behavioristisch orientierten empirischen Sozialforschung in den USA korrigiert werden. Zweitens soll damit für die deutsche Nachkriegssoziologie, bei der König eine gewisse Theorielastigkeit und einen Hang zum Spekulativen ausmacht, der Weg "wieder zur Welt zurück" (König 1976: 33) ermöglicht werden. Zweitens wird die Thematik Interview, Praxis und Ausbildung von Interviewern erheblich ausführlicher abgehandelt, als in allen übrigen deutschsprachigen Texten dieser Zeit.

Mit dem immerhin 17seitigen Aufsatz "Die Kunst des Interviewens" von Sheatsley (1952) wird der Bedeutsamkeit des Themas Rechnung getragen. Unter dem teilweise irreführenden Titel wird gerade die Möglichkeit des Erlernens der Fähigkeiten und Fertigkeiten betont, die für Interviews mit Fragebogen notwendig sind. Als Kunst des Interviewers wird lediglich die Herstellung der Bereitschaft des Befragten zum Interview und Schaffung einer gesprächsfördernden Situation bezeichnet. Selbst hierbei wird die Kennzeichnung als Kunst wieder zurückgenommen, da dies leicht zu erreichen sei, "wenn man nur freundlich und selbstsicher an die Aufgabe herangeht und zudem über einen Fragebogen verfügt, der die Eröffnung des Gesprächs erleichtert." (Sheatsley 1952: 126) Alles übrige dieser Kunst wird als erlernbar dargestellt.

Der Abschnitt "Ausbildung" fällt etwas knapp aus, dient aber auch lediglich der zeitlichen und thematischen Rahmengebung eines Interviewtrainings. Dessen an dieser Stelle nur aufgelisteten Inhalte werden bereits in den vorhergehenden Teilen erläutert:

> Die erste Sitzung gibt dem Leiter der Untersuchung Gelegenheit, die allgemeinen Prinzipien der praktischen Sozialforschung darzulegen, den Vorgang der Erhebung zu beschreiben und die Wichtigkeit sorgfältiger und genauer Befragungen hervorzuheben. Dann setzt er Hintergrund und Zweck der durchzuführenden Untersuchung auseinander und beschreibt kurz die anzuwendenden - Auswahlmethoden und Fragebogentechniken. So erklärt er z.B. die Grundsätze der reinen Zufallsauswahl oder der proportional geschichteten Auswahl bei Sample und gibt damit den Interviewern einen Begriff von dem, was von ihnen verlangt wird. Endlich hat er die wesentlichen Vorgänge des Befragens selbst darzustellen. (Sheatsley 1952: 142)

Während der zweiten Sitzung wird der Fragebogen, mit dem die Interviewer arbeiten müssen, Frage für Frage durchgegangen und in seinem Aufbau und seiner Handhabung erläutert, und ergänzend werden praktische Interviews vorgeführt. Die dritte Sitzung schließlich wird genutzt, um über Probeinterviews und Rollenspiele mit dem speziellen Fragebogen vertraut zu machen.

Soweit unterscheiden sich die Vorschläge von Sheatsley kaum von denen der im Folgenden referierten Arbeiten. Gerade der Verlauf der ersten Sitzung ähnelt in seiner Programmatik sehr den Ausführungen anderer Autoren über die Gestaltung von Interviewerschulungen. Die Auflistung vieler einzelner Thematiken erweckt den Eindruck, es handele sich um die Vermittlung eines irgendwie gearteten Hintergrundwissens, dessen eigentlicher Stellenwert im Unklaren bleibt. An anderer Stelle in Sheatsleys Aufsatz allerdings erfährt das Programm der ersten Sitzung eine Begründung:

> Ein guter Interviewer läßt sich überhaupt am besten daran erkennen, daß er bei einer unvollständigen oder unbestimmten Antwort sofort aufhorcht. Da niemand alle möglichen Antworten, die ein weiteres Sondieren erfordern, voraussehen kann, muß jeder Interviewer den beabsichtigten Zweck jeder einzelnen Frage genauestens begreifen und ermessen. Die schriftlichen Anweisungen und die mündliche Schulung dienen deshalb vor allem dazu, das Ziel der einzelnen Fragen klarzumachen; sie mögen unter Umständen auch Beispiele für häufig zu erwartende unzureichende Antworten geben, die während des Vortests aufgetaucht sind. Wenn der Interviewer zu seiner eigentlichen Arbeit, der Befragung übergeht, soll er bereits gewöhnt sein, sich automatisch die Frage zu stellen: "Ist dies eine vollgültige Antwort auf die Frage, die ich soeben behandelt habe." (Sheatsley 1952: 128f)

An einigen Beispielen - die inzwischen zum klassischen Repertoire von Interviewerschulungen gehören - wird dann erläutert, wie der Interviewer im Falle unvollständiger Antworten vorsichtig sondieren soll, ohne suggestiv zu wirken. Die Kompetenz, die hierbei vermittelt wird, soll bestimmte Wahrnehmungs- und Verarbeitungsmuster für sprachliche Äußerungen entwickeln, die über das schlichte Konstatieren von Antworten hinausgeht. Er soll vielmehr in der Lage sein, eine isolierte Antwort auf einen umfassenden Kontext - der durch die Untersuchung und deren Fragestellung vorgegeben ist - zu beziehen, in diesem Rahmen zu beurteilen und möglicherweise durch Nachfragen einen ausreichenden Bezug auf diesen Kontext zu schaffen.

Neben René Königs Interview dürfte wohl der Aufsatz "Das Interview in der Sozialforschung" von Scheuch (1973) im Handbuch der empirischen Sozialforschung maßgeblich für die Methodenausbildung mit dem Instrument Interview gewesen sein. Obwohl Scheuch feststellt: "Das Verhalten des Interviewers ist offensichtlich von kritischer Bedeutung für die Qualität von Untersuchungsergebnissen." (S. 95), und die unzureichende Schulung der Interviewer beklagt (S. 106), bleiben seine Ausführungen zum Stichwort "Die Lehre vom Interviewen" (S. 95ff) vage.

So sind es nach Scheuch ausschließlich kommerzielle Institute, die eine Interviewerschulung betreiben. Was diese den Interviewern vermitteln, seien lediglich allgemeine Verhaltensregeln und unterschiedliche Konzepte des Interviewführens wie das harte, das weiche und das neutrale Interview[22] Welche Modelle von Beziehung diesen Konzepten zugrunde liegen, sei den Instituten weder klar, noch würde es von ihnen analysiert. In seinen weiteren Ausführungen argumentiert Scheuch gegen die Konzeption des weichen Interviews. Als Prototyp der weichen Interviewführung steht für ihn die klientenzentrierte Gesprächsführung nach Carl Rogers. Scheuchs Interpretation des klientenzentrierten Interviews bleibt allerdings recht selektiv und auf diese Weise übersieht er bestimmte Potentiale nichtdirektiver Gesprächstech-niken für die Sozialforschung.[23]

Erbslöh (1972) übernimmt in seiner Bestandsaufnahme von Verfahren der Interviewerschulung die bereits von Scheuch skizzierten drei unterschiedlichen Kontaktstrategien. Ebenfalls Scheuch folgend, setzt er Rogers Konzeption mit dem "weichen" Interview gleich, die abzulehnen sei. Ansonsten stellt er fest, daß Interviewerschulungen in der Regel schriftlich stattfinden, daß aus Kostengründen kaum Probeinterviews geführt werden und daß mit Ausnahme einer Studie von Guest[24], die bereits 1958 in den USA durchgeführt wurde, das Thema Interviewtraining noch völlig unerschlossen ist. Gerade der geringe Professionalisie-

---

22 Auch diese Darstellung der Ausbildungspraxis von Instituten bleibt impressionistisch. Es wird keine Quelle, kein weiterführender Beleg oder Literaturverweis genannt.

rungsgrad von Interviewern ist verantwortlich dafür, so Erbslöh, daß die Erfahrung des Interviewers als die zentrale intervenierende Variable für die Qualität von Interviews wirkt. Am ausführlichsten von allen Lehrbuchautoren geht Friedrichs (1973)[23] auf die Thematik ein, wobei auch seine Ausführungen leider so gedrängt sind, daß auch sie sich in der Auflistung von Merkposten erschöpfen, die dem Interviewer vor seinem Gang ins Feld mitzuteilen sind:

> Die Schulung der Interviewer erstreckt sich auf folgende Punkte:
>
> 1. Erläuterung der Studie.
>
> 2. Erläuterungen zum Fragebogen, z.B. zu einzelnen Fragen, Vorgehen bei Listen, Karten, offenen Fragen.
>
> 3. Hinweise zur Einführungsformel.
>
> 4. Verhaltensregeln zur Erhebungssituation, insbesondere zum nonverbalen Verhalten (s. unten).
>
> 5. Zahl der Interviews pro Interviewer (maximal 15), Zahl der Besuche pro Adresse (normal sind drei Besuche), geographische Verteilung der Adressen nach Wohnorten der Interviewer, Ablieferungstermine.
>
> 6. Honorare, Fahrtkosten, Ausfallhonorare für nicht zustande gekommene Interviews nach drei Besuchen; Adressen für Rückfragen der Befragten und Interviewer; Ablieferungsort; Verfahren bei Ersatzadressen.
>
> Diese Liste wird man je nach Studie ergänzen. (Friedrichs 1973: 214)

Besonders nachdrücklich verweist Friedrichs auf die Bedeutung der nonverbalen Elemente in der Interviewsituation, die aber noch weitgehend unerforscht seien. Etliche nützliche Hinweise für die Interviewpraxis werden noch angesprochen:

– Der Interviewer muß den Befragten in seine Rolle einführen und einen günstigen Rapport herstellen;

– Der Interviewer muß sich über Erwartungen und Zuschreibungen von Seiten des Befragten im klaren sein, bzw. diese bestimmten Fragen abklären;

– Der Interviewer sollte zur Selbstreflexion fähig sein, und seine eigenen Unterstellungen und Interpretation, die möglicherweise auf die Antworten des Befragten wirken können, protokollieren;

– sein Auftreten zu Beginn sollte er einüben;

---

23 Seine *Empirische Sozialforschung* dürfte eines der auflagenstärksten und damit am weitesten verbreiteten deutschsprachigen Lehrbücher sein. 1990 ist sie - nach immerhin 17 Erscheinungsjahren und unverändert - in 14. Auflage erschienen.

- seine Art, Fragen zu stellen (z.b. langsam-schnell) sich vergegenwärtigen und kontrollieren;
- die Länge der Pausen, die nach einer Antwort einzuhalten ist, durchhalten;
- mit situativen Nachfragen wie "könnten Sie mir das näher erläutern ?" oder resumierenden Sätze , z.b. "Sie meinen also..." und mit Stimuli wie "hm, hm", "ah ja", "ich verstehe" umgehen.
- Er sollte Blickkontakt zum Befragten halten und Wissen über seine Körperbewegungen, Gestik und räumliche Distanz zum Befragten haben und kontrolliert einsetzen. (vgl. Friedrichs 1973: 214ff)

Als Lernformen für das Training schlägt Friedrichs die Arbeit mit Video- und Tonaufzeichnungen und mit Rollenspielen vor.

Auf engstem Raum wird bei Friedrichs das Thema Interviewtraining abgehandelt. Dabei wird sehr vieles angerissen, was erfolgverheißend klingt und neugierig macht, aber leider gehen die Ausführungen nicht über Andeutungen und Programmatik hinaus. Dies gilt einerseits für die von ihm als notwendig erachteten Qualifikationen für Interviewer. Fraglos wird hier ein Interviewer skizziert, der mehr kann, als lediglich die instrumentelle Beherrschung von Techniken. Andererseits bleiben auch die Verfahren, die erlernt werden sollten, sehr vage. Klar wird aber auch hierbei, daß es nicht um isoliert zu erlernende und handhabende Techniken geht, sondern um ihre situationsgerechte Anwendung.

Noch stärker als Scheuch, Erbslöh und Friedrichs beziehen sich Kirschhofer-Bozenhardt/Kaplitza (1975) darauf, daß es Trainingsprogramme für Interviewer und auch einen Bestand an speziellen Übungstechniken gibt: So scheint es in der Ausbildung von Interviewern üblich zu sein, daß eine Serie von Probeinterviews geführt wird, in denen in der Praxis immer wieder auftretende Schwierigkeiten vorweggenommen werden. Außerdem wird der Interviewer eingeübt in den Umgang mit offenen Fragen, in die Fertigkeit, ein Interview handschriftlich zu protokollieren, und in den Umgang mit heiklen Fragen. Er erlernt die Handhabung ermüdender Fragebatterien und von Koppelungs- und Nachfragen.

Finden sich schon bei Scheuch, Erbslöh und Friedrichs kaum Belege bzw. Hinweise zur vertiefenden Lektüre, so gibt es bei Kirschhofer-Bozenhardt/Kaplitza keinen einzigen Literaturverweis. Die Interviewerschulungen, auf die hier Bezug genommen wird, sind nicht lokalisierbar, Techniken und Verfahren, die in Stichwörtern skizziert werden, können nicht in dokumentierter Form nachvollzogen werden.

Unter dem Stichwort "Interviewerschulung" in einem Methodenlexikon findet sich folgende, enttäuschend knappe Ausführung - auf weiterführende Literaturverweise wird auch hier verzichtet - :

Sofern in einer Studie Interviewer und Forscher nicht identisch sind, müssen die Interviewer auf ihre Tätigkeit gründlich vorbereitet werden. Die Schulung soll folgende Punkte abdecken:
1. Sinn und Zweck der Untersuchung,
2. Erläuterungen zur Handhabung des Fragebogens,
3. Ansprache der Zielperson,
4. Verhalten in der Erhebungssituation.
Es bietet sich an, das Verhalten in der Befragungssituation in Form eines Rollenspiels einzuüben. (Kriz/Lisch 1988: 128)

Wer in der Hoffnung auf ausührlichere Information, sei es aus Studienzwecken oder im Zusammenhang mit der Vorbereitung eines Forschungsvorhabens von diesem Artikel enttäuscht ist, sollte seine Enttäuschung nicht den Autoren anlasten. Hier wird in der Tat eine umfassende Darstellung der seinerzeit öffentlich zugänglichen Informationen zum Thema gegeben.

1.3. Das Interviewtraining nach Kahn und Cannell

Wesentlich ausführlicher und auch stärker in konzeptionelle Überlegungen eingebunden ist das Thema Interviewerausbildung bei Kahn/Cannell. Ihr 1957 in den USA erschienenes Lehrbuch The Dynamics of Interviewing bereitet die methodologische Auseinandersetzung mit dem Erhebungsverfahren "Interview" für ein Trainingsprogramm auf, das tatsächlich viele Anhaltspunkte und Hinweise für die praktische Ausgestaltung einer Schulung bereitstellt. Sein Einfluß auf die empirische Sozialforschung und Methodenlehre in Deutschland bleibt etwas undurchsichtig. Ganz ohne Zweifel wirkt es noch in die gegenwärtige deutsche Soziologie hinein. Es gibt kaum ein Buch zum Thema Interview, das in seinem Literaturverzeichnis dieses Lehrbuch nicht aufführt, obgleich in den seltensten Fällen im Text dann explizit darauf Bezug genommen wird. Außerdem tauchen bei Kahn/Cannell erstmals in einem zusammenhängenden Kontext Themen auf, die später, unter Verzicht auf Quellenangaben, bei etlichen Ausführungen zum Thema Interviewerschulung wieder erscheinen. So wird z.B. hier in einem sozialwissenschaftlichen Kontext erstmals ausführlich die Technik des "Probens", der offenen Nachfrage, dargestellt[24]. Ebenso findet sich bei Kahn/Cannell eine ausführliche Darlegung über den Einsatz von Rollenspielen im Interview, also einer Lernform, die auch von vielen anderen Autoren für Interviewerschulungen vorgeschlagen wird. In dem Maße, in dem die vermutliche Urheberschaft von Kahn/Cannell bei Ausführungen

---

24 Außerdem wird hier - in einem sozialwissenschaftlichen Kontext - erstmals ausführlich das "Proben" als Kommunikationsstrategie dargestellt und als Bestandteil für Interviewtrainings empfohlen. Dieser Aspekt der Arbeit von Kahn und Cannell wird im Kapitel 4, Seite 167, nochmals ausführlicher aufgenommen.

zum Thema Interviewerausbildung ungenannt bleibt, bleibt natürlich auch ihr Konzept undiskutiert.

Daß Kahn/Cannell nicht mehr Aufmerksamkeit von Seiten der Qualitativen Sozialforschung geschenkt wurde, mag daran liegen, daß die Autoren von Cicourel in Methode und Messung als Beispiel für eine szientistische Sozialforschung vorgestellt wurden. Zwar betont Cicourel, daß sie die Methodenlehre durchaus ein Stück voran gebracht haben, da sie den Befragten nicht lediglich als "rational man" betrachten, sondern die traditionelle Konzeption um emotionale Verhaltensaspekte ergänzen.[25] Ansonsten aber vertreten sie - ganz der traditionellen Sozialforschung verhaftet - die Vorstellung vom "Interview as a method of Measurement", so Kapitel 7. Dem Verhalten des Interviewer widmen sie dann auch ihre besondere Aufmerksamkeit, da Fehler des Interviewers kognitiv oder motivational zu einem Ungleichgewicht im Feld und dadurch zu einem Bias führen können. Diese erweiterte Betrachtungsweise von Kahn und Cannell, die den Befragten auch als "emotional man" begreift, verlange eine neue Sichtweise des Interviews - und in diesem Zusammenhang ist auch ihr Interesse an Ausbildung von Interviewern zu verstehen und auch die von ihnen entwickelte Technik des Probens erklärt sich daraus. Aber da sie doch noch ganz meßtheoretischen Vorstellungen verhaftet bleibe, greift Cicourel auch diese innovativen Elemente nicht weiter auf.

In ihrem Kapitel 9, "Learning to Interview" stellen Kahn und Cannell ein erstes umfassendes Trainingskonzept für Interviewer vor. Ausgehend von Erkenntnissen der Lerntheorie bestimmen sie Prämissen zur Gestaltung des Rahmens von Interviewtrainings: Erstens sollte die Schulung in einer Gruppensituation stattfinden, da das Lernen in Gruppen effektiver ist. Zweitens sollte das Training die Möglichkeit bieten, zu experimentieren, neue Verhaltensweisen auszuprobieren[26], was voraussetzt, daß es in einem Rahmen solidarischer Kritik stattfindet:

---

25 Sie beziehen sich dabei auf die Feldtheorie nach Lewin. Diese sieht Verhalten als Resultat verschiedener Kräfte im Individuum, die oft in verschiedene Richtungen gehen. Ihre Summe ist jeweils das "psychologische Feld", aus dem heraus Verhalten zu verstehen ist. Bezogen auf das Interview bedeutet dies, daß der Interviewer einer der Kräfte im 'Feld' ist, der Einfluß auf die Motivation des Befragten nehmen kann.

26 Kahn/Cannell beziehen sich dabei auf sozialwissenschaftliche Überlegungen zur Erwachsenenbildung von Canter u.a.: "First, the learner must be free to try something new. This means that he must be free to make mistakes as well as to achieve success .... - Second, the learner must be able to see and know the effects which his behavior achieves if he is to weed out behavior which gets effects he doesn't want and establish those behaviors which lead to the effects he desires. Otherwise he doesn't acquire the *meaning* of his acts as he practices them.... This process of getting feedback on the effects of what we do, in order to improve what we do in terms of betterachieving some desired effect, is a part of all intelligent practice." (zitiert nach Kahn/Cannell 1957, 236)

> It means giving each trainee an opportunity to discuss interviewing principles, to practice interviews, to describe his own successes and failures and discuss those of others, in an environment in which he feels secure. He must know that his clumsiest efforts will not excite ridicule, that his worst mistakes will bring help rather than blame ... The trainee learns not only from practice and interaction, but also from relating his practical experiences to principles and theory. He sees how poor interview techniques lead to inaccurate information ... (Kahn/Cannell 1957: 236)

Neben der Aufzeichnung und Analyse von Probeinterviews wird das Rollenspiel als eine der ertragreichsten Lernformen empfohlen. Diese Methode ist in besonderer Weise geeignet zur Selbsterfahrung und zur Ausbildung von Sensibilität für die eigene Wirkung auf andere. Da im Rollenspiel, in dem Realität lediglich gespielt wird, eine gewisse Entlastung von Erfolgszwang besteht, kann der Trainee in der Rolle des Interviewers, sein eigenes Verhalten besser beobachten und beurteilen als in aktuellen Interviewsituationen. Beim Rollenwechsel, in der Rolle des Befragten, erfährt er die Wirkung verschiedener Interviewtechniken auf den Befragten, kann sich also einmal in die Situation seines Partners im realen Interview hineinversetzen.

Die Technik des Rollenspiels verlangt, daß der Spieler des Interviewers sich vorab ein bestimmtes Ziel festlegt, das er mit dem Interview erreichen will. Der Interviewte erhält allgemeine Vorgaben zu der Person, die er verkörpern soll und seine Aufgabe ist es, sich in diese Person hineinzuversetzen, damit er sie dann auch spielen kann. Die Gruppe beobachtet den Verlauf des Rollenspiels und analysiert ihn, nachdem zuerst Interviewer und Befragter Stellung zum Verlauf ihres Rollenspiels genommen haben. Aufgabe des Trainers oder Supervisors ist es, auf die Aspekte des Rollenspiels hinzuweisen, die von den Rollenspielern und auch der Gruppe übersehen wurden.

Die im Training zu vermittelnden Fertigkeiten sind, neben ganz allgemeinen Formen der Darstellung als Interviewer, erstens die Technik des Probens. Im 4. Kapitel unten wird das Proben noch ausführlicher diskutiert werden. Hier sei es nur knapp skizziert: Der Kern des Probens besteht darin, daß der Interviewer das wiedergibt oder zusammenfaßt, was der Befragte verbal oder nonverbal geäußert hat[27], damit der Befragte entweder veranlaßt wird, seine Ausführungen zu vertiefen, oder damit er wieder auf das interessierende Thema zurückgeführt wird[28].

---

27 "In addition to the several ways of supplementing primary questions which we have already illustrated, there is a kind of nondirective probe that depends upon summarizing or reflecting the feeling which the respondent is expressing. ... The interviewer mirrors the patient's attitudes so that he can see himself better...". (Kahn/Cannell 1957: 210f)

28 So geben Kahn/Cannel als Funktionen des "controlled nondirective probing" an: "(1) To motivate the respondent to communicate more fully-amplify his previous statement, clarify what he has said, or give the reasons or context out of which his statement developed. ... - (2) To control the interaction between interviewer and respondent by focusing it on the content ob-

Besser als durch andere Techniken der Frage und Nachfrage, so Kahn und Cannell, kann der Interviewer mit Hilfe dieses Verfahrens eine Atmosphäre schaffen, die für den Verlauf des Interviews motivational förderlich ist. Als gute Atmosphäre steht für sie eine Beziehung zwischen Interviewer und Befragtem, die "safe, permissive and warm" sein sollte[29].

Weiterführende Anleitungen zum Proben sind spärlich. Zur Erläuterung werden Beispiele aus Interviews gebracht. Dann wird noch auf die Schwierigkeit des Probens hingewiesen und als Eignung des Interviewers angegeben, er müsse "sufficiently quick and sensitive" in der Formulierung zusammenfassender Bemerkungen sein, um sich keine Widerstände von Seiten des Befragten einzuhandeln. Insgesamt wird die Fähigkeit des Probens eher in Abhängigkeit von Begabung und Erfahrung, als von unmittelbarem Training gesehen.[30]

Zweitens soll im Training die Beherrschung und Handhabung verschiedener anderer technischer Elemente vermittelt werden. So erläutern Kahn/Cannell z.B. über einige Kapitel die kommunikationsstrukturierende Wirkung von Fragebogen, bzw. von einzelnen Typen von Fragen[31]. Auf die Wirkung von Sprache, d.h. die Wirkung einzelner Formulierungen und Begriffe, wird hingewiesen[32], und es werden

---

jective of the interview. Probing thus serves to increase the efficiency and effectiveness of the interaction by instructing the respondent as to what is relevant and irrelevant, thereby reducing or eliminating the communication of material which would not serve the purposes for which the interview was initiated." (Kahn/Cannell 1957: 208)

29 "(1) The interviewer must create and maintain an atmosphere in which the respondent feels that he is fully understood and in which he is safe to communicate fully without fear of being judged or criticizied. - (2) Such a relationship frees the respondent for further communications, in which he does not need to be on the defensive. - (3) As the interviewer focuses attention on the content of the communication, the respondent is encouraged to consider the topic more deeply and to explore more fully and frankly his own position. - (4) This type of interaction also keeps the communication sharply focused on the topic in which the interviewer is interested." (Kahn/Cannell 1957: 79f)

30 "Since probing is a technique rather than a question or even an array of questions, it follows that experience and sensitivity rather than rules and rote phrases will determine the interviewers's success." (Kahn/Cannell 1957: 213)

31 Z.B.: Wortwahl, offen vs. geschlossen, direkter oder indirekter Zugang zu Themen.

32 In diesem Zusammenhang wird thematisiert, daß der spezielle Bezugsrahmen einer Frage anzugeben ist (Wie geht es im Job ? In Bezug auf XY meine ich.); und daß ein gemeinsamer Bezugsrahmen für alle Befragten hergestellt wird. Es wird auf Widerstände gegen Kontrolle des Bezugsrahmen durch Interviewer hingewiesen, die dann entsteht, wenn ein spezieller Bezugsrahmen emotional sehr stark besetzt ist. Wenn der Befragte z.B. kürzlich von seinem Arzt gemahnt wurde, weil er eine zu schwere Arbeit ausübe, wird dies am nächsten Tag Antworten in einem Interview über die Arbeitssituation dominieren. Als Lösung bietet es sich an: "...permitting a full response in terms of the worker's frame of reference and then asking him for other things that might make the company a better place in which to work." (Kahn/Cannell 1957: 119)

Fragetechniken vorgestellt und eingeübt, um Probleme sozialer Akzeptanz zu handhaben[33].

Der Abschluß dieses Kapitels ist dem Versuch gewidmet, erste Schritte zur Objektivierung von Lernerfolgen in Interviewtrainings zu entwickeln. Zu diesem Zweck konstruieren sie drei Bewertungsskalen, mit deren Hilfe das Verhalten des Interviewers in verschiedenen Dimensionen beurteilt wird. Die "acceptance scala" gewichtet die Fragen des Interviewers danach, ob er dem Befragten Aufmerksamkeit und freundliches Entgegenkommen signalisiert, indem er in seinen Formulierungen Äußerungen des Befragten aufgreift. Mit der "validity scala" werden Fragen des Interviewers daraufhin beurteilt, ob sie suggestive Komponenten enthalten. Die "relevance scala" schließlich bezieht sich darauf, wieweit es dem Interviewer gelingt, den thematischen Verlauf (objective) des Interviews zu steuern. Auch die Handhabung dieser Skalen wird an etlichen Beispielen demonstriert.

Funktion dieses Beurteilungsverfahrens, so Kahn/Cannell, sollte nicht unbedingt eine meßbare Beurteilung des Interviewers sein. Bedeutsamer ist seine Hilfestellung, die es als Orientierungsrahmen für die Tätigkeit von Interviewern übernehmen könnte. Sie finden hier analytische Kategorien, mit denen sie ihr eigenes Verhalten nach verschiedenen Dimensionen hin beobachten können, nämlich nach seinen psychologischen, methodologischen und themenbezogenen Aspekten.[34]

Mit der Konstruktion der Bewertungsskalen geben Kahn/Cannell zwar nicht gleich Kriterien für ein gutes Interview, aber sie liefern Anhaltspunkte für die Bewertung einzelner Fragen:

> A question ist correct when it moves the interview toward the goal or objective. A question is incorrect when it blocks interaction, or when it leads it to irrelvant or distorted information. Moving the interview toward its goals means not only meeting the stated objective of a question, but also achieving the psychological atmosphere that assures the respondent of understanding and stimulates him to participate freely. (Kahn/Cannell 1957: 242)

Übersetzt in Anforderungen an Interviewer bedeutet dies, daß er den Befragten, bzw. den Verlauf des Interviews unter motivationalen und unter themenbezogenen Gesichtspunkten steuern muß.

---

[33] Dabei geht es um die bekannten Techniken, wie z.B. den zu erfragenden Sachverhalt als akzeptiert und normal darzustellen ("viele haben/machen ...Sie auch?") oder die eingebaute Entschuldigung ("war es ihnen möglich...?").

[34] Diese sind zusammengefaßt in der acceptance scala (supports vs. rejects respondent), der validity scala (proben ist unbiased vs. biased) und in der relevance scala (directs respondent vs. interview is directed by respondent).

1.4. Zusammenfassung

In der deutschsprachigen Methodenliteratur stellt sich die Thematisierung und die Entwicklung von Konzepten zur Ausbildung von Interviewern folgendermaßen dar:

- Es scheint Programme zur Interviewerschulung zu geben, mit denen auch gearbeitet wird, die aber nicht öffentlich zur Diskussion gestellt werden.

- Die bisherigen Interviewerschulungen sind auf Erhebungen mit standardisierten Fragebogen und deren Probleme zugeschnitten. Lediglich Atteslander geht auf Qualifizierungsmaßnahmen für qualitativ orientierte Befragungen ein. Bei seinen Ausführungen wird allerdings nicht deutlich, ob er hier Erfahrungen referiert oder ob es sich um programmatische Äußerungen handelt. Wie die von ihm skizzierte Schulung angelegt ist, sprengt sie den zeitlichen Rahmen eines möglichen Trainings.

- Mit Ausnahme des Handbuchs von Frey u.a. und des Aufsatzes von Sheatsley bleiben die Ausführungen zum Thema sehr knapp und allgemein: Fähigkeiten und Fertigkeiten, die Interviewern vermittelt werden sollen. Auch werden die in der Schulung zu vermittelnden Lerninhalte nur stichpunktartig aufgeführt. Das gleiche gilt auch für Lernformen; deren Vorzüge und Grenzen werden nicht erörtert.

- Das Anforderungsprofil an den Interviewer, das sich trotz der knappen Ausführungen abzeichnet, beinhaltet einerseits Leistungen im Bereich von Verhaltenskontrolle und Situationssteuerung. Andererseits werden bestimmte methodologische Kenntnisse verlangt, die auf kommunikationswissenschaftliche Bereiche verweisen (Fragetypen, Filterführung etc.). Diese Kenntnisse sollen aber nicht lediglich als Wissensbestände präsent sein, sondern Interviewer sollten mit ihnen situationsangemessen operieren können.

- Auch wenn Kahn/Cannell das Thema ungleich ausführlicher und praxisbezogener behandeln als alle übrigen Arbeiten, so bleiben doch ihre Ausführungen über Fähigkeiten und Fertigkeiten von Interviewern noch immer recht allgemein. Die professionellen Ressourcen für Interviewer, die sie vorstellen - Fragebogenkonstruktion, Technik der Frage und Proben -, werden zumindest ansatzweise in einer Form dargestellt, die sie auch im Rahmen von Trainings vermittelbar macht. Genauer und systematischer als mit den Inhalten eines Interviewtrainings setzen sie sich mit dessen Lernformen, insbesondere dem Rollenspiel, auseinander.

Die schon lange fällige Diskussion um das Thema "Interviewtraining" steckt sachlich immer noch in ihren Anfängen. Daß sie so schleppend in Bewegung kommt, mag verschiedenste Gründe haben. Einer davon ist, daß die systematische Konzeption eines Trainingsprogramms für Interviewer eine ganze Reihe theoretischer und methodologischer Vorüberlegungen erfordert[35]. Guest stellte 1947 fest, daß es keine Kriterien dafür gibt, was ein gutes Interview ist, und spielte damit auf das Verhalten des Interviewers in seiner technischen Dimension an. Die Unsicherheit hinsichtlich der Kriterien für ein gutes Interview hat sich eher noch verstärkt. Seit die soziale Dimension von Interviews stärker betont wird, kann die Tätigkeit eines Interviewers nicht erschöpfend danach beurteilt werden, wie souverän er den Fragebogen handhabt und seine Selbstdarstellung kontrolliert. Es wird dann auch darum gehen müssen, in welchem Umfang er in der Lage ist, die Situation zu definieren, den Befragten in die Situationsdefinition einzubinden, kurz, die Balance zwischen Steuern und Motivieren herzustellen. Und dort schließlich, wo das Interview nicht als Meßvorgang, sondern als Rekonstruktionsverfahren verstanden wird, muß der Interviewer auch noch den Ablauf dieses Vorgangs in seiner kognitiven Dimension kontrollieren können. Zu seinen Aufgaben gehört es dann nicht nur, auf eine bestimmte soziale Rolle zu verpflichten, sondern auch, daß er sich im Rahmen bestimmter kommunikativer Schemata bewegt, wie z.B. des Erzählens oder Beschreibens.

---

35 Von den empirischen Fragen, die bestehen, ganz zu schweigen. - So scheint es zum Thema Interviewtraining weit mehr offene Fragen, als praktikable Antworten zu geben. In diesem Zusammenhang nennt Ronge (1984) einige weitere Fragen, die als Voraussetzung zur Konzeption eines Trainingsprogramms für Interviewer empirisch geklärt werden sollten: "a) Wie verhalten sich Interviewer bei ihrer Interviewtätigkeit wirklich - im Vergleich mit den normativen Rollenvorgaben, die ihnen durch die Interviewerschulung vermittelt werden? Bildet sich im Interview eine bestimmte soziale Situation heraus, deren Konnotationen über eine aseptische Standardsituation hinausgehen ? - b) Verändert sich das Verhalten von Interviewern bei ihrer Aufgabenerfüllung im zeitlichen Verlauf ihrer Tätigkeit, d.h., gibt es typische Sozialisations- und Professionalisierungsprozesse und -entwicklungen bei Interviewern ?" (Ronge 1984: 58f) Als offen, nämlich als ständig neu zu bewältigende Probleme gibt auch Ronge das an, was von den oben dargestellten Autoren als positive - aber nicht präzisierte Bestandteile von Interviewtrainings aufgeführt wurden: Rückfragen der Befragten, Kritik an der Frageformulierung, Verweigerung von Antworten, Einmischungsversuche anderer Personen. Da "zielgruppenspezifische Ansprachen" offensichtlich nicht geübt werden, unterliegt es dem Interviewer außerdem, eine spontane Einschätzung vorzunehmen und eine möglichst passende Ansprache zu entwickeln.

2. Das Interview in der empirischen Sozialforschung[1]

Die Literatur zum Thema Interview in der empirischen Sozialforschung, die in diesem Kapitel herangezogen wird, ist heterogen. Methodologie und Selbstverständigung über Forschungserfahrung sind die hauptsächlichen Motive zur Thematisierung einzelner Aspekte von Forschungspraxis; Diskussionen über Erhebungstechniken und verschiedenste theoretische Fragestellungen können aber gleichermaßen Anlaß dazu sein. Die Gemeinsamkeit der Literatur, auf die hier Bezug genommen wird besteht darin, daß in ihr bisweilen auch nur implizit Erfahrungen mit Forschungspraxis, bzw. Reflexionen darüber verarbeitet werden. Was hier über Anforderungen an Interviewer, bzw. Fähigkeiten und Fertigkeiten von Interviewern oder aber über professionelle Ressourcen für Befragungen berichtet wird, sind Überlegungen, die in der Auseinandersetzung mit Forschungspraxis entstanden sind.

2.1. Die Konfrontation von Methodologie und Forschungspraxis als thematischer Rahmen - Die soziale Dimension des Interviews

Ursula Müller (1979) befaßt sich mit den strengen methodischen Ansprüchen, die eine meßtheoretisch orientierte Sozialwissenschaft dem Forschungsprozeß auferlegt. Hinweise zur Operationalisierung dieser Ansprüche, so Müller, werden vernachlässigt, und die Wissenschaftler mit dieser Aufgabe alleine gelassen. Diese Diskrepanz zwischen methodologischen Regeln und den Bedingungen empirischer Sozialforschung auf der einen und die Folgenlosigkeit von Methodologie für Forschungspraxis auf der anderen Seite, zeigt sich besonders deutlich bei der Arbeit mit Interviews. Von daher verwundert es nicht, daß Methodologie und Selbstverständigung über Forschungserfahrung die häufigsten Anlässe zur Thematisierung von Forschungspraxis sind. Ein Themenbereich ist die Wirkung der Person des Interviewers auf den Verlauf und das Ergebnis von Befragungen. Es besteht Konsens darüber, daß von Seiten des Interviewers ein Einfluß auf die Ergebnisse des Interviews stattfindet. Eindeutig präzisiert werden kann dieser Einfluß allerdings nicht, und die Vorstellungen darüber, wie mit diesem Einfluß umzugehen sei, sind unter-

---

36 Eine Gegenüberstellung der Kapitel 2 und 3 mag den Eindruck erwecken, daß hier eine Ausgrenzung der qualitativen Sozialforschung aus der empirischen Forschung stattfindet. Natürlich ist auch die qualitative Sozialforschung empirische Sozialforschung. Gleichzeitig handelt es sich dabei aber auch um einen deutlichen Schnitt, da Wissenschaftsverständnis und Methoden in Frage gestellt und Routinen der Forschung unterbrochen werden.

schiedlich. Verhaltensvorschriften für Interviewer, die methodologisch begründet, zugleich aber auch den Bedingungen des realen Forschungsprozesses angemessen sind, stellen das Set von Anforderungen dar, auf die hin Interviewer Fähigkeiten und Fertigkeiten ausbilden müssen. Je nach methodologischem Standort und der damit verbundenen Problemsicht fallen diese unterschiedlich aus. Die Anforderungen an die Tätigkeit des Interviewers sind immer auch eine Funktion des forschungslogischen Ziels, das mit einem Interview erreicht werden soll. Während es also in der hypothesenprüfenden Sozialforschung darum geht, den Interviewer als Fehlerquelle möglichst weitgehend konstant zu halten und unter Kontrolle zu bekommen, so geht es in der qualitativen Sozialforschung darum, daß der Interviewer den Befragten dazu veranlaßt, sein Wissen, seine Meinungen und/oder seine Erfahrungen in einer Weise darzustellen, die möglichst wenig durch das Erhebungs*verfahren* vorgeformt wird.

In der entsprechenden Literatur, soviel kann hier schon vorweg gesagt werden, wird diese Problematik allerdings auch nicht sehr konkret und detailliert erörtert. Gleich ob von Seiten der Autoren, die sich einem meßtheoretischen Modell des Interviews verpflichtet fühlen oder Vertretern der qualitativen Sozialforschung, drängen sich vor die Fragen nach konkretisierbaren Anforderungen an Interviewer immer wieder grundsätzliche Überlegungen zur sozialen Situation Interview: Welcher besondere Typus von Sozialbeziehung ein Interview ist und welcher Art die Rollen sind, die von den Beteiligten dort eingenommen werden. Im Grunde werden Erfahrungen aus der Forschungspraxis vielfach als Anlaß zu einer Professionalisierungsdiskussion genommen. D.h. aber auch, daß dort, wo es eigentlich um die Diskussion bestimmter Fähigkeiten und Fertigkeiten geht, das prinzipielle Selbstverständnis von Sozialforschern thematisiert wird. Daß dies so ist, ist wohl eine Folge der relativ späten Herausbildung der Soziologie als eigenständigem Fachgebiet, und es ist auch ein Zeichen dafür, daß Ausdifferenzierungen und Abgrenzungen, die eine Profession erst zu einer Profession machen, noch nicht hinreichend oder zumindest nicht deutlich genug vollzogen worden sind. Dies betrifft erstens das Verhältnis von akademischer und anwendungsorientierter Sozialforschung[37], zweitens das von Wissenschaft und sozialer Bewegung[38] und drittens das Verhält-

---

37 Vgl. dazu die Einleitung von R. König zu seinem Reader "Das Interview" (1976). Wie die gleiche Problematik sich gut zwanzig Jahre später unter veränderten Rahmenbedingungen darstellt, dazu vgl. die Sammelbände "Sozialwissenschaften" (1976) und Vögelin (1977).

38 Über den Zusammenhang der frühen amerikanischen Soziologie mit sozialen Bewegungen und Sozialarbeit, vgl. Maindok (1977). - Über die Aktionsforschung wurde in verschiedenen Zusammenhängen seit den 70er Jahren versucht, diese Abgrenzung wieder zu entdifferenzieren.

nis einer spezialisierten Expertentätigkeit auf wissenschaftlicher Grundlage gegenüber Kunst oder Kunsthandwerk.[39]

Für die deutsche Soziologie, die sich erst ab den 70er Jahren stärker auf außerakademische Bereiche zu orientieren begann, ist dieser Prozeß der Ausdifferenzierung und Abgrenzung noch weniger abgeschlossen als in den USA oder Großbritannien. Aber auch dort ist er noch zu keinem Ende gekommen, und entsprechende Debatten flammen immer wieder einmal auf.

Wie schon die Person des Interviewers finden auch die Arbeit am Komplex der Erhebungsinstrumente, und damit die Themen "Lehre von der Frage" und "Dramaturgie des Fragebogens", die größte Aufmerksamkeit auf Seiten der meßtheoretisch orientierten Sozialforscher. Die Arbeit an standardisierten Erhebungsverfahren hat dort allerdings eine widersprüchliche Funktion: Einerseits soll der Einsatz wohldurchdachter Meßinstrumente den Prozeß des Interviews von seinen sozialen Komponenten reinigen, und das heißt insbesondere vom Einfluß des Interviewers. Andererseits soll die Konstruktion des Instruments aber auch gewährleisten, daß logische und psychologische Erfordernisse von Kommunikation berücksichtigt werden. In diesem Spannungsverhältnis, das einen Meßvorgang und einen Verständigungsprozeß gleichermaßen garantieren soll, müssen Erhebungsinstrumente eine Vielzahl von Funktionen übernehmen, die sie auch für eine qualitativ orientierte Sozialforschung interessant machen.

2.2. Interviewer: Anforderungen, Fähigkeiten und Fertigkeiten

2.2.1. Zur Problematik von Untersuchungen zum Interviewerverhalten

Die Literatur zur Person des Interviewers und seiner Bedeutung für den Verlauf von Interviews ist äußerst umfangreich. Scheuch hält das Thema "Interviewerfehler" für den am besten dokumentierten Aspekt des Forschungsprozesses (1967: 99). Inwieweit sich das auch für heute noch sagen läßt, setzt angesichts der Publikationsflut zu Methodenfragen selbst eine kleine Untersuchung voraus. Deutlich ist jedoch, daß es auch jetzt noch nicht zu einem randständigen Thema geworden ist.

Ein Resümee der Literatur zum Interviewer fällt nicht leicht. Einer Unzahl von Detailergebnissen[40] auf der einen Seite, stehen auf der anderen Seite die Beiträge

---

39 Vgl. dazu unten, Abschnitt 2.2.2., insbesondere Seite 56.
40 Besonders in den USA gibt es nahezu unendlich viele Untersuchungen über den Einfluß des Interviewers auf den Befragten, bzw. auf die Befragungssituation. Um wenigstens einen vagen Eindruck von Umfang und Heterogenität dieser Forschung zu vermitteln, seien hier beispielhaft einige Veröffentlichungen aus jüngster Zeit genannt: Aquilino (1992) Telephone versus Face-to-Face Interviewing for Household Drug Use Surveys; Axinn (1991) The Influ-

gegenüber, die mit stichhaltigen Argumenten darauf verweisen, daß die Ergebnisse dieser Art von Empirie mit großer Skepsis zu beurteilen sind.

Einige Untersuchungen legen Ergebnisse über den Interviewereinfluß vor, die so glatt und eingängig sind, daß sie spontane Zustimmung herausfordern. Bailar e.a. (1977) stellen z.b. fest, daß Interviewer, die es für unangemessen halten, nach dem Einkommen zu fragen, auch vergleichsweise hohe Verweigerungsraten bei der Frage nach Einkommen haben. Boyd e.a. (1955) belegen in einer umfassenden Literaturübersicht am Beispiel unterschiedlicher Autoren, daß Interviewer, die dem Stereotyp des Prohibitionisten entsprechen, bei den Befragten auf erheblich weniger Alkoholiker treffen, als andere Kollegen.[41] Eine Reihe von theoretischen Konzepten, wie das der self-fullfilling-prophecy, interaktionistische Thesen, wie die von der Wirksamkeit von Erwartungserwartungen oder die These von der Orientierung an der Gratifikations-Deprivations-Balance, lassen auch kaum ein anderes Ergebnis zu.

Daß Interviewer sogar über die eigentliche verbale Kommunikation hinaus Einfluß auf die Befragten nehmen, bestätigen Cannell/Fowler (1963). Sie stellen auch

---

ence of Interviewer Sex on Responses to Sensitive Questions in Nepal; Baker (1992) New Technology in Survey Research: Computer-Assisted Personal Interviewing (CAPI); Benton/Daly (1991) A Question Order Effect in a Local Government Survey; Brennan/Hoek (1992) The Behaviour of Respondents, Nonrespondents, and Refusers across Mail Surveys; Burchell/Marsch (1992) The Effect of Questionaire Length on Survey Response; Colasanto u.a. (1992) Context Effects on Responses to Questions about AIDS; Dency (1991) Development of Ethnically Sensitive and Gender-specific AIDS Questionaire for African-American Women. Esbensen/Scott (1991) Interviewer-Related Measurement Error in Attitudinal Research: A Nonexperimental Study; Goodwin/Sands/Kozleski (1991) Estimating Interviewer Reliability for Interview Schedules Used in special Education Research; Goyder/Lock/Mcnair (1992) Urbanization Effects on Survey Nonresponse: A Test within and across Cities; Harkess/Warren (1993) The Social Relations of Intensive Interviewing: Constellations of Strangeness and Science; Hutchinson/Wegge (1991) The Effects of Interviewer Gender upon Response in Telephone Survey Research; Presser/Zhao (1992) Attributes of Questions and Interviewers Correlates of Interviewing Performance; Sanchez/Morchio (1992) Probing "Don't Know" Answers: Effects on Survey Estimates and Variable Relationships; Schwarz u.a. (1991) Response Scales as Frames of Reference: The Impact of Frequency Range on Diagnostic Judgements; Trevino (1992) Interviewing Women: Researcher Sensitivity and the Male Interviewer. - Diese Untersuchungen lassen sich kaum aufeinander beziehen, da die Daten in unterschiedlichsten Kontexten entstanden, das Sample von Fall zu Fall verschieden, der methodische Anspruch variiert, kurz: allenfalls zufälligerweise einmal vergleichbare Bedingungen gegeben sind. Als ein Ansatz, der versucht, die Interviewer/Befragten Forschung theoretisch und methodisch zu integrieren, versteht sich "Rational Choice" (Esser 1991).

41 "Skelly found that interviewers who resembled the stereotype of a prohibitionist reported fewer"drinkers" than ohter interviewers. Hyman found this stereotype effect was present even when interviewers did not ask questions but merely handed the questionnaire to the respondent to merk himself." (Boyd e.a. 1955: 318)

bei Fragebogen, die von den Befragten selbst auszufüllen sind ähnlich starke Effekte durch den Interviewer fest wie im persönlichen Interview. Dies veranlaßt sie zu der Hypothese, daß die Bereitschaft zum persönlichen Interview ebenso vom Interviewer erzeugt wird, wie die Bereitschaft einen Fragebogen auszufüllen.[42] Dafür sprechen auch die Ergebnisse jüngerer Untersuchungen, (z.b. Schwarz/Strack/Hippler/Bishop 1991), wobei dort die Problematik allerdings wesentlich differenzierter behandelt wird[43].

Hoag/Allerbeck (1981) fassen verschiedene Vorbehalte gegen Untersuchungen über Interviewereffekte zusammen: Die ihnen zum damaligen Zeitpunkt vorliegenden Untersuchungen waren überwiegend amerikanischen Ursprungs. Eine Übertragung amerikanischer Ergebnisse auf Verhältnisse in der BRD ist problematisch, da es hier andere Rekrutierungsverfahren und damit auch andere Zusammensetzungen von Interviewerstäben gibt. Außerdem sind Untersuchungen zu Interviewereffekten fast ausnahmslos sekundäranalytisch[44]. Da es sich dabei also um Quellenmaterial handelt, das nicht von vornherein auf entsprechende Fragestellungen organisiert worden ist, bleibt es unklar, ob es sich bei den festgestellten Interviewereffekten um echte Zusammenhänge oder um Scheinkorrelationen handelt.[45]

Angesichts dieser Situation schlagen Hoag/Allerbeck vor, eine spezifizierte Meßvorschrift zur Überprüfung inhaltlicher Aussagen über Interviewereffekte zu

---

42 "... that interviewers, as the primary link between the researcher and the respondent, are instrumental in setting the level of a respondent's desire to cooperate. Interviewers who obtain the most complete personal interviews do so because they are able to induce respondents to work hard, and this ability is of particular value when a respondent is asked to perform the more difficult task of filling out a self-enumerative questionaire." (Cannell/Fowler 1963: 270)

43 Schwarz/Strack/Hippler/Bishop (1991) haben die unterschiedlichen Auswirkungen von persönlichem und telefonischem Interview und von selbstauszufüllenden Fragebögen auf die Antworten und die Antwortbereitschaft von Befragten untersucht.

44 Eine Kritik, die auch Dijkstra (1983) nochmals aufgreift - und die auch bei genauerer Durchsicht der oben zusammengestellten Titel von Untersuchungen zum Thema Interviewer/Befragter abermals bestätigt wird. Erst in jüngerer Zeit werden Primärmaterial erhebende Untersuchungen zu einzelnen Aspekten des Interviewer-, bzw. Befragtenverhalten durchgeführt. Sanchez (1992) hat die Wirkung der Fragebogenkonstruktion auf das Verhalten von Interviewern untersucht. Sie kommt zu dem Ergebnis, daß ein schlechter Fragebogen auch kaum von einem erfahrenen Interviewer kompensiert werden kann. Van Tilburg (1992) hat das Verhältnis von Frageposition und von Interviewerverhalten experimentell auf Anpassungstendenzen der Befragten untersucht. Eine der wenigen deutschsprachigen Primäruntersuchungen ist die von Reuband (1984) zur Zusammensetzung von Interviewerstäben.

45 Daß es sich bei Interviewer-Effekten bisweilen um Scheinkorrelationen handele, primäre und sekundäre Effekte sich überlagerten und nicht mehr zu gewichten seien, hatte Noelle-Neumann bereits 1963 festgestellt: "In Wirklichkeit sei die kausale Variable die Ortsgröße; da auf dem Lande Interviewer eher männlich und in der Stadt eher weiblich seien, werde der Effekt der Ortsgröße durch das Geschlecht des Interviewers vermittelt." (Hoag/Allerbeck 1981: 423)

entwickeln. Mit der log-linearen Analyse legen sie ein statistisches Verfahren zur Erfassung von mehrdimensionalen Situationseffekten im Interview vor. Nachdem sie die Signifikanz von verschiedenen Häufigkeitsverteilungen berechnet haben, kommen sie zu der nun auch statistisch untermauerten Feststellung, daß Interviewereffekte sehr wohl stattfinden, und nicht zwangsläufig Scheinkorrelationen sind.

In einem weiteren Schritt setzen sie sich mit Erklärungen für Interviewereffekte auseinander. Das gängige Konzept der "sozialen Erwünschtheit" beinhaltet, daß der Befragte aus einem grundsätzlichen Bedürfnis nach Harmonie heraus versucht, seine Meinung der des Interviewers anzupassen. Diese These weisen sie zurück. Anstelle "sozialer Erwünschtheit" bei Antworten würden sie allenfalls ein Konzept "situa-tionsspezifischer Erwünschtheit" gelten lassen. Nach ihrer Auffassung ist die

> ... Vorstellung vom Interview als quasi-mechanischem Meßvorgang in doppelter Weise falsch. Sie ist zum einen falsch, weil sie Meinungen als etwas betrachtet, das zum Vorschein käme, wenn irgendwie der persönliche Charakter der Interviewsituation nicht da wäre oder bereinigt werden könnte; diese Vorstellung von kontextfreien "wahren Meinungen" erscheint uns als widersinnig und analytisch nutzlose Abstraktion. Sie ist zum anderen falsch, weil sie den "Meßvorgang Interview" mechanisch mißversteht. Wir stimmen demgegenüber mit Pool (1957) überein, der das Interview als "interpersonal drama with a developing plot" ansieht und feststellt: "Opinions may often be better viewed as strategies in a game than as doctrines in a credo." (Hoag/Allerbeck 1981: 424)

Die Autoren sehen, daß ihre Ergebnisse in unterschiedlichster Weise gewendet und gegensätzliche Konsequenzen aus ihnen gezogen werden könnten. Ihre Ergebnisse als Anlaß zur weiteren Arbeit an einer Instrumententheorie zu nehmen wäre ebenso wenig in ihrem Sinne, wie die Verwendung ihrer Ergebnisse als Beleg für die Unmöglichkeit quantitativer Sozialforschung[46]:

Uns scheint vielmehr, daß die durch den Nachweis des Vorkommens massiver Einflüsse der Erhebungssituation auf Umfragedaten sichtbar werdenden Probleme der Umfrageforschung solange nicht angemessen lösbar sind, wie die "Inhalte" der Befragung und die Erhebungssituation voneinander isoliert betrachtet werden.

> Das Verfahren zur Erfassung von Situationseffekten, das wir demonstriert haben, verstehen wir als geeignete Technik, um solche Effekte zu suchen; eine adäquate inhaltliche Lösung, wenn solche Effekte vorliegen, ist jedoch nur zu finden, wenn die Trennung von Erhebungsinhalt und Erhebungstechnik in der Weise aufgehoben

---

46 "... der Ruf nach weiterer Forschung unter Verwendung des von uns eingesetzten analytischen Modells, um die Datenbasis über Situationseffekte zu vergrößern mit dem Ziel, Grundlagen für eine theoretische Deutung in Gestalt einer Art Fehlerlehre des Interviews zu schaffen. ... Die zweite Möglichkeit wäre es, unsere Befunde als Argument gegen die Möglichkeit quantitativer Sozialforschung zu wenden und in den Argumentationshaushalt für qualitative Erhebungsverfahren aufzunehmen. (Hoag/Allerbeck 1981: 424f)

wird, daß die inhaltliche "Theorie" nicht unproblematische Messungen postuliert, sondern auch Meßvorschriften spezifiziert. (Hoag/Allerbeck 1981: 424f)

Die differenziertere Problemsicht, für die Hoag/Allerbeck sich aussprechen, wurde in den letzten Jahren auch aufgenommen, allerdings nicht unbedingt der Lösungsweg, den sie vorschlagen. Steinert (1984) etwa kann in einer Untersuchung ebenfalls belegen, daß der Interviewereinfluß themenspezifisch und nicht allgemein[47] wirkt. Die log-lineare Analyse von Hoag/Allerbeck hält er allerdings für einen allzu abstrakten Lösungsweg, um Einflüsse auf den Befragten zu ermitteln[48]. Er postuliert statt dessen das Ende des Repräsentativitäts-Mythos (Steinert 1984: 49) und will Repräsentativität allenfalls situativ verstanden wissen, da das Interview als soziale Situation eben von zu vielen Faktoren beeinflußt wird, als daß sie alle kontrolliert werden könnten[49].

Auch von Vertretern einer Instrumententheorie werden die Untersuchungen zum Interviewereinfluß zunehmend in einem mehrdimensionierten Rahmen angelegt, der eben nicht nur die Wirkung des Interviewers, sondern auch die Wirkung anderer Situationsfaktoren auf den Befragten berücksichtigen soll. Reinecke (1991a/1991b) z.B., der sich selbst explizit dem Forschungsprogramm "Rational Choice" und dem "analytisch-nomologischen Paradigma" (Reineke 1991: 2) zuordnet, versteht das Interview als sozialen Prozeß[50]. Nun betrachtet Jost zwar Stei-

---

47 Die Ergebnisse seiner Studie belegen keine Selektionseffekte, "sondern, daß man es hier mit tatsächlichen Interviewereinflüssen zu tun hat, und zweitens, daß eine Anpassung an die vermutete Meinung des anderen der häufigste und konsistenteste Effekt ist, drittens aber, daß dieser Effekt nicht bei allen Themen auftritt, sondern im Gegenteil sehr spezifisch bei bestimmten Themen, soweit sich diese Vermutung an bestimmten äußeren Merkmalen orientieren muß." (Steinert 1984: 33)
48 Vgl. Steinert 1984: 52f, Fn. 1.
49 Hier spielt es auch eine Rolle, daß die Befragten das Interview in dramatisch unterschiedlicher Weise interpretieren: "Insgesamt ist also festzuhalten, daß Angehörige der verschiedenen Sozialschichten das Interview unter dramatisch verschiedenen Situationsbedingungen absolvieren, daß es für sie ganz unterschiedliche Bedeutungen hat. Es ist zu vermuten, daß einiges von dem, was die Soziologie angeblich über den Unterschied zwischen "Mittelschicht" und "Unterschicht" weiß, darauf beruht, daß der Angehörige der Unterschicht sich "nach oben" darstellt - wofür er seine eigenen Taktiken hat." (38) - Insgesamt kommt Steinert zu dem Ergebnis: Es gibt keine "eigentliche" Meinung, sondern nur situative Meinungen. Meinungskonstanz im Interview wird hergestellt durch soziale Erwartung, der Konsistenz der Persönlichkeit und der Kongruenz zwischen Handeln und Verhalten.
50 So die Überschrift zu Kapitel 2 seines Buches. - Esser als einer der namhaftesten Vertreter der Perspektive "Rational Choice" hat mit seiner Forschung zum Interviewer und zum Befragten (z.B. Esser 1973 und 1974) den sozialen Charakter von Interviews schon immer betont. In diesem Zusammenhang kann er auch gar nicht davon ausgehen, daß es einen wahren Wert gibt, der sich in Antworten offen oder verzerrt darstellen kann, sondern lediglich von einem relativen Wahrheitsgehalt von Antworten. Diese Orientierung schlägt sich auch darin nieder,

ners Ergebnisse mit einer gewissen Skepsis[51], teilt aber prinzipiell die Problemsicht, daß im Interview die Meinungsbildung in einem sozialen Prozeß hervorgerufen und eben nicht nur durch das Verhalten des Interviewers beeinflußt wird. Er betrachtet "das Antwortverhalten als das kombinierte Resultat der individuellen Einstellung des Befragten und der in der Situation aktualisierten Erwartungen und Situationsdefinitionen" (Steinert 1984: 279).[52]

Wie bereits das Beispiel von Steinert zeigt, ist das Interesse an Untersuchungen zum Interviewereinfluß nicht zwangsläufig mit meßtheoretischen Orientierungen verknüpft. Daß es bislang keine überprüfbare Instrumententheorie der Befragung gibt, hebt zwar auch Laga (1984) hervor, doch beabsichtigt auch er nicht, diesen Mangel zu beheben. Die Daten seiner Studien über das politische Engagement von Studenten wurden sekundäranalytisch auf mögliche Interviewereffekte hin untersucht. Mit aufgezeichneten Daten über die Erhebungssituation, die in diesem Zusammenhang ausgewertet wurden, waren ursprünglich nicht in Hinsicht auf Interviewereffekte, sondern zum Zwecke der Interviewerkontrolle mit erfaßt worden.

Reuband (1984) - in einer Untersuchung über die Zusammensetzung von Interviewerstäben und deren Folge für die Untersuchungsergebnisse - schließt mit seiner Fragestellung auch an Untersuchungen zum Interviewereinfluß an. Da er erhebliche institutsspezifische Variabilitäten in den Beantwortungstendenzen feststellt, die nach seinen Ergebnissen auf die unterschiedliche Zusammensetzung von Interviewerstäben zurückzuführen sind, plädiert er dafür, dies auch dauerhaft zu beobachten [53].

---

daß der Verdacht einen behavioristischen Reduktionismus zu vertreten, zurückgewiesen und das Selbstverständnis als einer besonderen Variante soziologischer Handlungstheorie betont wird (Esser 1991). Äußerlich drückt dies sich darin aus, daß das Attribut "wahr" in Bezug auf Antworten nur noch in Anführungsstrichen erscheint. - Wo Cicourel als Vertreter einer interpretativen Sozialforschung zwischen vermeidbaren und unvermeidbaren Verzerrungen im Interview unterscheidet, geht "Rational Choice" von einem relativ "wahren" Wert und nichtzufälligen Meßfehlern aus. Die Arbeitsgruppe um "Rational Choice" setzt ihre Hoffnung in die Ausformulierung einer Wert/Erwartungs Theorie, mit der diese Differenz geklärt werden könnte und in eine entsprechende Meßtheorie (Reineke 1992).

51 Reineckes Vorbehalte sind technisch-methodologischer Art, (Reinecke 1991: 149f.), ist sein eigenes Anliegen schließlich die Weiterarbeit an einer Instrumententheorie.
52 Reinecke bezieht sich dabei im wesentlichen auf Esser (1986a und b), mit dessen Begriff situationsorientierten-vernünftigen Handelns er auch die Prämissen einer hypothesenprüfenden Wissenschaft teilt. Gleichzeitig - aber das ist wohl eher als Aperçu zu verstehen - stellt er seiner Arbeit ein Motto von Cicourel voran, der "... so etwas wie eine "Theorie der Instrumentation" und eine Theorie der Daten...", wobei in diesem Zitat aber ausgespart bleibt, daß Cicourel gleichzeitig die Unmöglichkeit eines hypothesenprüfenden Wissenschaftsprogramms für die Sozialforschung dargelegt hat.
53 "Die sinnvollste Strategie ist es, die sozialen Merkmale der Interviewer mitzuerfassen und zu prüfen, ob von ihnen zum jeweiligen Zeitpunkt ein Einfluß ausgeübt wird oder nicht. -Diese

Daß Interviewereffekte auftreten, findet also über die Grenzen unterschiedlicher Traditionen der Sozialforschung hinweg ebenso einen Konsens wie die Einsicht in die Notwendigkeit, diese Effekte systematisch zu berücksichtigen. In handlungstheoretisch modifizierter Form hatte Cicourel bereits in den 60er Jahren den Begriff der "Verzerrung" im Interview aufgenommen. Dabei unterschied er zwischen "Verzerrungen", die ein Interview nicht beeinträchtigen, solchen, die unvermeidbar und solchen, "die den Informations- und Kommunikationsfluß erleichtern, solange wir uns ihrer Anwendung und Wirkung bewußt sind und dadurch eine gewisse Kontrolle über sie haben..." (136).

Was Grundhöfer (1984) als Stand der Ergebnisse von Untersuchungen zum Interviewereinfluß zusammenfaßt, hat sich auch in dem dazwischenliegenden Jahrzehnt nicht nennenswert verändert:

> Insgesamt zeigen die empirischen Ergebnisse also eher an, daß ein Interviewereinfluß existiert, als daß für seine Erklärung wirklich überzeugende Faktoren benannt und empirisch faßbar gemacht werden können. ... (262).

Die Schwierigkeiten, diesen Einfluß mit statistischer Eindeutigkeit zu ermitteln, ergeben sich aus unterschiedlichen Bedingungen: Einerseits daraus, daß das Interview - da es in einer sozialen Situation stattfindet - zu komplex ist, um im Rahmen bisheriger Möglichkeiten modelliert zu werden. Zum anderen ist es als prozeßhaftes Geschehen in einer Zeitdimension angesiedelt, die zusätzlich für Variabilität sorgt.

2.2.2. Interviewer: Professionalität und/oder Erfahrung

Sinn der Ausbildung von Interviewern ist es, den positiven Einfluß des Interviewers auf die Erhebungssituation zu steigern, und seinen negativen Einfluß möglichst unter Kontrolle zu halten. Dies impliziert, daß von Seiten des Interviewers Wirkungen auf die Bereitschaft des Befragten zum Interview, auf Inhalt und möglicherweise auch auf die Form der Redebeiträge des Befragten ausgehen. Der letzte Abschnitt hat dargelegt, wie problematisch es ist, diese Einflußgrößen eindeutig zu ermitteln. Die Mehrzahl der Untersuchungen zum Thema ist sekundäranalytisch, geht also von einer problematischen Datenlage aus. Zudem wird überwiegend eindimensional korreliert, wobei eher Scheinkorrelationen als echte Zusammenhänge festgestellt werden. Sobald mehrdimensional korreliert wird, und das Interview als sozialer Prozeß betrachtet wird, stellt sich das Problem sehr bald als zu komplex für eine quantitative Analyse dar. Hinzu kommt die Variabilität der Funktions- und

---

Analyse kann niemals eine endgültige sein. Unter dem Einfluß des vorherrschenden soziokulturellen Klimas schlägt der Einfluß der sozialen Merkmale mal stärker und mal schwächer durch." (Reuband 1984: 80)

Wirkungsweisen von Interviews im Zeitverlauf, die wenn sie ernstgenommen wird, immer nur zeitlich spezifizierte und begrenzte Aussagen zuläßt und zu einer Art Dauerbeobachtung führen müßte[54]. Kurz: Es läßt sich nicht präzise bestimmen, welcher Persönlichkeitsaspekt des Interviewers und welche seiner Verhaltensweisen wie und in welchem Umfang den Erhebungsvorgang beeinflussen. Die Ausbildung von Interviewern muß daher eher auf allgemeinen Vermutungen, denn auf exaktem Wissen aufbauen.

In einem Interviewtraining werden nun nicht alle durch den Interviewer repräsentierten und aktualisierten Merkmale und Einflußgrößen angesprochen. askriptive Merkmale wie Alter, Geschlecht, Hautfarbe, bzw. ethnische Zugehörigkeit, stehen hier also gar nicht zur Debatte. Es geht hier vielmehr um Fähigkeiten und Fertigkeiten, die im Zeitverlauf erworben und verändert werden können[55]. Die sicher etwas vorsichtige und umständliche Ausdrucksweise, von "Fähigkeiten und Fertigkeiten, die im Zeitverlauf erworben und verändert werden können", verweist auf das erste Problem, das hier besteht. In der entsprechenden Literatur werden Erfahrung und Professionalität gleichgesetzt[56]. Professionalität bezieht sich aber auf Kompetenzen, die über eine bestimmte Art der Ausbildung erworben wird, und sich in einer sehr spezialisierten Art von Fähigkeiten niederschlägt. Dazu gehören im Allgemeinen bestimmte Wissensbestände und Verfahren, die für eine Profession charakteristisch sind.[57] Erfahrung hingegen spielt auf Qualifikationen an, die durch Dauer einer Tätigkeit oder durch die Häufigkeit ihrer Ausübung erworben wird. Die Grundlage von Erfahrung kann, aber muß nicht professionell sein. Erfahrung ohne Professionalität bedeutet zunächst lediglich eine Kompetenz, die eben auf Erfahrungswissen, auf einem "Faustregel-System" basiert[58].

Diese Unterscheidung von Erfahrung und Professionalität hat zentrale Bedeutung für die vorliegende Arbeit. Ausbildung und Training von Interviewern bedeutet schließlich eine Professionalisierung und damit ein Verfahren, das zu einer gezielten Kompetenzsteigerung ihrer Tätigkeit führen soll. Wenn sich heraus-

---

54 Vgl. dazu auch Reuband (1984: 80).
55 Andernorts ist die Unterscheidung zwischen sichtbaren und unsichtbaren Merkmalen üblich (vgl. z.B. Reinecke 1991). Der prinzipielle Vorzug dieser und anderer möglicher Unterscheidungen soll an dieser Stelle nicht diskutiert werden. Die hier getroffene Unterscheidung ergibt sich zwangsläufig aus der Themenstellung der Arbeit.
56 Als Beispiel hierzu Ronge: "... Verändert sich das Verhalten von Interviewern bei ihrer Aufgabenerfüllung im zeitlichen Verlauf ihrer Tätigkeit, d.h., gibt es typische Sozialisations- und Professionalisierungsprozesse und -entwicklungen bei Interviewern?" (Ronge 1984: 58f)
57 Zum Begriff der Profession und zur Geschichte der Professionen, bzw. der freien Berufe vgl. Carr-Saunders/Wilson 1933; Maindok (1977: 88); Moore 1970; Parsons 1968; Wilensky 1972.
58 Von einem "Faustregel System" sprach F.W. Taylor (1919), der Begründer der wissenschaftlichen Betriebsführung, um traditionelle Arbeitspraktiken von "rationalen" Arbeitspraktiken abzugrenzen, d.h. von wissenschaftlich-technisch angeleitetem Arbeitshandeln.

stellt, daß schon alleine Erfahrung, also die Herausbildung eines "Faustregel-Systems" hinreichende Kompetenz garantiert, würde ein systematisches Trainingskonzept überflüssig. Dazu müssen aber zunächst einmal die Ergebnisse verschiedener Untersuchungen auf diesen Aspekt hin analysiert werden. Es gibt etliche Untersuchungen, in denen die Wirkung von Erfahrung und/oder Professionalität des Interviewers auf die Qualität des Interviews untersucht wird. Was dabei wirklich gemeint ist, bleibt letztlich unklar. Ohne im einzelnen darauf eingehen zu wollen, spricht vieles dafür, daß hier in der Regel von Erfahrung auf einer semiprofessionellen Grundlage die Rede ist, und in diesem Sinne soll die Literatur auch verstanden werden.

Es dürfte wohl die gängige Ansicht in den Sozialwissenschaften sein, die Tätigkeit von Interviewern als professionalisierbare Tätigkeit zu betrachten. Dies war nicht immer der Fall.

Dean/Eichhorn/Dean (1954) z.B. sahen Interviewführung als eine Kunst, da jeder mit "custom-made" Techniken operiert, und sie hielten es auch für ausgeschlossen, daß mehr als Faustregeln für eine Verbesserung der Interviewführung entwickelt werden könnten. Auch der von René König für seinen Sammelband ausgewählte Sheatsley (1952) stellt noch "Die Kunst des Interviewens" vor, hält Schulung und Training aber durchaus für nützlich. Selbst in jüngsten Arbeiten ist noch diese Sichtweise vertreten. Kudera z.B. argumentiert, die qualitative Sozialforschung könne ihrer Aufgabe der Rekonstruktion nur durch rekonstruktive Verfahren nachkommen und die bestünden eben in der "Anwendung von Erfahrung, Wissen und Kompetenz, orientiert an tradierten handwerklichen - kunsthandwerklichen versteht sich - Empfehlungen." (Kudera 1992: 196).

Wenn das Führen eines Interviews als Kunst oder als Kunsthandwerk verstanden wird, dann besteht die Gefahr, daß die Befähigung dazu in zu großer Abhängigkeit von Persönlichkeitsvariablen gesehen wird. Begnadete Interviewer könnten zwar ihre Qualitäten durch Erfahrungen noch steigern, aber insgesamt wäre Interviewführung nicht ohne ganz besondere persönliche Voraussetzungen erlernbar. Sicher wird niemand ernsthaft in Abrede stellen wollen, daß es mehr oder weniger geeignete Persönlichkeitsmerkmale für Interviewer gibt, die insbesondere auch in Kombination mit sozialen Merkmalen auftreten. Noelle-Neumann favorisiert "die pedantische Hausfrau", (nach Kirschhofer-Bozenhardt/Kaplitza 1975), da sie am genauesten und geduldigsten zuhört. In seiner Untersuchung über Interviewerstäbe findet Reuband (1984) eine Vorliebe für Hausfrauen bestätigt, da sie zumindest einen Teil der von Interviewern erwarteten Eigenschaften, wie große Kontaktbereitschaft und -fähigkeit, Motivation zur Arbeit unter teils widrigen Bedingungen und flexibles Zeitbudget aufweisen. Vertreter, die über die gleichen Merkmale verfügen, werden weniger gerne als Interviewer eingestellt, da sie gerne die Durchführung von Interviews mit ihren Vertretergeschäften verbinden. Spezifisch sozial bedingte Vorzüge werden bei dieser Gruppe also dadurch wieder aufgehoben, weil es aus eben diesen sozialen Merkmalen auch zu erheblichen Störungen des Interviews kommt.

Wenn die Fähigkeit, Interviews zu führen erlernt werden kann, dann muß die Literatur zum Interview in der empirischen Sozialforschung zunächst einmal daraufhin untersucht werden, wie Erfahrung und/oder Professionalität des Interviewers in ihrer Wirkung auf das Interview beurteilt wird. Es muß danach gefragt werden, wie Erfahrung und/oder Professionalität im Vergleich zur Wirkung anderer Faktoren gewichtet wird und ob sie insgesamt eine eher positive oder eher negative Wirkung hat.

Alwin (1977) belegt, daß Verzerrungen, die sich aus Persönlichkeitsmerkmalen des Interviewers ergeben, relativ gering sind, mit Ausnahme der Charakteristika Geschlecht und Hautfarbe, die aber auch nur dann bedeutsam werden, wenn die Thematik des Interviews dadurch berührt wird. Als entscheidend für die Wirkung des Interviewers hält er dessen Professionalität. Zu einem ebenso eindeutigen Ergebnis kommt auch Atteslander[59]. Zumindest für die Verweigerungsrate hält auch Erbslöh die Erfahrung der Interviewer für ausschlaggebend[60], und ähnlich auch Ronge[61]. Diese positiven Einschätzungen lassen sich noch ergänzen, ist doch schließlich jeder Versuch, die Interviewer vorab zu qualifizieren, ein Beleg dafür.

Es wird aber durchaus auch die Ansicht vertreten, daß größere Erfahrung negative Konsequenzen für den Verlauf eines Interviews haben kann. Die bereits oben zitierten Bailar u.a. (1977) z.B., haben in ihrer Untersuchung festgestellt, daß eine positive Korrelation zwischen Erfahrung und Verweigerungsraten auf die Frage nach Einkommen besteht. Das Wissen um die Sensibilität dieser Frage, so die Autoren, kann zu einer Art self-fullfilling prophecy führen. - Hier ist das Problem angesprochen, inwieweit durch Erfahrungen auch Erwartungen strukturiert werden, die dann ihrerseits reale Konsequenzen haben. Unter "Erwünschtheit" und "Anpassung" sind Aspekte dieses Problems bislang überwiegend in Hinsicht auf

---

59 "Die wissenschaftliche Qualität einer Befragung hängt weitgehend von der Qualität der Befrager ab." (Atteslander 1991: 198)

60 Nach Erbslöh (1972) scheint die Interviewererfahrung die wesentliche intervenierende Variable für die Verweigerungsraten zu sein. Je größer die Erfahrung, um so geringer die Verweigerungsrate.

61 Obgleich es für Ronge noch eine offene Forschungsfrage ist, ob sich das Verhalten von Interviewern bei ihrer Aufgabenerfüllung im zeitlichen Verlauf ihrer Tätigkeit verändert, stellt er einen Zusammenhang von steigender Professionalität, insbesondere wachsendem professionellem Selbstbewußtsein und sinkender Verweigerungsrate fest. - Noch über einen anderen Weg nähert sich Ronge der Fragestellung: Er typisiert Interviewer als "sozial" bzw. "professionell" und bewertet die Qualität der von ihnen durchgeführten Interviews nach verschiedenen Effizienz-Kriterien. Die besseren Interviews waren die der "professionellen" Interviewer.

den Befragten analysiert worden. - An der Studie von Bailar u.a. knüpft Reinecke (1991a) mit einer grundsätzlichen Kritik der Untersuchungen zum Einfluß von Erfahrung des Interviewers auf den Interviewverlauf an. Auch hier geht es wieder darum, ob nicht durch die Eindimensionalität des untersuchten Zusammenhanges eine Scheinkorrelation hergestellt wird. Reinecke sieht auch gegenwärtig keine methodologischen Möglichkeiten, diese Problematik zu klären, da es auch hier wiederum um einen Effekt geht, dessen Wirkung sich kaum isoliert beobachten läßt und, da es bislang auch kein Analysemodell gibt, das Erfahrung als "reinen" Effekt angemessen erfassen könnte.[62]

Vermutlich spielt die Kompetenz des Interviewers auch je nach Befragungsform eine unterschiedliche Rolle. Während sie für offene Interviews nicht hoch genug veranschlagt werden kann, wird ihre Bedeutung für stark standardisierte Erhebungen prinzipiell unterschiedlich eingeschätzt. Die Aussage "Nicht der Interviewer, der Fragebogen muß schlau sein" (Schmidtchen 1962: 9), scheint durch Ergebnisse neuerer Untersuchungen bestätigt zu werden: Presser und Zhao (1992) belegen, daß Abweichungen vom Wortlaut vorgegebener Fragen eher von der Länge einer Frage und der Gestaltung des Fragebogens abhängen, als daß sie der Qualität des Interviewers zuzuschreiben sind. Diese Art von Fehlern ist also eher eine Folge von Monotonie, d.h. sie können sich bei schlecht konstruierten Fragebogen einstellen. Gleichzeitig ist es selbst für sehr erfahrene Interviewer nicht möglich, einen problematischen Fragebogen zu kompensieren (Benton/Daly 1991; Sanchcz 1992). Anders stellt sich die Situation offensichtlich bei Telefonumfragen dar, bei denen die Kompetenz des Interviewers als sehr bedeutsam eingeschätzt wird (Frey u.a. 1990).

Unabhängig davon, welche Rolle die Kompetenz des Interviewers spielt, handelt es sich bei Erfahrung und Professionalität um Begriffe, die komplexe Kompetenzen anzeigen und sich aus verschiedenartigen einzelnen Fähigkeiten und Fertigkeiten zusammensetzen. Mit der Konkretisierung des Inhalts von Erfahrung und Professionalität wird einerseits das Anforderungsprofil für die Tätigkeit von Interviewern charakterisiert und andererseits werden mögliche Lernziele eines Interviewtrainings genannt.

Im Zusammenhang mit der Darstellung von Konzepten zu einem Interviewtraining wurden bereits Komponenten eines Anforderungsprofils an Interviewer benannt. Sie blieben allerdings ebenso allgemein, wie die Konzepte selbst. Neben verschiedenen technischen Anforderungen, bezogen auf die Handhabung des Fragebogens, wurde hauptsächlich die Neutralität des Interviewers betont, seine Fä-

---

62 "Zusammenfassend kann festgestellt werden, daß die Schwierigkeiten, Einflüsse durch Interviewerfahrung festzustellen, darin liegen, daß 1. das Intervieweralter mit der Erfahrung hoch korreliert, und daß 2. die Erfahrung des Interviewers als Effekt der Anwesenheit über verschiedene Verhaltensmerkmale vermittelt wird... ." (Reinecke 1991a: 126)

higkeit, eigene Meinungen, Einstellungen und Bewertungen aus der Befragung herauszuhalten. Dieser Komponente, der Verhaltenskontrolle, wird auch in einzelnen Untersuchungen oder Aufsätzen zum Thema durchgehend große Bedeutung beigemessen. Dies wird aber noch dahingehend präzisiert und ergänzt, daß er einen ruhigen und entspannten Eindruck vermitteln muß[63], bzw. eine gute Gesprächsatmosphäre herstellen muß[64]. Und dabei zeichnet sich bereits ab, daß eine für das Interview förderliche Gesprächssituation eben nicht ausschließlich bedeuten kann, daß der Interviewer die Situation definiert und steuert, sondern daß er dies auch auf den Befragten und auf die Situation bezogen flexibel handhaben muß[65].

Weitere Hinweise auf Anforderungen geben Schemata, die zur Beurteilung von Interviews und des Verhaltens von Interviewern zusammengestellt wurden. Guest stellte zunächst, zur Entwicklung von Kriterien für ein gutes Interview, einen Katalog von Fehlern im Interview zusammen. Ein Teil dieser Fehler tritt heute kaum mehr auf, da sie sich durch die Möglichkeit der elektronischen Aufzeichnung von Interviews erübrigt haben dürften. Ansonsten ergeben sich als häufigste Fehler mangelnde Nachfragen, die wohl teils aus der selektiven Wahrnehmung dessen resultieren, was gesagt worden ist und suggestive Formulierungen von Seiten der Interviewer, also die mangelnde Kontrolle der eigenen Äußerungen.[66] - Dohren-

---

63 Ein Interviewer, der ruhige wirkt, erhält mehr und vollständigere Antworten als ein Interviewer, der in Eile erscheint (Boyd e.a. 1955:321). Und diese Aussage ist eindeutiger als alles, was darüber festgestellt werden kann, inwieweit dichotome, geschlossene und offene Fragen stärker vom Interviewer Bias beeinflußt werden. Ebenso darüber, ob erfahrene oder unerfahrene Interviewer die "besseren" Ergebnisse haben.

64 "Ideally, an interviewer will be a person who adjusts easily. In addition, an interviewer ought to be a good listener. People who are overbearing or tend to dominate conversations often impose too much of themselves into the Interview relationship. Finally, people who seem open and nonjudgemental usually make better interviewers than those who insist on rigidly applying their own standards in every situation (Abrahamson 1983: 342).

65 "Because most students seem naturally to establish rather tight control over the interview, they need training in becoming more responsive to the informant and in follwowing his leads to a greater extent." (Dohrenwend/Richardson 1956: 32) - Und vgl. auch die vorhergehende Fußnote. - In diesem Zusammenhang ist die Arbeit von Trevino (1992) interessant, nach der es sogar möglich zu sein scheint, die soziale Distanz zwischen männlichen Interviewern und weiblichen Befragten zu verringern, wenn der Interviewer erkennbar die Perspektive der Befragten übernehmen kann.

66 Es handelt sich hierbei übrigens um eine der ganz wenigen Untersuchungen zum Interviewereinfluß, die nicht sekundäranalytisch, sondern primär auf diese Fragestellung hin angelegt wurde. Guest nahm dafür die Interviews von 15 Interviewern - ohne ihr Wissen - auf Band auf: "Each interviewer interviewed the same respondent who had previously received and memorized a special set of answers. The interviewers were aware of the purpose for which the questionaire was constructed but did not know that an experiment involving them as subjects was in progress, or that they were interviewing the same respondent." (Guest 1947:18f) - Die am häufigsten festgestellten Fehler waren: 1) Die Protokollierung von ten-

wend/Richardson hingegen stellen einen Analyse-Rahmen zur Beurteilung von positivem Interviewerverhalten zusammen. Ihre Ergebnisse lesen sich fast wie die positiven Entsprechungen der von Guest festgestellten Fehler: Thematische Kontrolle und Übersicht über den Inteviewverlauf, Steuerung von Länge und Inhalt der Antworten und gesprächsfördernde, nicht-suggestive Anregungen kennzeichnen den fähigen Interviewer.[67]

2.2.3. Befragte

Die gleichen Komponenten, die von Seiten des Interviewers Einfluß auf das Interview nehmen, askriptive Merkmale und Verhaltensstil, wirken natürlich auch von Seiten des Befragten. Der Bereich der askriptiven Merkmale des Befragten ist - oft im Zusammenspiel und in Wechselwirkung mit vorgegebenen Merkmalen des Interviewers - vielfach untersucht worden. Die methodischen Probleme, die hier auftreten, unterscheiden sich nicht von denen, die schon im Zusammenhang mit dem Interviewereinfluß dargestellt worden sind, und Ergebnisse bleiben ähnlich vage. Diesem Aspekt soll hier auch nicht weiter nachgegangen werden.

Für die Frage nach den Anforderungen an Interviewer ist die Analyse der Verhaltensstile von Befragten aufschlußreicher. Nun können selbstverständlich Befragte nicht ebenfalls durch Trainingsmaßnahmen soweit geformt werden bis sie

---

dentiellen Verweigerungen als vollständigen Antworten; 2) Nachlässigkeiten bei der Aufzeichnung von "side comments", die - wären sie aufgezeichnet worden - ausschlaggebend für die Einschätzung der "over-all attitude" des Befragten gewesen wären. 3) Es wird in den Protokollen nicht genügend nach sondierten und nicht-sondierten Antworten unterschieden. 4) Der Befragte wird nicht um Spezifizierungen seiner Antworten gebeten. 5) Versäumnis auf mehr als einer Antwort bestanden zu haben. 6) Erhebliche Unterschiede in der Wortwahl beim Verlesen von Fragen. 7) Vorkommen von eindeutig 'biasing' Bemerkungen. (Guest 1947: 21f)

67 "1. Control of the topics of the interview; - 2. Restriction of the length of the informant's responses; - 3. Restriction of the Content of the Informant's responses; - 4. Suggestions of the Content of the Informant's responses." (Dohrenwend/Richardson 1956: 29) - Dies bedeutet ad 1.: "The ability to listen and to follow up an informant's response is something which must students require some practice to develop. Particularly difficult ist to aquire ist the ability to keep a response in mind through several questions and answers in order to follow it up in later time. Whatever his initial approach to the control of interview topics is, awareness of several different ways ofhandling it helps the student to improve his skill and flexibility in his aspect of interviewing technique." (Dohrenwend/Richardson 1956: 30f) - ad 2.: Fähigkeit im Umgang mit offenen und geschlossenen Fragen, bzw. mit verschiedenen Misch- und Zwischenformen. - ad 3. Wissen über verschiedene Typen von Fragen, die je nachdem zum Einsatz kommen, ob "observable", "subjective" und "subjective-self" Informationen erfragt werden sollen. - ad 4.: Die Arbeit mit "leading questions" und "distortions", d.h. mit Fragen, die eine Antwort kontextuieren, bzw. mit "Drastifizierungen" (vgl. Thomann/Schulz v. Thun 1988).

schließlich Verhaltensstile übernommen haben, die für ein Interview förderlich sind. Sehr wohl aber sollten Interviewer in die Lage versetzt werden, mögliche Verhaltensweisen zu antizipieren, und wenn nötig durch "Ausgleichshandlungen" darauf zu reagieren.

Jenseits individueller Varianten sind es hauptsächlich zwei Kontexte, die für besondere Verhaltensstile im Interview bedeutsam sind und die auch vorhersehbar sind. Zum einen handelt es sich dabei um das Interview selbst, die Ziele die mit ihm verfolgt werden sollen und das spezielle Verfahren, das dazu eingesetzt wird. Aus diesem Kontext heraus lassen sich erwünschte und für den Ablauf des Interviews funktionale Verhaltensweisen benennen. Zum anderen handelt es sich um Kontexte, die vom Befragten in das Interview hineingetragen werden, die seiner sozialen Herkunft, Bildung und gesellschaftlichen Position entsprechenden Verhaltensstile, die von der Interviewführung her - ob erwünscht oder nicht - in Rechnung gestellt werden müssen.

Verschiedene Verhaltensstile von Befragten in ihrem Zuschnitt auf prinzipiell unterschiedliche Interviewtypen wurden erstmals von Back (1956) systematisch diskutiert. Er klassifizierte Interviewsituationen je nach dem Interesse, aus dem heraus auf den Befragten Bezug genommen wurde. Befragungen mit Interesse an der Person, am reinsten durch das klinische Interview verkörpert, stellte er informationsorientierte Interviews gegenüber. Während im ersten Fall der Befragte als Person zum Thema des Interviews wird, wird er im anderen Fall in seinem Expertenstatus, als Informant angesprochen. Back (1956) bezieht sich in seinem Aufsatz auf die Ergebnisse eines Projektes in dem ermittelt werden sollte, welche Kriterien bei der Auswahl von Informanten für Interviews berücksichtigt werden sollen, um möglichst effektive und fähige Informanten zu selegieren. Durchgeführt im Auftrag der Air Force handelte es sich dabei im Klartext wohl um Informanten für geheimdienstliche Tätigkeiten, wie aus dem Anforderungsprofil dieser potentiellen Informanten hervorgeht[68].

---

68 Die Aufgaben von Informanten beinhalten: 1. Eine Datensammlung, die es erforderlich macht, "...to abstract relevant categories from the situation." 2. Das "Speichern" von Informationen. Die bessere Gedächtnisleistung, so hat sich gezeigt, ist bei Personen zu beobachten, die eher an Strukturen interessiert sind, als an zufälligen Details. 3. Die Weitergabe von Informationen: Dazu braucht der Informant "an understanding of the situation and a facility for organizing the material, abilities usually associated with intelligence." (31) Dazu gehört auch die Fähigkeit, Karten und Zeichnungen zu lesen und zu interpretieren. - Die besondere Kategorie von Informanten, auf die Back sich bezieht, schließt eine Verallgemeinerung der Eigenschaften eines guten Informanten für Belange der Sozialforschung aus. Dies betrifft insbesondere auf einen Aspekt der "Traits of the Good Informant", seine Motivation: Wenn der Informant nämlich mit den Zielen der Untersuchung einverstanden ist, sind seine Interviewbeiträge um so ergiebiger. Und der motivierte Informant "...is the informant who is interested in the purpose of the research, or who under certain conditions, may want to help the legal or mili-

Backs Charakterisierung eines guten Informanten sind zu sehr auf nachrichtendienstliche Problemstellungen zugespitzt, als daß sie übertragbar für aktuelle Themenstellungen der Sozialforschung und entsprechende Interviews sein könnten[69]. Weiter führt Sjoberg, der zur Charakterisierung eines guten Informanten auf das Konzept des "marginal man" aus der Anthropologie zurückgreift. Der am besten geeignete Beobachter und damit auch Informant eines bestimmten sozialen Feldes ist demnach der klassische Außenseiter, d.h. die Person, die gegenüber einer bestimmten Gruppe eine randständige Existenz einnimmt. Diese Position ermöglicht den Zugang zu einem Feld, garantiert aber zugleich auch die für Beobachtungen nötige Distanz[70]. Die Eignung zum Informanten beruht aber in der Regel auch auf psychologischen Voraussetzungen, die problematisch werden können. Der "marginal man" als jemand, der sich gegenüber einer Gruppe abweichend oder schlecht angepaßt verhält oder der seine Ich-Identität extrem betont neigt auch dazu, so Sjoberg, viel zu reden, um sich gegenüber Gruppennormen zu rechtfertigen. - Daß im Rahmen einer sozialwissenschaftlichen Untersuchung "freie Informantenwahl" besteht, dürfte eher die Ausnahme sein, und in der Regel besteht gar kein Anlaß, über Vorzüge und Nachteile des "marginal man" nachzudenken. Dieses Konzept weist allerdings auf etwas anderes hin, was für Experteninterviews bedeutsam ist: Wenn Distanz zum Gegenstand eine wesentliche Voraussetzung zur Beobachtung und Beschreibung ist, dann müßte im Verlauf eines Interviews gegebenenfalls versucht werden, diese Distanz durch geeignete Fragenfolgen, bzw. Fragenformulierungen herzustellen.

Der Unterscheidung von Befragten entspricht die Klassifikation verschiedener Interviewtypen, wie sie z.B. in der Gegenüberstellung von klinischem Interview und Experteninterview, oder personenzentriertem Interview auf der einen und themen- oder problemzentriertem Interview auf der anderen Seite zum Ausdruck kommen. Der Befragte ist also nicht einfach der Befragte, sondern eine Person, die als konkrete Person oder als Experte angesprochen werden soll. In der gleichen Weise, in der es Aufgabe des Interviewers ist, den Befragten in seine allgemeine Rolle im Interview hinzuführen, so ist es auch seine Aufgabe, ihn zu seiner speziellen Rolle hinzuführen und auch für den Ablauf des Interviews eine Strategie einzu-

---

tary aims." Erst an zweiter Stelle steht der Informant, der die Situation des Interviews genießt und erst an letzter Stelle der, der extern, z.B. mit Geld motiviert wird.

69 Zum damaligen Zeitpunkt hatte Back sicher einen anderen Stellenwert für die Sozialforschung in den USA als dies heute der Fall sein kann. Schließlich waren die Sozialwissenschaften in großem Umfang während des 2. Weltkrieges und auch anschließend während des Kalten Krieges in Forschungsprojekte eingebunden. (Vgl. dazu ausführlich: Lyons 1969.)

70 Der "marginal man" ist derjenige, "who does not conform to, or adheres only partially to, the institutional expectations of the reference group in question." (Sjoberg 1957: 124) - Bei starker Integration in ein Sozialsystem "he is unable to observe detachedly the actions of others about him." (Sjoberg 1957: 125)

schlagen, die dieser Rollenzuweisung angemessen ist. Als Anforderung an den Interviewer formuliert, handelt es sich hierbei um das Wissen um unterschiedliche Befragungsstrategien und schließlich auch um die Beherrschung der entsprechenden Techniken der Gesprächsführung, mit Hilfe derer der Befragte in die eine oder andere Rolle geführt wird.

Idealtypischerweise wird das Interview als asymmetrische Beziehung angesehen, als eine Situation, deren Verlauf vom Interviewer definiert wird. Erfahrungen im Umgang mit Interviews haben allerdings gezeigt, daß der Führungsanspruch des Interviewers nicht selbstverständlich akzeptiert wird, sondern daß sehr unterschiedlich darauf reagiert wird. Generell besteht ein deutlicher Zusammenhang zwischen sozialer Position und Bildungsgrad des Befragten und seiner Bereitschaft, sich auf die Situationsdefinition durch den Interviewer einzulassen.

Angehörige von Eliten beteiligen sich schon vor Beginn des potentiellen Interviews an der Definition der zukünftigen Situation[71]. So wird festgestellt, daß die Bereitschaft zu einem Interview weitgehend unabhängig vom Anschreiben und den dort aufgeführten Begründungen ist[72], und die Bereitschaft zum Interview scheint eher unter öffentlichkeitswirksamen Gesichtspunkten entschieden zu werden[73]. Neben der prinzipiellen Bereitschaft zum Interview und der Bedeutung, die ihm zugeschrieben wird, greifen Angehörige von Eliten auch ganz selbstverständlich in den Ablauf von Interviews ein. Hund (1964) berichtet von einer Untersuchung, die ihn über mehrere Ebenen eines Unternehmens führte, daß er in der Zentrale (headquarters) als der Inferiore wahrgenommen und auch als solcher behandelt wird. Er führt dort, zwangsläufig, mehr ein informelles Gespräch, das in seinem Verlauf stärker vom Befragten strukturiert wird als ein typisches Interview[74]. Robinson (1960) berichtet, daß von ihm interviewte Congreß Mitglieder kaum bereit

---

71 Im Vergleich zu anderen Fällen sind hier auch die besonders zermürbenden, dem eigentlichen Interview vorgelagerten Barrieren zu nennen. Grey (1967), der eine Befragung mit Richtern durchgeführt hat, stellt fest, daß diese Gruppe erheblich schwieriger zu erreichen war, und es auch ebenfalls erheblich schwieriger war, eine Erlaubnis zum Interview zu bekommen, als bei anderen Personengruppen. - Ähnliche Erfahrungen mit Congress Mitgliedern berichtet Robinson (1960).
72 "... any 'opening'in the correspondence will be used as a basis for refusal." (Kincaid/Bright 1957: 306)
73 Rather they tend to speculate on what a refusal would cost in public relations." (Kincaid/Bright 1957: 305)
74 In den nachgelagerten Abteilungen (divisions) kann er bereits mit der Autorität auftreten, die ihm seine Kontakte mit der Zentrale vermittelt haben. Das Interview findet dort zwischen zwei Teilnehmern des gleichen Status statt. Im Betrieb (plant) schließlich hat er die Kontrolle über Verlauf des Interviews. "The persons to be interviewed came to the researcher rather than the other way around." Gleichzeitig wird er aber auch ein wenig mißtrauisch als "Detektiv" betrachtet.

sind, die typische Befragtenrolle einzunehmen und Antwortvorgaben zu akzeptieren. Diese Ergebnisse scheinen international typisch für den Umgang mit Eliten zu sein[75]. Bedenkenswert sind daher die Überlegungen von Kincaid und Bright, die sich bereits 1957 dafür aussprechen, das Interview mit Angehörigen von Eliten zur kontinuierlichen Konversation werden zu lassen. Dies sei die angemessene Form, um mit dem hohem Informations- und Wissensstand und der intellektuellen Flexibilität der Gesprächspartner umzugehen.

Die Definitionsmacht von Eliten kann dabei weit über das einzelne, mit ihnen stattfindende Interview hinausreichen. Besonders wenn in einer Firma oder Behörde mehrere Personen auf unterschiedlichen Stufen der Hierarchie befragt werden sollen, ist die Erlaubnis dazu von Seiten der Spitze oft mit einer Aufforderung an die Beschäftigten verbunden, die nicht nur deren Teilnahmebereitschaft zum Interview sichert, sondern möglicherweise auch eine von den Forschern abweichende Situationsdefinition herstellt[76].

Eine besondere Konstellation der Beziehung zwischen Interviewer und Befragtem stellt Platt (1981) am Beispiel von Interviews mit Fachkollegen (peers) dar: Im Unterschied zu sonstigen Interviews hat die Beziehung eine Vergangenheit und eine Zukunft. Interviewer und Befragter sind als Kollegen Gleiche und können kaum eine asymmetrische Beziehung eingehen. Ihre Beziehung ist weniger anonym als in anderen Fällen und enthält soziale Verpflichtungen, die ein unpersönliches und instrumentelles Verhältnis schwierig gestalten. Über den Beziehungsaspekt hinaus hat eine solche Erhebung auch methodisch problematische Seiten, denn es bleibt unklar, welche "Daten" gültig sind, ob auch die Verwendung von nicht im Interview erhobenem Hintergrundwissen legitim ist. Schließlich stößt vor allem Interviewtechnik an ihre Grenzen, weil über sie auch immer die Beziehungsebene berührt wird: 1. ist es kaum möglich den Interviewpartner interview-

---

75 Hunt (1964) stellt Zugang, Kooperationsbereitschaft, Offenheit der Befragten und Ort des Interviews bei Interviews mit politischen Eliten im internationalen Vergleich einander gegenüber. Die Unterschiede bei der Zuteilung von Zugang "reflect institutional more than cultural differences." (Hunt 1964: 60) - Wenn diese erste Hürde genommen war, wurde das Interview selbst oft sehr lang. Differenzen zwischen einzelnen Nationalitäten waren minimal: In Österreich waren die Sozialisten und Vertreter von Gewerkschaften sehr zugänglich und die Vertreter von Bauernparteien sehr mißtrauisch. Im Verlauf der Interviews löste sich die Verschlossenheit auf und verkehrte sich bisweilen ins Gegenteil. In Frankreich waren die Sozialisten am wenigsten zugänglich. - Die Europäer sträubten sich stärker gegen checklist or scale-item questions und gegen sonstige Arten der Antwortvorgabe als vergleichbare Gruppen in den USA.

76 Kincaid/Bright (1957) hatten es in ihrer Untersuchung mit Befragten zu tun, die vom Chefmanager der Firma zum Interview abgeordnet waren, und denen zuvor mitgeteilt worden war, der Inhalt des Interviews sei von nationalem Interesse. Die Forscher trafen somit auf Befragte, die sich als autorisierte Sprecher der Firma verstanden.

technisch zu manipulieren, wenn er um diese Techniken weiß,[77]. 2. würden indirekte Fragetechniken als unangemessener Umgang miteinander wahrgenommen[78] und 3. würden Kollegen sich auch kaum auf die ihnen im Interview zugeschriebene Rolle einlassen.[79]

Die Befragtenforschung könnte nahelegen, daß Widerstand gegen die Dominanz des Interviewers ein Phänomen ist, das überwiegend bei Eliten, und anderen Personen mit hohem Bildungsgrad anzutreffen ist. Mit dem Verweis auf Verhaltensstile sollte dies gerade dahingestellt bleiben. Es gibt kein Argument, das erklären könnte, warum Personen mit geringerem Bildungsgrad, bzw. Angehörige niedrigerer sozialer Schichten eher bereit sein sollten, die Dominanz des Interviewers zu akzeptieren. Die bei diesen Gruppen häufig beobachtete Zustimmungstendenz oder auch die Anpassung an die vermutete Meinung des Interviewers, können die unterschiedlichsten Ursachen haben.[80] Und wenn alle Möglichkeiten offen stehen, dann könnten diese Tendenzen auch schichtenspezifische Formen des Widerstandes gegen die Dominanz des Interviewers sein. Gerade in einer Interaktion, die so elementar über Sprache hergestellt wird, wie das Interview, wäre es nicht verwunderlich, wenn Teilnehmer mit geringerem Bildungsgrad defensiver und nur indirekt auf die Situationsdefinition durch den Interviewer einwirken. In diesem Zusammenhang wäre auch die Überlegung von Steinert zu berücksichtigen, daß standardisierte Befragungen auch nur indirekte Formen der aktiven Einflußnahme auf die

---

77 So ist es etwa nicht unproblematisch, die sonst für heikle Fragen üblichen Techniken des Operierens mit vermeintlich sozial geteilten Unterstellungen, eingebauter Entschuldigung o.ä. zu verwenden. Z.B. Fragen, die einem Wissenschaftler Karriereinteressen anstatt normativer Beweggründe unterstellen, könnten nicht nur die Beziehung im Interview, sondern auch die darüber hinaus gehenden Kontakte erheblich belasten.

78 Dies gilt für alle Arten von Interviewtricks: Z.B die Technik, nach Fakten zu fragen, um den Wissensstand des Befragten zu ermitteln, ist bei Peers problematisch, da "Prüfungsintention" deutlich wird. "Such interviewing tricks imply, not only that one is attempting to control the situation without the knowledge of the other person, but also that he cannot be trusted to speak the truth without being trapped into it." (Platt 1981: 81)

79 Interviews führten hauptsächlich deshalb nicht zu den gewünschten Ergebnissen, da "...people interviewed implicitly defined themselves as informants rather than respondents; rather than offering raw data for me to interpret, they told me their interpretations and the conclusions they had reached." (Platt 1981: 81)

80 "Man kann zusammenfassen, daß Verzerrungen von Antworten nach sozialer Erwünschtheit sich als kombiniertes Resultat von Motiven, Bedürfnissen und Bewertungen einerseits (sei es als stabiles Bedürfnis nach sozialer Anerkennung, als Konformität zu Rollenvorstellungen oder als Versuch, irgendein anderes, mit dem Antwortverhalten subjektiv verbundenes, Ziel zu erreichen) und gewissen Erwartungen über den Zusammenhang einer Antwort mit gewissen Konsequenzen erklären lassen." (Esser 1986a: 318)

Situationsdefinition zulassen[81]. Ebenso wie eine "Konsensstrategie" ist auch die Verweigerung einzelner Fragen oder der Abbruch des Interviews schließlich die der Aufgabe der Kommunikation, bzw. die Aufgabe des Kommunikationsschemas Interview. Der Angehörige einer Elite, der das Frage-Antwort Schema eines standardisierten Interviews freundlich aber bestimmt verläßt und den Interviewer in ein Gespräch drängt, auch er bricht das Kommunikationsschema Interview ab, aber nicht die Kommunikation insgesamt, da er auf andere, ihm gemäßere Kommunikationsformen ausweichen und diese auch durchsetzen kann. D.h., daß Personen, die aufgrund ihrer Position und ihrer Bildung in der Lage sind, flexibel mit unterschiedlichen Interaktions- und Kommunikationsformen umzugehen, es auch in ihnen nicht genehmen Situationen nicht nötig haben, Kommunikation aufzugeben. Personen hingegen, die nicht zwischen unterschiedlichen Kommunikationsstilen lavieren können, geraten in einer unangenehmem Situation in die Defensive, was zu unterschiedlichen Arten der Aufgabe der Kommunikation führt, zu Anpassung[82] ebenso wie zu Verweigerung.

Daß die Dominanz des Interviewers zu Reaktionen des Befragten führen können, die nur noch schwer zu kontrollieren sind, sollte nicht als Votum für eine Aufgabe der Definitionsmacht des Interviewers verstanden werden. Eine der zentralen und ganz klaren Anforderungen an den Interviewer ist es, dem Befragten eine Situationsdefinition vorzugeben und ihn im Verlauf der Befragung auch darauf zu verpflichten. Jedes Interview ist schließlich zweckorientiert auf den Gewinn eines thematisch bestimmten Typus von Daten ausgerichtet, und diese Vorgabe kann nicht während des Interviews zur Disposition gestellt werden. Darüber hinaus wird von den Befragten - auch relativ unabhängig von ihrem Bildungsgrad - in bestimmten Dimensionen auch eine Situationsdefintion erwartet. Die häufigsten Rückfragen in Interviews beziehen sich auf thematische Eingrenzung und erwünschte Ausführlichkeit der Antworten und sie beziehen sich auch darauf, welche Persönlichkeitsdimensionen mit einer bestimmten Frage eigentlich angesprochen werden sollen[83]

---

81 "Im Alltagsumgang ist die Wahl des Gesprächsthemas ein zentrales taktisches Element in der Steuerung der Interaktion. Der Fragebogen nimmt einem diese Möglichkeit, indem er die Themenfolge vorgibt. Man kann also nur steuern, indem man bei einem Thema "hängenbleibt" und ein "Privatgespräch" daran anknüpft ... oder ausweichen, indem man die Antwort verweigert oder über eine Frage schnell hingweggeht." (Steinert 1984: 23)

82 "Insgesamt läßt sich festhalten, daß Zustimmungstendenz als systematische Reaktion in Situationen hoher Diffusität bei Personen auftritt, die solche Situationen nicht auf andere Weise zu steuern gewohnt sind und "Deferenz" und Anpassung als einzige Behauptungsstrategie kennen." (Esser 1986a: 317)

83 Leznoff (1956) berichtet diese Erfahrung aus einer Untersuchung über Homosexualität. Die ursprüngliche, 'offene' Interviewer-Technik mußte modifiziert werden, da die nur wenig Situationsdefinition vorgebende Befragung nicht den Verhaltensstilen der Homosexuellen ge-

Wenn also die Situationsdefinition durch den Interviewer nicht nur notwendig, sondern in bestimmten Dimensionen auch erwünscht ist, dann sollte Widerstand gegen die Dominanz des Interviewers auch auf die Angemessenheit von Steuerungstechniken im Interview hin diskutiert werden. Interviewführung und einzelne Techniken der Befragung sollten nicht lediglich unter Gesichtspunkten ihrer Steuerungsmöglichkeiten, sondern auch unter motivationalen Aspekten diskutiert werden.

2.2.4. *Professionelle Orientierungsweisen und die Situationsdefinition im Interview*

Ronge (1984) stellt dem Typus des Interviewers mit "sozialer Orientierung" den Typus des Interviewers mit "professioneller Orientierung" gegenüber. Diese Dichotomie bezieht sich auf die allgemeinen Orientierungen, die in die Beziehung des Interviewers zum Befragtem eingehen. Die professionelle Orientierung drückt sich nach Ronge im wesentlichen darin aus, daß Erlebnisse im Interview affektiv neutral verarbeitet werden und durch eine besondere Art der Zeitökonomie: Die Dauer des Interviews wird gerafft und es wird keine zusätzliche Zeit nach dem Interview aufgewendet. Interviewer dieses Typs sind in ihrer Tätigkeit erfolgreicher als Interviewer mit sozialer Orientierung[84], die ihre Arbeit eher als soziales Ereignis betrachten, in das sie sich zudem noch affektiv und zeitlich verstricken lassen.

Daß so gegensätzliche Orientierungen bei Interviewern auftreten ist auch Ausdruck dafür, daß über die Beziehungsstruktur im Interview noch einige grundlegende Unklarheiten bestehen. Um den Charakter der Beziehungsstruktur im Interview zu verdeutlichen, werden immer wieder Parallelen zur Arzt-Patient Beziehung hergestellt, bzw. die Beziehung im Interview wird von Arzt-Patient Beziehung abgegrenzt. Back (1956) nimmt eine Klassifikation verschiedener Interviewsituationen je nach Interesse am Befragten vor und stellt das Interesse an der Person im klinischen Interview dem Interesse an der Person als Informanten ge-

---

recht wurde, die in der Regel zwei Persönlichkeiten entwickelt hatten und nie sicher waren, welche sie präsentieren sollten. - In der Literatur zum Interview finden sich häufig Berichte darüber, wie dramatisch unterschiedlich die Befragungssituation von den Befragten wahrgenommen wird. Die Situationsdefinition durch den Befragten kristallisiert sich insbesondere in der Art und Weise, wie der Interviewer gesehen wird. Als eines von vielen Beispielen sei hier auf Steinert (1984) verwiesen, nach dem der Interviewer in der gleichen Befragung von verschiedenen Personen wahlweise als Spion, Vertreter einer Behörde, freundlicher Unbekannter, Vertrauensperson, der man "Sorgen anvertrauen" kann, als "armer Hund", der von Haus zu Haus laufen muß oder auch als eine Instanz, der man endlich einmal die "Meinung sagen" kann.

84 Vgl. Mitte, Seite 59.

genüber. In der Sozialforschung erhält der Befragte Expertenstatus, wird zum "informant". Während Back das sozialwissenschaftliche Interview von der Arzt-Patient- bzw. Therapeut-Klient-Beziehung abgrenzt, betont Lieberherr (1983) gerade die Entsprechungen im Verhältnis zwischen Arzt und Patient. Aufgrund dieser Analogie fordert er auch eine Technik der Gesprächsführung, die Distanzierung ermöglicht. - Der Gegensatz zwischen Back und Lieberherr ist nur scheinbar. Back diskutiert den thematischen Fokus der Beziehungen und Lieberherr die Struktur dieser Beziehung.

Da die Arzt-Patient-Beziehung immer wieder als Bezugspunkt für das Interview gewählt wird, liegt es nahe, diese Beziehung an der Stelle ihrer exemplarischen - und inzwischen auch klassischen - Analyse aufzunehmen. Im Rahmen der Rollentheorie und des Strukturfunktionalismus von Parsons[85] wird u.a. die integrative Funktion beruflichen Handelns untersucht. Gerade über soziales Handeln in Berufen müssen in modernen Gesellschaften, die sich durch einen hohen Grad an funktionaler Differenzierung auszeichnen, die vielen spezialisierten Einzelhandlungen wieder zusammengeführt werden. Um die Möglichkeit gesellschaftlicher Integration auf der Handlungsebene theoretisch erklären zu können, führt Parsons seine bekannten Orientierungsalternativen (pattern variables) ein. Sie sollen als Entscheidungsalternativen in Situationen mit Wahlmöglichkeiten wirksam werden. Seine Einstellung zur Situation bestimmt der Handelnde demnach als affektiv oder affektiv-neutral und als spezifisch oder als diffus. Die Eigenschaften der Objekte in der Situation werden als universelle oder partikulare und als zugeschriebene oder durch Leistung erworbene Merkmale beurteilt.

Am Beispiel der Rolle des Arztes hat Parsons entwickelt, wie die berufliche Rollendefinition über Entscheidungen zwischen diesen vier Orientierungsalternativen hergestellt wird, und wie diese Orientierungsalternativen das berufliche Handeln strukturieren: Die Einstellung des Arztes zu seinem Beruf und zu seinen Patienten ist affektiv-neutral, nicht von Mitleid oder ähnlichen Gefühlsregungen getragen, sondern von der gefühlsneutralen Tatsache, daß es seine Aufgabe ist, sich den Belangen des Patienten zuzuwenden. Seine Orientierung ist spezifisch, d.h. er bezieht sich auf seinen Patienten nur, insoweit dieser ärztliche Hilfe braucht, und er versteht sich nicht als umfassend verantwortlich für dessen Lebensgestaltung. Die Pflicht zur Ausübung der ärztlichen Tätigkeit ist universell, besteht gegenüber allen Kranken, die zu ihm kommen. Er darf seine Berufsausübung nicht auf eine Gruppe von Menschen z.B. bestimmter sozialer Herkunft oder Hautfarbe beschränken. Schließlich setzt der Beruf des Arztes erworbene Qualifikationen voraus, sowie einen bestimmten Ausbildungsgang und entsprechend for-

---

85 Vgl. Talcott Parsons 1951: 428-479.

male Nachweise. Das Recht zur Berufsausübung ergibt sich nicht aus Eigenschaften, die ihm z.B. qua Geburt oder sozialer Herkunft zugeschrieben werden.

Übertragen auf die Tätigkeit von Interviewern bedeutet dies - wie schon Ronge und Lieberherr betonen -, daß die Beziehung affektiv-neutral sein und das Interesse an der Person des Befragten ein spezifisches sein muß. Der Interviewer bezieht sich auf den Befragten nur insoweit, als er dessen Persönlichkeitssegment anspricht, das ihn als Informant bedeutsam werden läßt. Die universelle Orientierung kann eigentlich nur meinen, daß der Interviewer sich allen Befragten in einer Untersuchung in gleichbleibender Weise zuwendet - eine Forderung, die ohnehin an prominenter Stelle in jeder Methodenlehre zu finden ist. Daß erworbene und nicht zugeschriebene Merkmale bedeutsam werden, bezieht sich, ganz analog zur Arzt-Patient-Beziehung, auf die Qualifikation des Interviewers.

Auch ohne ausdrücklichen Bezug auf Parsons Orientierungsalternativen, finden sich wesentliche Züge seines Modells beruflichen Handelns auch in Überlegungen zur Strukturierung von Interviewsituationen, und das Interview wird in diesen Zusammenhängen als professionelle Tätigkeit verstanden. Daß der Interviewer sich sozial und nicht professionell verhalten solle, wird nur noch ausnahmsweise vertreten[86]. Eine ganze Reihen von Untersuchungen belegt, daß zumindest die Teilnahme- und Antwortbereitschaft von Befragten in einem positiven Zusammenhang mit der Professionalität von Interviewern stehen.[87]

Wenn nun das Interview als eine professionalisierte Tätigkeit verstanden wird, dann fällt es um so mehr auf, daß über den Charakter der Beziehung zwischen Interviewer und Befragtem allem Anschein nach doch Unstimmigkeiten bestehen. Dem theoretischen Modell folgend müßte die Beziehung des Interviewers zum Befragten affektiv-neutral und spezifisch, nur auf ein bestimmtes Segment der Person des Befragten bezogen sein. Daß die Realität im Interview durchaus anders gestaltet oder verarbeitet wird, das resultiert allerdings nicht aus theoretischen Unklarheiten, sondern eher aus realen Schwierigkeiten im Umgang mit diesen Orientierungen, bzw. aus Problemen der Umsetzung dieser Orientierungen im Interview.

Podell (1955) geht prinzipiell davon aus, daß der professionelle Interviewer sich affektiv-neutral verhalten solle. Gleichzeitig empfiehlt er aber auch, daß der Interviewer sich in der Eröffnungsphase affektiv verhalten und sich umfassend auf den Befragten beziehen solle. Die Einwilligung zum Interview und der Aufbau einer guten Beziehung erfordere es nämlich, daß er als freundlicher Nachbar erscheint, der Fragen stellen und gehen wird. Erst im Verlauf des Interviews kann der Interviewer zu professionellen Verhaltensweisen und affektiv-neutralen Orientierungen

---

[86] Vgl. dazu Bowman e.a. 1984.
[87] Vgl. Seite 59 und nochmals die Aufsätze von Cannell/Fowler 1963; Alwin 1977; Dijkstra 1983; Ronge 1984.

übergehen. Podell erwartet nun hierbei zu recht, daß der Befragte über die Verhaltensänderung verunsichert sein wird, was wiederum verzerrende Wirkungen auf seine Äußerungen hat. Wenn die Tätigkeit eines Interviewers wirklich den von Podell explizierten Wandel in der Orientierung verlangt, ist es kaum verwunderlich, daß der Befragte irritiert wird und auch das Ergebnis des Interviews negativ berührt wird. Mit seiner Hilflosigkeit, den Einstieg in das Interview zu gestalten, steht er allerdings nicht alleine da. Es gibt vielmehr eine ganze Reihe von Strategien, die zwischen den Orientierungen "affektiv" und "affektiv-neutral" voller Unbehagen lavieren. Dazu gehört es, den Befragten durch die Betonung seiner Bedeutsamkeit für das Projekt zu motivieren und auch Versuche, eine Pseudofreundschaft herzustellen, bzw. in Kumpanei zu verfallen, indem der Interviewer auch aus seinem Leben erzählt. (Blum 1952/53) Außerdem wird aber auch einfach von der Schwierigkeit berichtet, die affektiv-neutrale Orientierung durchzuhalten[88].

Schwierigkeiten mit der Aufrechterhaltung professioneller Distanz werden besonders deutlich und ausführlich von Frauen diskutiert (Ribbens 1989)[89]. Auch wenn diese Probleme - allem Anschein nach - besonders intensiv bei Frauen auftreten, geht es doch um ein geschlechtsunabhängiges Orientierungsproblem, das cha-

---

[88] Devault (1990) stellt am Beispiel einer Schwangerschaftsuntersuchung fest: "In fact, it is sometimes quite difficult for female researchers, and especially feminists, to maintain the role prescribed by traditional methodological structures:" (Devault 1990: 101). - Watson/ Irwin/Michalske (1991), die eine fünf Jahre dauernde Studie mit Methadon-Abhängigen durchgeführt haben, mußten feststellen, daß für sie als Interviewer weder möglich noch für die Ergebnisse des Projektes wünschenswert gewesen wäre, eine gleichbleibend neutral-distanzierte Beziehung zu den Befragten aufrechtzuerhalten. Über die üblichen Rekrutierungs- und Motivationstechniken hinaus mußte ein Forschungsteam, das Crack-Abhängige untersuchte hinausgehen. Psychologische Manipulation und Bestechung durch Lebensmittel und Geld wurden dort auch als Anreize eingesetzt (Dunlap 1990).

[89] In einem Aufsatz von Ribbens (1989) werden Berichte darüber referiert, wie unwohl sich Interviewerinnen in ihrer Rolle fühlten, wenn es um Themen ging, die ihnen als Frauen zuwider waren. - Auch expliziter als in den Diskussionen von Männern greift Ribbens das Thema "interviewer involvement" auf: Soll man von sich erzählen oder nicht, Fragen zur eigenen Person beantworten? Die Antwort ist für Ribbens eindeutig: Die Fragen der Befragten sind in der Regel Informationsfragen und nicht solche nach Einstellungen und, "After all, is not part of the research exchange that I have expressed an interest in hearing about the interviewer's life? I have given her permission to do what is normally seen as an indulgence and socially reprehensible: to talk about oneself at length. If I start talking about myself, this may be seen as breaking this research contract, rather than sharing myself with her." (584) Mit der gleichen Entschiedenheit lehnt sie auch jede Art des "collaborative research" ab, da er mehr Probleme schafft als löst. - Gerade in feministischer Literatur wird immer wieder die Beziehung zwischen Interviewerin und Befragter thematisiert. Der persönliche Charakter dieser Beziehung wird teils als wünschenswert, teils als unvermeidbar, teils als problematisch eingeschätzt wird. Eine kritische Auseinandersetzung mit der entsprechenden Literatur findet sich bei Cotterill (1992).

rakteristisch für das Interview in der Sozialforschung ist. - Daß dieses Problem sich scheinbar geschlechtsspezifisch unabhängig stark aktualisiert ist hier von sekundärer Bedeutung[90].

Nach den Erfahrungen von Interviewerinnen, die Ribbens referiert, bleibt ein Interview keine kurzfristige, zweckorientierte Beziehung, sondern sie fühlen sich verpflichtet, eine Art Freundschaftsbeziehung daraus entstehen zu lassen. Spontane Zuwendung dürfte dabei weniger eine Rolle spielen, es wird eher als eine Art von Selbstverpflichtung betrachtet, die Beziehung zu der Befragten nicht mit dem Interview enden zu lassen. Diese Beziehung bekommt dann den Charakter einer Schuld, die sie gegenüber der befragten Person einlösen müssen. Hier ergeben sich nun eine Reihe von Fragen zum Auslösermechanismus dieser Vorgänge: Wie aber kommt es zu dem Gefühl, den Befragten etwas zu schulden? Haben die Interviewer wirklich etwas von ihnen bekommen, was sie bei ihnen in der Schuld stehen läßt oder ist dies nur eine Projektion? Wenn es keine Projektion ist, welches Entgegenkommen oder "Geschenk" könnte Interviewer zur Freundschaft mit Befragten verpflichten?

Oben wurde dargelegt, welche Orientierungsweisen die Situation in beruflichen Beziehungen strukturieren, bzw. strukturieren sollten. So besehen wäre die Beziehung zwischen Interviewer und Befragtem im sozialwissenschaftlichen Interview nicht anders zu konzipieren, als z.B. die zwischen Arzt und Patient, Therapeut und Patient. Der Anlaß, aus dem die Beziehung zwischen Interviewer und Befragtem hergestellt wird, unterscheidet sich aber grundlegend von dem zwischen den verschiedensten Kategorien von Vertretern der professionellen Berufe und ihrer Klientel. Während es sich üblicherweise so verhält, daß der Klient sich auf die Spielregeln der professionellen Beziehung einläßt, weil er sich einen konkreten Nutzen davon verspricht, entfällt dieser Austauschaspekt im sozialwissenschaftlichen Interview. Wann immer sich eine Person einer interviewartigen Situation aussetzt, erwartet sie sich einen Vorteil davon: Heilung beim Arzt und Therapeuten, Hilfe in der Rechts- oder Steuerberatung, Medienpräsenz bei Journalisten, einen Arbeitsvertrag nach Vorstellungsgesprächen etc. Dann gibt es die Situationen, in denen

---

90 Die geschlechtsspezifische Häufung des Problems mag im Zusammenhang mit noch immer fortdauernden unterschiedlichen Sozialisationsstilen stehen und zusätzlich verstärkt werden durch verschiedene Lebenswelten, in denen Frauen und Männer noch immer in unterschiedlichem Umfang verhaftet sind. Trotz aller Angleichungstendenzen bestehen stereotype Geschlechterrollen faktisch und auch als normative Leitbilder fort. Die auf Erwerbsarbeit bezogene Männerrolle ist vergleichsweise eindeutig auf die Orientierungsmuster von Berufsrollen zugeschnitten. Die Lebenswelt, auf die hin die Frauenrolle bezogen ist, hat nach wie vor als Parameter affektive Orientierungsmuster, bedürfnisorientiert, ganzheitlich-aufgabenorientiert etc. Die Prägung durch einen solchen Zusammenhang läßt die widersprüchlichen Anforderungen der Interviewsituation sensibler erleben und gibt weniger Möglichkeiten für die Abspaltung und Ausgrenzung von Unbehagen.

Befragungssituationen erzwungenermaßen akzeptiert werden müssen, wie z.b. bei amtlichen Erhebungen, beim Polizeiverhör etc. Bei einem Forschungsinterview hingegen besteht für den Befragten weder eine bindende Verpflichtung, sich auf die Befragung einzulassen, noch hat er einen objektiven Vorteil davon. - Daß es Menschen gibt, die auch gerne einmal über ihre Meinung befragt werden möchten, mag allenfalls in Einzelfällen zutreffen und kann dann für den Ablauf des Interviews eher hinderlich sein. - Wenn ein Interview stattfindet, dann ist es in letzter Konsequenz immer ein Entgegenkommen an den Interviewer. Das Empfinden, dem Befragten für sein Entgegenkommen etwas zurückgeben zu müssen, ist so gesehen eine ganz verständliche soziale Reaktion.

Wir haben hier also einen Zustand, der in zweierlei Hinsicht problematisch ist. Erstens ist das Lavieren zwischen affektiver und affektiv-neutraler Beziehung problematisch für die Ergebnisse. Zweitens wird hier ein ungelöstes Strukturproblem des Interviews der Person des individuellen Interviewers angelastet, der hiermit zugleich überlastet ist. Das Problem, um das es dabei geht, ist die Motivation des Befragten zum Interview. Da ihm keine intrinsische Motivation unterstellt werden kann, muß Motivationsarbeit geleistet werden, um ihn für das Interview zu gewinnen. Hiermit ist zugleich ein Problem angesprochen, das über die Schulung von Interviewern hinausreicht. Bereits in den Anschreiben von Projekten an potentielle Interviewpartner werden bisweilen Angebote gemacht, die auf das Fehlen der Gegenseitigkeit verweisen. So werden z.B. Betrieben, in denen Erhebungen gemacht werden, manchmal überstürzt Abschlußberichte oder gar umsetzbare Ergebnisse versprochen, um zur Teilnahme zu motivieren. In anderen Fällen obliegt es dem Interviewer, situativ Motivationsarbeit zu leisten. In Wirklichkeit geht es hier um Aufgaben, die von der Profession zu bewältigen sind. Dort werden sie bislang aber nicht ausreichend öffentlich bearbeitet und deshalb müssen sie individuell von Projekt zu Projekt, bzw. von Interviewer zu Interviewer gelöst werden. Dieser gesamte Problembereich, wie generell die Bereitschaft zur Teilnahme an sozialwissen-schaftlichen Interviews geweckt werden kann, welche Kontexte sich herstellen lassen, in denen sozialwissenschaftliche Interviews auch für die Befragten vorteilhaft werden könnten, steht hier allerdings nicht zur Debatte.

2.2.5. Zwischenergebnis

Die bisher referierte Literatur hat sich unter sehr unterschiedlichen Gesichtspunkten mit sozialwissenschaftlicher Forschungspraxis und insbesondere mit verschiedenen Aspekten des Interviews auseinandergesetzt. Zusammengefaßt vermittelt sie ein facettenreiches Bild der Tätigkeit von Interviewern, das auch ein Anforderungsprofil dieser Tätigkeit deutlich werden läßt. Es handelt sich demnach um eine Tätigkeit, deren hauptsächlichen Aufgaben darin bestehen, eine Situation auf bestimmte Ergebnisse hin zu steuern und gleichzeitig den Befragten zur anhaltenden Teilnahme zu motivieren. Da es sich um eine professionelle Beziehung handelt, müssen Interviewer und Befragter ihr Verhältnis zueinander über sachliche und nicht über persönliche Bezüge definieren. Für die Rolle des Befragten kann dies eigentlich nur bedeuten, daß die Beziehung zu ihm aufgrund kognitiver Wertschätzung seiner Person hergestellt wird. D.h., er wird in der Rolle des Experten angesprochen, und sei es des Experten seiner eigenen Biographie, die unter sozialwissenschaftlichen Gesichtspunkten relevant ist. Diese Art der Rollenzuweisung und Situationsdefinition kann allerdings nicht durch bloße Postulate und Absichtserklärungen vermittelt und sichergestellt werden. Sie muß sich vielmehr über spezielle Techniken und Verfahrensweisen realisieren, mit deren Hilfe der Interviewer den Ablauf der Situation bewältigt.

Auch bei anderen Berufen sind es schließlich professionelle Techniken, mit deren Hilfe der Inhaber einer Berufsrolle die an ihn gestellten Aufgaben überhaupt erst lösen und gegenüber seinen Klienten, Patienten o.ä., eine affektiv-neutrale Distanz herstellen kann. Was für andere Berufe über entsprechende Ausbildungsgänge vermittelt wird, das sollte für Interviewer zumindest teilweise im Rahmen eines Interviewtrainings eingeübt werden. Soweit es um die dokumentierte Entwicklung von Interviewtrainings geht, gibt es kaum Anhaltspunkte dafür, daß und wie für Interviewer so etwas wie professionelles Wissen in systematisch aufeinander bezogener Form vermittelt wird.

2.3. Die Dramaturgie des Fragebogens und die Lehre von der Frage als professionelle Ressourcen empirischer Sozialforschung

Aufgabe des Interviewers ist es - nachdem er die prinzipielle Bereitschaft des Befragten zur Teilnahme an einem Interview hergestellt hat - die Redebeiträge des Befragten in thematischer und zeitlicher Hinsicht zu steuern, er muß die Situation sozial und motivational gestalten. Das Medium, dessen der Interviewer sich zur Ausübung seiner Tätigkeit in erster Linie bedient, ist die Sprache. Genauer gesagt sind es Fragen oder ähnliche verbale Aufforderungen zur Rede, die er einsetzt - von einigen wenigen para-sprachlichen Mitteln abgesehen. Seine Fragen, bzw. Statements sollten möglichst knapp, eindeutig und nicht-suggestiv sein. Um auf die Beherrschung einer so komplexen Anforderung vorzubereiten, müßte die Vermittlung von Techniken der Gesprächsführung den Kern eines Interviewtrainings ausmachen.

Wie bereits im 1. Kapitel dargelegt, werden solche systematischen Strategien der Gesprächsführung nicht in der Ausbildung von Interviewern vermittelt. Der folgende Abschnitt zeigt, daß es sie auch gar nicht in der notwendigen Ausarbeitung gibt. Die konkretesten Elemente, die in den Überlegungen zu Strategien der

Gesprächsführung vorgeschlagen werden, sind Kenntnisse über die Formulierung von Fragebogen und über die Handhabung verschiedener Typen von Fragen. Auf dieses Instrumentarium haben die im 1. Kapitel referierten Beiträge zum Thema Interviewtraining ebenfalls Bezug genommen. In ausführlicherer Form, als dies in Lehrbüchern unter der Rubrik "Interviewerschulung" üblich ist und auch systematischer als in den im nächsten Abschnitt referierten Beiträgen zu einer Strategie der Gesprächsführung, wird deshalb hier auf die Fragebogenkonstruktion und auf die Lehre von der Frage eingegangen. Dabei wird die Absicht verfolgt, Elemente von Interviewtechnik zu benennen, die in einem Interviewtraining eingeübt werden könnten.

2.3.1. Techniken der Gesprächsführung

In der Methodendiskussion und in der Methodenlehre werden immer wieder Passagen oder gar einzelne Kapitel dem Thema Techniken der Gesprächsführung gewidmet[91]. Es handelt sich hierbei um Arbeiten, die Erfahrungen und Schwierigkeiten aus der Feldforschung aufgreifen und Lösungsmöglichkeiten für die Forschungspraxis anbieten wollen. Techniken der Gesprächsführung im engeren Sinne, wie sie in Nachbarprofessionen und -disziplinen entwickelt werden[92] sind dies allerdings nicht, sondern eher Versuche, Erfahrungswissen zu systematisieren. Den wohl ausführlichsten Beitrag liefert Witzel (1982), aber der versteht sich eher für einen Spezialfall von Befragungen. Sein "problemzentriertes Interview" ist in Abgrenzung von anderen Orientierungen der qualitativen Sozialforschung entstanden und im Rahmen eines eigenen Forschungsprogramms entwickelt worden. Darauf soll im Kapitel 3 genauer eingegangen werden.

Unterschiedlich im Umfang, aber ebenfalls auf die Erhebung jeweils spezieller Daten ausgerichtet, liegen Interviewtechniken verschiedener Autorinnen und Autoren vor: Komarowsky (1940) hat mit der Technik des "discerning" ein Verfahren zur Ermittlung kausaler Beziehungen entwickelt. Mit dem "fokussierten Interview" von Merton und Kendall (1955) ist ein Instrument für die Wirkungsforschung geschaffen worden. Überwiegend zum Zweck polizeilicher Vernehmung wird das Kognitive Interview (cognitive interview) eingesetzt. Diese speziellen Befragungsformen mögen für ihre ebenso speziellen Anwendungen äußerst effektiv sein. Memon/Bull (1991) zeigen auf, daß das cognitive interview sich bestimmter Techniken der Rückbesinnung (retrievel techniques) bedient, etwa 20-40% ergiebiger zur Rekonstruktion von Fakten ist, als traditionelle Polizeivernehmungen. - Aber keine

---

91 Z.B. Dean e.a. 1954; Friedrichs 1973: 216ff; Lieberherr 1983; Ronge 1984; Steinert 1984; Witzel 1982.
92 Z.B. Argelander 1975; Wrobel 1985; Schwitalla 1970.

dieser Interviewformen ist als Technik der Gesprächsführung für sozialwissenschaftliche Interviews verallgemeinerbar.

1. Um den Stand der Diskussion über Techniken der Gesprächsführung in der Sozialforschung zu illustrieren, werden zwei Arbeiten ausgewählt, die das Thema vergleichsweise ausführlich behandeln und die in gewisser Weise auch typisch sind.

2. Dean e.a. (1954) diskutieren offene Befragungsverfahren und teilnehmende Beobachtung als Ergänzungen für das Instrumentenrepertoire der quantitativen Sozialforschung. Dort, wo die Arbeit mit standardisierten Verfahren nicht sinnvoll ist, bei Fallstudien und Pretests, wollen sie den Platz für offene Befragungsverfahren ansiedeln. Dean e.a. verstehen ihre Vorschläge ausdrücklich als Sammlung von Faustregeln. Ihre Empfehlungen fassen sie in einem Katalog (Dean e.a. 1954: 288-297) folgendermaßen zusammen: Die Eröffnungsfrage soll sich auf Fakten beziehen und keine unguten Gefühle auslösen.

3. Der Interviewer sollte versuchen, die wichtigsten Daten über offene Leitfragen ("'lead' questions"), d.h. Fragen, die zum Thema des Interviews hinführen, zu ermitteln.

4. Gelegentlich sollen "guide questions" (vorformulierte und in einen speziellen Wortlaut gefaßte Fragen) eingesetzt werden.

5. Der Interviewer soll in der Formulierung seiner Nachfragen darauf achten, Formulierungen des Befragten aufzugreifen.[93] Er soll sich als nicht neugierig, sondern interessiert darstellen und keinesfalls suggestive Formulierungen verwenden.

6. Allgemeine Aussagen (generalities) sind durch Sondierungsfragen, bzw. durch Fragen nach Fakten zu präzisieren. Dabei sollte die Formulierung der Frage sich an die vorausgegangenen Aussagen des Befragten anschließen, wie z.B.: "How do you mean -...?", "What sort of ...?", "How does that come to your attention ?" (Dean e.a. 1954: 291).

7. Bei ergiebigen Themen ruhig länger verbleiben. Dies sind in der Regel die Themen, die auf die Eröffnungsfragen hin angesprochen werden.

8. Der Interviewer muß die Bedeutung der gelieferten Informationen einschätzen und wenn nötig durch Nachfragen klären. Unabdingbar dafür ist eine gute inhaltliche Vorbereitung auf das Thema.

9. Den Bereichen, zu denen der Befragte eine starke Beziehung hat (emotional evolvement), besondere Aufmerksamkeit widmen. Möglichst nachfragen, um

---

[93] Was die Autoren an etlichen Beispielen illustrieren, wird andernorts als Rückgriff-Strategie oder als Proben bezeichnet und geht zurück auf Rogers (vgl. Kapitel 4).

die Gefühle des Befragten zu klären ("How do you feel about what happened ?" etc. (ebd.:292f)), und auf äußere Zeichen für emotionale Beteiligung achten.

10. Der Interviewer muß zu produktiveren Themen überleiten, wenn der Informationsfluß zu einem Thema erschöpft ist, ohne den Befragten abrupt zu unterbrechen. Günstig sind vorbereitete Überleitungsformulierungen.

11. Vorsicht bei heiklen Themen! Schon in den Formulierungen sollte auf vorsichtige Annäherungen geachtet werden (z.b. "I suppose...").

12. Direkte Fragen zurück geben, und keinesfalls die eigene Meinung zu erkennen geben. Statt der Erklärung, daß Interviewer ihre Meinung nicht äußern dürfen, ist es besser zu einer anderen Frage überzuleiten (z.b. "Ja, das ist sehr schwer, dazu eine Meinung zu entwickeln. Sie sagten doch vorhin...").

13. Enden, bevor der Befragte ermüdet ist, d.h. spätestens nach 45 Minuten.

14. Die zentrale Problematik, an der dieser Katalog anknüpft ist ein Dilemma, vor dem jedes Interview steht, nämlich die Aufgabe, eine freundliche Atmosphäre herzustellen, während gleichzeitig der Gesprächsverlauf gesteuert werden muß, um Daten und Fakten zu erhalten. Diese widersprüchlichen Anforderungen müssen in offenen Befragungen alleine vom Interviewer ausbalanciert werden, der anders als im standardisierten Interview bei der Bewältigung dieser Aufgabe nicht von einem Fragebogen unterstützt wird. Die freundliche Atmosphäre, so Dean e.a., läßt sich nicht alleine durch freundliche Gesten unterstützende Signale wie "mhmh" realisieren. Das Interesse des Interviewers muß im Verlauf des Interviews auch auf sprachlicher Ebene realisiert werden. Um Interesse an den Ausführungen des Befragten sprachlich zu symbolisieren, muß der Interviewer sich auch explizit auf Äußerungen des Befragten beziehen, indem er diese z.B. durch zusammenfassende Formulierungen oder rückgreifende Nachfragen aufnimmt.

Von einem anderen Methodenverständnis geprägt und daher auch auf andere Ziele orientiert ist der Beitrag von Lieberherr (1983). Im Sinne der qualitativen Sozialforschung verfolgt er die Strategie, Interviews grundsätzlich als Gespräch und nicht als Abfragesituation zu gestalten. Hierbei besteht der wesentliche Unterschied zu Dean e.a. darin, daß Lieberherr unter einem Interview einen anderen Kommunikationstypus versteht. Er versteht es als eine besondere Form von Gespräch und weniger als Abfolge von Fragen und Antworten. Damit einher geht seines Erachtens auch eine spezielle Form der Situationsdefinition, die eher egalitär als asymmetrisch ist.[94] Seine Überlegungen zur Gesprächsführung richten sich folglich

---

[94] Nach Lieberherr muß eine Strategie der Gesprächsführung getragen sein von: "respect, confiance, honnêteté, transparence" (1983: 401).

auch in erster Linie darauf, dem Befragten Raum zur Darstellung seiner Relevanzsysteme zu geben und dieses nicht schon vorab durch bestimmte Fragen zu überformen.

Unterschiedlich wird von den Autoren auch beurteilt, was für Interviewer die schwierigsten Anforderungen sind, die sie im Interview zu lösen haben. Während es noch von beiden Richtungen her gesehen wird, daß in jedem Interview eine Balance zwischen widersprüchlichen Anforderungen hergestellt werden muß, wird der Inhalt dieser Anforderungen unterschiedlich beurteilt: Dean u.a. betonen die Balance zwischen Steuern und Motivieren als Aufgabe für den Interviewer. Lieberherr hebt hervor, daß der Interviewer eine freundliche Gesprächsatmosphäre herstellen, gleichzeitig aber in affektiver Distanz zum Befragten bleiben muß. Die Gesprächsführung sollte also so gestaltet werden, daß die Balance zwischen Nähe und Distanz im Interview reguliert wird. Konkrete Hinweise dazu, wie diese Aufgabe gelöst werden könnte, gibt er allerdings nicht, sondern er beschränkt sich auf den allgemeinen Hinweis, dies könne durch bewußte Selbstanalyse hergestellt werden.

Auch Lieberherr stellt einen Katalog von Empfehlungen für offene Interviews vor. Dieser Katalog soll aber ausdrücklich nicht als "Rezeptwissen" für Interviews verstanden werden. Er soll vielmehr eine Zusammenstellung von Elementen sein, die sich günstig auf Gespräche auswirken. Ihre Anwendung muß von Interviewern jeweils situativ gehandhabt werden und auch mit ihrem jeweils individuellen Kommunikationsstil vereinbar sein:

- Zu Beginn den Befragten mit allgemeinen und objektiven Informationen, die keine persönlichen Meinungen beinhalten, aus seiner Zurückhaltung locken.

- Nach den einleitenden allgemeinen Bemerkungen eine Diskussion beginnen.

- Eine klare, verständliche und knappe, aber keine einfältige Sprache gebrauchen.

- Einen günstigen Gesprächsrhythmus schaffen, der mehr oder weniger intensiv ist, in dem ein Wechsel zwischen Gespräch, Lachen, Stille, Anekdoten, dramatischer Niedergeschlagenheit und übersteigertem Enthusiasmus stattfindet; der Passagen großer Anstrengung und entspannende Passagen, die für die Erhebung belanglos sind, enthält. Demgegenüber wird die dauernde und gleichmäßige Aufmerksamkeit des Interviewers vorausgesetzt.

- Den Befragten den Verlauf des Gesprächs im Rahmen des Möglichen steuern lassen.

- Keinerlei persönliche Stellungnahme zu den Äußerungen des Befragten, aber beständig Interesse signalisieren durch "ja" oder "mhm" oder durch Wiederholung der letzten Worte des Befragten.

- Auf Höflichkeitsgesten von Seiten des Befragten, wie das Angebot einer Tasse Kaffee, eines Glas Wein, oder einer Führung durch Räumlichkeiten eingehen. Was "in der Situation" zum Ausdruck kommt, wird sich erhellend und erweiternd auf das folgende Gespräch auswirken.

- Weder Aggressivität noch Provokation in Gesten oder Worte legen, die Befragung ist schließlich kein Rahmen, um die Person des Befragten zu beurteilen.

- Keine vorbereiteten Rückführungsfragen (questions-relances) verwenden, mit denen der Befragte bei Pausen, Blockierungen und Abschweifen wieder zum Thema des Interviews hingeführt werden soll.

- Die kognitive Anspannung und Anstrengung durch wechselnde Verwendung spezieller Frageformen wie z.b. beruhigender, anregender, einfühlsamer, herausfordernder, beschleunigender, zusammenfassender Formen.

- Den Befragten veranlassen, die Beschreibung des Bekannten und Vertrauten zu verlassen, um sich mit Zukunftsperspektiven, Definitionen dessen was normal, akzeptabel, wünschenswert und möglich ist, zu befassen.

- Den Befragten anregen, sich selbst Fragen zu stellen, die zu erweiterten Betrachtungsweisen überleiten. Dies ist eine verdeckte Aufforderung an den Befragten, selbst die Rolle des Interviewers zu übernehmen.

- Wenn nötig, alternative Meinungen oder Überlegungen darstellen, um den Denkprozeß anzuregen.

- Die Erzählstruktur des Befragten sich spontan entwickeln lassen und nicht autoritär in ihrem Fluß unterbrechen.

Während alle diese Regeln situativ brauchbar und anwendbar sein können, gibt es nur eine generalisierbare Regel: "Vertrauen in die eigenen Fähigkeiten zur Integration von lebendiger Erfahrung und theoretischem Wissen. (Lieberherr 1984: 402 - Übertragung aus dem Französichen: HM)

Jenseits bestehender Differenzen weisen Dean u.a. und Lieberherr auch Gemeinsamkeiten auf, die sie beide gleichermaßen typisch für den Stand der Entwicklung von Strategien der Gesprächsführung in der Sozialforschung sein lassen: Beide verlangen von den Interviewern enorme Kompetenzen. Während bei Dean e.a. noch auf gewisse standardisierte Faustregeln zurückgegriffen werden darf, möchte Lieberherr den Interviewer allein situativen Bedingungen verpflichtet sehen. Der Interviewer, den Lieberherr skizziert ist nicht nur ein Experte, sondern ein Virtuose der Gesprächsführung, und das Ergebnis seiner Tätigkeit nicht lediglich ein informatives Interview, sondern ein Gesamtkunstwerk.

Gemeinsam ist den beiden Autoren auch - und das stellt ihre Bemühungen nun wieder in einen greifbaren Rahmen und macht ihre Anregungen für die Ausbildung von Interviewern relevant -, daß sie beide zwei Elemente der Gesprächsführung betonen, nämlich die Dramaturgie der Gesprächsführung und den sensiblen Umgang mit verschiedenen Kategorien von Fragen[95]. Hierbei treffen sie sich wiederum mit den Ausführungen anderer Autoren zum Thema: Wenn Hinweise zu Techniken der Gesprächsführung, bzw. zum Verhalten von Interviewern gegeben werden, so schlagen diese sich überwiegend als Empfehlungen zum Umgang mit bestimmten Fragetechniken nieder[96]. - Eine andere Variante findet sich bei Friedrichs (1973). Er betont auch die nicht-sprachlichen und para-sprachlichen Elemente des Interviewer-Verhaltens[97]. Daß bei ihm die Fragetechniken und die Dramaturgie der Gesprächsführung weniger behandelt werden resultiert wohl daraus, daß er sich überwiegend auf standardisierte Interviews bezieht, in denen die das Gespräch fördernden und steuernden Leistungen über den Fragebogen hergestellt werden.

2.3.2. Die Dramaturgie des Fragebogens

Friedrichs (1973) leitet seine Ausführungen zur Konstruktion von Fragebogen damit ein, daß er seine Verwunderung über das Fehlen von Standardfragebogen in der Sozialforschung zum Ausdruck bringt[98]. - In Nachbarprofessionen ist die Arbeit mit Standardfragebogen durchaus üblich. Für bestimmte Bereiche der Sozialarbeit z.B. existiert der "Social Interview Schedule", ein 100seitiges Manual, das Vorgaben für unterschiedlich akzentuierte ca. 30minütige Interviews macht. Diese Vorlage gibt Anleitungen zu halbstrukturierten Interviews zur Erfassung der aktuellen sozialpsychologischen Situation von Personen[99]. - Nun beinhaltet Fried-

---

95 Die Differenz, daß Dean u.a. verschiedene Kategorien von Fragen eher unter dem technischen Aspekt ihrer Wirkung als "Gesprächsförderer" betrachten, und daß Lieberherr Typen von Fragen und deren Wirkung im Zusammenhang mit dem umfassenderen kommunikativen Kontext bringt, ist hier weniger bedeutsam.
96 Vgl. Steinert 1984: 23.
97 "Zu dem *Verhalten des Interviewers* gehört bereits sein Auftreten zu Anfang, sowie weiter die Art, wie er die Fragen stellt (z.B. schnell-langsam), die Länge der Pausen nach der Antwort, die Formulierung von nicht vorgesehenen Nachfragen, z.B. "Könnten Sie mir das näher erläutern?", " Noch etwas?", die Verwendung resümierender Sätze für umfangreiche Antworten des Befragten, z.B. "Sie meinen also...", die Verwendung von Stimuli "hm, hm", "ah ja", "ich verstehe", der Blickkontakt, Körperbewegungen, Gestik, räumliche Distanz zum Befragten." (Friedrichs 1973: 217f).
98 "Die *Konstruktion eines Fragebogens* wird bislang jeweils neu für ein Problem von dem oder den Forscher(n) vorgenommen. Das ist erstaunlich, da nach einer so langen Tradition soziologischer Forschung mit gerade dieser Methode zu erwarten wäre, daß man zu Standardfragebogen, zumindest für Problembereiche und -teile kommt, also zu echten Instrumenten, die nur jeweils um einige spezielle Fragen erweitert werden." (Friedrichs 1973: 209)
99 Die Vorteile eines solchen Manuals liegen auf der Hand: ein häufig abzufragender Problembereich hat einen standardisierten Fragebogen (Baukastenprinzip mit Verzweigungen

richs eigener methodologischer Standort - er versteht Sozialforschung als hypothesenprüfendes Verfahren und das Interview als ein Meßinstrument in diesem Zusammenhang - nicht die Vorbehalte und die Skepsis gegenüber standardisierten Forschungsmethoden, die von Seiten der qualitativen Sozialforschung vorgetragen werden. Seine Beurteilung von Fragebogen mißt sich in erster Linie an ihrer Brauchbarkeit zum Hypothesentest. Neben Ausführungen zum Verhältnis von Forschungshypothesen und Fragebogen finden sich bei Friedrichs etliche Anregungen zur Gestaltung des Fragebogens, die seine Handhabung durch den Interviewer erleichtern und schließlich auch - was für den Zusammenhang der vorliegenden Arbeit das zentrale, für Friedrichs aber eher ein nachgelagertes Problem ist - einige Überlegungen zur Gestaltung von Fragebogen, die sich aus ihrer Funktion, einen Kommunikationsprozeß zu steuern, ergeben.

Der formale Aufbau des Fragebogens, seine Gliederungsprinzipien, bestimmen sich aus der Fragestellung des Projektes, und auch Gesichtspunkte der späteren Auswertung sollten schon mitberücksichtigt werden. Aber auch für den Befragten, hebt Friedrichs hervor, muß die logisch-thematische Gliederung des Fragebogens einigermaßen nachvollziehbar und plausibel sein[100]. Neben diesem logischen Gliederungsprinzip ist aber auch darauf zu achten, daß der Fragebogen nach psychologischen Gesichtspunkten gegliedert wird[101].

Die kommunikationssteuernde Funktion eines Fragebogens wird von Kirschhofer-Bozenhardt/Kaplitza (1975a) noch wesentlich stärker betont als von Friedrichs. In diesem Zusammenhang sprechen sie auch von einer "Dramaturgie des Fragebogens" (ebd.: 93), womit sie auf die Bedeutung des Fragebogens zur Erzeugung und Aufrechterhaltung von Motivation verweisen[102]. In ihren "Grundregeln des Frage-

---

etc.) bekommen, der zudem im Manual Anweisungen für die Interviewer enthält. Die Vergleichbarkeit verschiedener Interviews im Rahmen eines Projektes ist damit gewährleistet und auch die Vergleichbarkeit zwischen verschiedenen Studien.

100 "Den Befragten durch Mischung der Fragen künstlich zu verwirren, um ihn an einer starken Kontrolle seiner Antworten zu hindern, ist gelegentlich ein ratsames Vorgehen; doch sollte man es möglichst vermeiden, da auf diese Weise der Befragte zur Versuchsperson restringiert wird." (Friedrichs 1973: 211)

101 "Die *ersten* Fragen sollten neutral und darauf gerichtet sein, das Interesse des Befragten für das Interview zu gewinnen, resp. zu verstärken. Schwierige oder mit möglichen Verweigerungen belastete Fragenkomplexe sollte man an das Ende des Fragebogens stellen." (Friedrichs 1973: 211)

102 "Ganz allgemein erfordert die Dramaturgie eines guten Fragebogens einen ständigen Wechsel von Spannungen und Entspannungen, von "schweren" und "leichten" Fragen, nicht zuletzt aber auch einen genügend großen Wechsel von Themen. - Der Eindruck der Vielfalt und Kurzweil, der einen gelungenen Fragebogen auszeichnet, kann noch verstärkt werden durch einen Wechsel von Fragetechniken, wie Bildblättern und Kartenspielen." (Kirschhofer-Bozenhardt/Kaplitza 1975a: 95)

bogens"[103] und auch in ihren weiteren Ausführungen, gehen sie dann allerdings doch hauptsächlich auf solche Aspekte ein, die zur "Lehre von der Frage" gehören. Frey, Kunz und Lüschen (1990) widmen dem Thema "Fragebogen-Entwicklung" ein umfangreiches Kapitel in ihrem Handbuch zu Telefonumfragen. Sie verarbeiten große Mengen gängiger und auch klassischer Literatur zu diesem Thema, und verfolgen dabei die kühne Absicht, "einen einfachen Wegweiser zur Fragebogengestaltung vorzulegen" (ebd.: 113). Diese Absicht, das Thema unter technisch-instrumentellen Gesichtspunkten aufzunehmen, grenzen sie nachdrücklich von seiner Behandlung unter forschungslogischen, bzw. theoretischen Fragestellungen ab. Deshalb soll bei ihnen die Fragebogenkonstruktion in erster Linie unter dem Aspekt ihrer Motivationsfunktion analysiert werden[104]. - Und dieser Aspekt ist bei Telefonumfragen noch wesentlich sensibler als in persönlichen Interviews, da nur verbale Aktivitäten steuernd auf den Kommunikationsverlauf wirken können. - Ausgangspunkt der Überlegungen von Frey u.a. ist der "Ganzheits-Charakter" des Fragebogens[105]. Der Ganzheits-Charakter resultiert daraus, daß ein Interview ein "kontinuierlich ablaufender Gesprächsfluß" und jede Frage und jede Antwort ein Teil dieses Zusammenhanges ist. Für die Konstruktion des Fragebogens folgt daraus, daß Makro- und Mikroplanung, die Gruppierung und Plazierung von Themen und die Ausformulierung einzelner Fragen, nicht voneinander isoliert werden können. Ebenso gilt für die Antworten - was nur die andere Seite des gleichen Problems ist -, daß sie nicht jeweils isoliert und losgelöst vom gesamten Kontext eines Interviews entstehen. Je deutlicher also ein Interview als Kommunikationsprozeß wahrgenommen wird, um so weitreichender werden auch Kontext-, Ausstrahlungs- oder Halo-Effekte im Interview wahrgenommen. Die Handhabung dieser Ausstrahlungseffekte - schon immer das heikelste Thema bei der Konstruktion von Fragebogen - ist nach Frey u.a. kaum möglich, da jeder Versuch, neu-

---

103 "1. Klarheit und Verständlichkeit des sprachlichen Ausdrucks; 2. Neutralität der Fragestellung, Ausgewogene Alternative; 3. Eindeutigkeit der Frage: Ausschluß jeder Möglichkeit einer Fehlinterpretation; 4. Alle Antwortalternativen müssen auf einer logischen Ebene sein; 5. Denk- und Handlungsweisen, die nicht unmittelbar abfragbar sind, müssen psychologisch sinnvoll in klare Indikatoren übersetzt werden, mit denen Meinungen und Sachverhalte verläßlich erhoben werden können; 6. Ausschluß von Rangreihenfaktoren durch Verwendung von Kartenspielen, auf denen Antwortalternativen einzeln dargestellt sind, sowie durch "Drehen" von Listen und Austauschen von Fragebogenpositionen im Bogen durch Split-Befragungen; 7. Die Alternativen müssen ausformuliert sein; 8. Ausgewogenheit der Fragen untereinander. Keine gegenseitige Beeinflussung im Fragebogen." Kirschhofer-Bozenhardt/Kaplitza (1975a: 97f).

104 "Im Interesse der Untersuchung muß der Untersuchungsteilnehmer vor allem in zweierlei Hinsicht motiviert werden: teilzunehmen und "wahre" Antworten zu geben." Frey, Kunz und Lüschen (1990: 113)

105 Frey/Kunz/Lüschen (1990: 131ff und 151ff)

tralisierend auf diese Effekte einzuwirken, eben jeweils nur an einem bestimmten Punkt in einen ganzheitlichen Kommunikationsprozeß eingreift und damit an anderer Stelle wieder Folgeprobleme nach sich zieht[106]. Was von den Autoren als das "Dilemma der Mikroplanung" wahrgenommen wird, und für das sie sich zumindest theoretisch Lösungsmöglichkeiten vorstellen können[107], ist eben Ausdruck der Problematik standardisierter Interviews, die messen wollen, aber sich dazu keiner geeichten Instrumente, sondern "natürlicher" Verfahren, nämlich verbaler Kommunikation bedienen müssen.

Schon beim persönlichen Interview sind die Vorstellung des Interviewers und die ersten Fragen entscheidend für das Zustandekommen und auch für den weiteren Verlauf der Befragung. Bei Telefonumfragen kommt dem "Prolog" noch eine ungleich entscheidendere Funktion für Zustandekommen oder Verweigerung des Interviews zu, da alle szenischen Komponenten wie Körperhaltung, Erscheinungsbild des Interviewers etc. entfallen[108]. Die ausführliche Diskussion der Warm-up Phase bei Frey u.a. sollte aber nicht als Spezialfall der Telefonumfrage verstanden werden, sondern als eine besonders sorgfältige Planung der verbalen Aspekte des Einstiegs in das Interview, die auch für persönliche Interviews hilfreich ist. Daß sie bislang bei persönlichen Interviews weniger gründlich vorbereitet

---

106 "Die Entscheidung für eine Norm der Fragebogengestaltung führt zwangsläufig zur Verletzung einer anderen. Hält sich beispielsweise der Sozialforscher an die allgemein anerkannte Regel der logischen Gruppierung von Fragen, dann wächst zugleich die Gefahr von Kontexteffekten, wie Sudman und Bradburn betonen. Bisher ist allerdings auch noch nicht untersucht worden, ob Halo-Effekte reduziert werden können, wenn man inhaltlich gleiche Fragen nicht zusammen gruppiert, sondern aufteilt und an verschiedenen Stellen plaziert. (1982: 223)" (Frey, Kunz und Lüschen (1990: 136)

107 "Beim gegenwärtigen Forschungsstand der empirischen Untersuchungen zur Umfragemethode in den Sozialwissenschaften spricht eine sehr starke Vermutung für die Existenz von Kontexteffekten, die jedoch systemisch mehr oder minder exakt und explizit spezifiziert und in diesem Rahmen auch kontrolliert werden können." (Frey u.a. 1990: 152)

108 Empfohlen wird daher auch ein Vorab-Anschreiben vor dem ersten Anruf. Knapp und präzise sollte dieses Anschreiben folgendes enthalten:
Kurze Beschreibung der Untersuchungsinhalte, der Forschungsziele und der durchführenden Institutionen.
Knappe Schilderung der Auswahl der Telefonhaushalte, was Informationen über die benutzten Listen ebenso einschließt wie einen Hinweis auf den 'Letzt-Befragten'.
Angaben darüber, von wem und wann voraussichtlich im Haushalt des Anschlußinhabers angerufen wird; dabei kann ein Hinweis für die Entscheidung der bei Ferngesprächen kostengünstigen Abendzeit hilfreich sein.
Mehr oder minder explizite Auskunft über die voraussichtliche Dauer des Telefoninterviews, wobei in diesem Zusammenhang das Kosten-Nutzen-Verhältnis aus der Sicht des Untersuchungsteilnehmers angesprochen werden kann.
Ausdrückliche Zusage der unbedingten Vertraulichkeit der individuellen Datenaufbereitung und der absoluten Gewährleistung der anonymisierten Datenanalyse." (Frey u.a. 1990: 123)

wurde, war wohl eine Nachlässigkeit, die zu Lasten der Interviewer und der Qualität des Interviews ging.[109] Die Funktionen, die Vorstellungs- und Einleitungsfragen zu erfüllen haben, sind die Situations- und Rollendefinition, die Versorgung des Befragten mit ausreichenden Angaben über Thema, Ziel und Sponsor der Untersuchung und Dauer des Interviews, und die Motivation des Befragten zur interessierten Teilnahme[110]. Während für die Formulierung der ersten Frage gegenwärtig die Tendenz zu einer einfachen, geschlossenen Frage überwiegt, gehen für die zweite und weitere Einleitungsfragen die Erfahrungen und Empfehlungen auseinander. Auf einen bescheidenen Fundus an wirklich geteiltem Erfahrungswissen können Frey u.a. lediglich hinsichtlich einiger allgemeiner Prinzipien bei der Konstruktion des Fragebogens zurückgreifen:[111]

- Demographische Fragen niemals an den Anfang, denn sie könnten dort als bedrohlich empfunden werden;

- es gibt keine prinzipiellen Einwände gegen "den Omnibus-Fragebogen", aber wenn heterogene Themen angesprochen werden, dann sollte durch besondere Überleitungs-Statements auf das jeweils neue Thema vorbereitet werden;

- gegebenenfalls eine Gruppierung von Fragen auch nach ihrer Form (z.B. offen/geschlossen);

- bei Bedarf Gruppierung nach Fragearten (Verhaltens-, Wissens-, Einstellungs- oder Meinungsfragen), um Ausstrahlungseffekte zu mindern;

- Erfahrungen über die zumutbare und sinnvolle Dauer von Interviews sind unterschiedlich. Da aber mit Sicherheit eine anfangs erst steigende und im weiteren Verlauf abfallende 'Konzentrations- und Motivationskurve' im Interview besteht, sind "besonders wichtige Fragen im zweiten Drittel des Interviews, einfach zu beantwortende Tatsachen- oder Faktenfragen im letzten anzuführen". (Vgl. Frey u.a. 1990: 147f)

---

109 Vgl. Ronge 1984.
110 "Bei der Formulierung und Anordnung der ersten Fragen sollte man genau diesen asymmetrischen Charakter des Forschungsinterviews ... beachten und beim Befragten entsprechend Art und Notwendigkeit seiner spezifischen Bedingungen und Restriktionen in der Befragungssituation gleichsam exemplarisch einüben. Hierzu eigenen sich im allgemeinen geschlossene Fragen mit einfachen Vorantworten eher als offene und relativ komplexe Fragen. Neben der Definition des thematischen Bezugsrahmens, der Entwicklung einer positiven Einstellung zum Interview und der kommunikativen Strukturierung der Erhebungssituation sollte schließlich in der Eingangsphase ein möglichst positiver Rapport aufgebaut werden..." (Frey u.a. 1990: 137f)
111 Teils ausführlicher finden sich diese "Regeln" der Fragebogenkonstruktion auch bei Atteslander 1991: 193-198; Friedrichs 1973; Kromrey 1990: 203-215; Schnell u.a. 1992: 352-357.

Hatten Frey u.a. den Beginn ihres Kapitels mit dem Versprechen eingeleitet, "einen einfachen Wegweiser zur Fragebogengestaltung vorzulegen" (1990: 113), stellen sie spätestens auf S. 150 fest, mit welchen Schwierigkeiten die Einlösung ihres Versprechens verbunden ist: Die Mikroplanung eines Fragebogens läßt sich eben nicht isoliert vornehmen, kann nicht durch einfache Regeln zur technischen und semantischen Ausformulierung von Fragen bewältigt werden. Die Kontextgebundenheit jeder Antwort muß auch durch eine kontextorientierte Formulierung jeder einzelnen Frage aufgenommen werden. Diese Feststellung ist für Frey u.a. Anlaß, das Thema "Ausstrahlungseffekte" aufzugreifen und der ausführlichen Diskussion dieser Problematik widmen sie dann den verbleibenden Teil dieses Kapitels.

Wer in Erwartung auf "einen einfachen Wegweiser zur Fragebogengestaltung" das Kapitel durchgegangen ist, wird enttäuscht, bzw. von den Autoren vertröstet:

> Der weitgehende Verzicht auf eine eingehende Darstellung der Fragebogenkonstruktion stellt praktisch keinen Nachteil dar. Hinweise dazu finden sich in jedem deutschen Einführungstext. Die letzte Darstellung findet sich bei Tränkle (1983). Einen guten, detaillierten Überblick zudem mit einer Diskussion über Fragebogenkonstruktion bei Telefonumfragen, gibt Elke Esser (1988: 291-358). (Frey u.a. 1990: 224).

Mit ihrer Betonung des "Ganzheits-Charakters" des Fragebogens und dem Verweis darauf, die Mikroplanung des Fragebogens auch auf die Makro-Dimension zu beziehen, haben Frey u.a. kein Neuland betreten. Mit der Unterscheidung von Ausstrahlungs- und Plazierungseffekten deutet sich diese Problemlage bereits bei Scheuch (1963) an und wurde vielfach, z.B. Kromrey (1990:208f), Schnell u.a. (1992:352), aufgenommen.

Die innerhalb der deutschen Sozialforschung ausführlichste Dokumentation eines Fragebogens, seiner methodologischen Grundlagen, Konstruktionsprinzipien und Handhabung, findet sich in der Studie Das Gesellschaftsbild des Arbeiters von Popitz, Bahrdt, Jüres und Kesting. Sie selbst wollen Fragebogen als "Schema" verstanden wissen, mit dem sie Gespräche unaufdringlich lenken[112]. Ihre Erläuterungen illustrieren, wie mit Hilfe eines Fragebogens ein Kommunikationsprozeß in sozialer und thematischer Hinsicht strukturiert werden kann. Zum einen impliziert der Fragebogen eine bestimmte Art der Rollenzuweisung für den Verlauf des Interviews: Der Interviewer übernimmt die Rolle des interessierten Zuhörers und der Befragte die des relativ freien Erzählers. Diese komplementären Rollen beruhen

---

[112] "Tatsächlich ergibt sich ein Gesprächsklima, wenn das Fragen-Schema so angeordnet ist, daß der Interviewer, ohne von sich aus ein Urteil abgeben zu müssen, stets an die Aussage des Befragten mit einer neuen Frage anknüpfen kann. Während er den Ablauf des Gesprächs zurückhaltend lenkt, geht er gleichzeitig auf den Gedankengang des Befragten ein und setzt ihn sogar in gewisser Weise fort. Der Fragesteller führt das Gespräch, der Befragte bestreitet es." (Popitz/Bahrdt u.a. 1957: 15)

auf einer asymmetrischen Beziehung zueinander, da der Interviewer das Gespräch führt, während der Befragte es bestreitet.

Die Technik, mit deren Hilfe diese komplexe soziale Konfiguration hergestellt wird, bedient sich in besonders konsequenter Weise des Verfahrens, das später von Frey u.a. als Empfehlung für die Konstruktion von Fragebogen hervorgehoben wird, nämlich die Mikro- und die Makroplanung des Fragebogens miteinander zu verzahnen. Dabei gehen sie aber auch über die Absichten von Frey u.a., hinaus, da sie eben nicht primär an der Konstruktion eines Fragebogens interessiert sind, mit dessen Hilfe sie ein möglichst gesprächsartiges Interview führen wollen. Popitz u.a. statt dessen wollen Gespräche führen, die durch ein standardisiertes "Frageschema" strukturiert werden sollen. Aus diesem Grunde fällt das erste Statement des Interviews gegenüber dem Befragten auch weniger als Frage aus, sondern eher als Aufforderung zum Erzählen[113]. Dieser Charakter des ersten Statements wird noch dadurch verstärkt, daß der Interviewer seinen genauen Wortlaut jeweils situationsangemessen ausformulieren muß.

Die Plazierung dieses Statements zu Beginn des Interviews und auch seine Dimensionierung - in diesem Falle die völlige Offenheit gegenüber den Besonderheiten des individuellen Befragten - strukturieren den folgenden Kommunikationsprozeß in seiner sozialen Dimension. Die anschließenden Fragen sind dieser vorgängigen Strukturierung angepaßt. In der letzten Hälfte des Interviews wird nochmals ähnlich grundlegend wie zu Beginn des Interviews die Gefahr des Einpendelns auf eine Frage-Antwort-Beziehung aufgebrochen. Mit Statement 45[114]

---

113 Vgl. dazu ebd. die Frage Nr. 15: "Berufsweg: - Das Gespräch konnte in den meisten Fällen mit den Fragen zum Berufsweg beginnen. Die Formulierung dieser Fragen war dem Interviewer freigestellt. Es war also möglich, sie auf die jeweilige Situation zu Beginn des Gesprächs und auf die Persönlichkeit des Befragten abzustellen. Bestimmte Anhaltspunkte wurden allerdings vorher verabredet: So mußte z.B. darauf geachtet werden, daß die Beschäftigung des Befragten unmittelbar nach der Schulentlassung, bei Kriegsbeginn und Kriegsende, vor und nach der Währungsreform und unmittelbar vor Werkseintritt aus dem Protokoll ersichtlich waren. Ferner sollte besonderes Gewicht auf die Auslandserfahrungen (Krieg, Gefangenschaft, Reisen, Aufenthalt als Fremdarbeiter) gelegt werden. Die Beschäftigungen in anderen Hüttenwerken waren genau festzuhalten usw. Falls der Befragte im Laufe des weiteren Gesprächs auf Erfahrungen seines Berufswegs anspielte, hatte der Interviewer an dieser Stelle ausdrücklich darauf verwiesen." (ebd.: 16)

114 "Was verstehen Sie unter Mitbestimmung? (Was soll das eigentlich heißen: "Mitbestimmung"? - Diese Frage nannten wir "Freilauffrage". Sie verlangte vom Interviewer großes Geschick. Er mußte das Gespräch, ohne die Fragestellung zu ändern oder zu ergänzen, so lange wie irgend möglich ausdehnen. Als Hilfsmittel durfte er lediglich einzelne Wendungen aus den Aussagen fragend wiederholen und interessiert schweigen ... Es galt also, sich vom ersten Schwung der Frage solange weitertragen zu lassen, wie der "Freilauf" reichte. - Der Sinn dieses Verfahrens ist einfach: Die oben formulierte Frage ist die einzige, die man stellen kann, ohne selbst einen Teil des Themas inhaltlich vorwegzunehmen. Alle folgenden

soll nochmals der Charakter einer Gesprächssituation aktualisiert werden und der Befragte zu möglichst weitgehend nicht-reaktiven Äußerungen veranlaßt werden. Innerhalb des Interviews wird mit Frage 45 die Thematik "Mitbestimmung" eröffnet, dem kognitiv anspruchsvollsten Schwerpunkt der Untersuchung. Ermittelt werden sollen Kenntnisse über Mitbestimmung, Perspektiven, unter denen sie wahrgenommen wird und die Meinung des Befragten zum Thema.

Neben der sozialen erfolgt über den Fragebogen auch die thematische Strukturierung des Interviews. Über diese zweite Funktion wirkt die Konstruktion des Frageschemas auch auf die Erzeugung thematisch bedeutsamer Informationen. Zu diesem Zweck wird erstens eine strenge Abfolge unterschiedlicher Schwerpunkte und eine thematische Gliederung eingehalten: Arbeitssituation; technischer Fortschritt; Mitbestimmung; soziale Lage der Arbeiter. Die Abfolge der Schwerpunkte und die Abfolge der Einzelfragen innerhalb der einzelnen Schwerpunkte sind nach dem Prinzip gestaltet, daß die jeweils vorausgehenden als "Erinnerungshilfen" für die nächstfolgende Frage, bzw. Thematik wirkt.[115]

2.3.3. Die Lehre von der Frage

Auch wenn für die Durchführung von Interviews Mikro- und Makroplanung, Gestaltung des Fragebogens, bzw. Ablaufschema des Gesprächs und die Formulierung einzelner Fragen eng miteinander verzahnt sind, ist die Kenntnis verschiedener Arten und Kategorien von Fragen ein eigenständiges Thema. Die "Lehre von

---

Fragestellungen haben notwendig einen präjudizierenden und teilweise sogar einen suggestiven Charakter. Sie sind nur als Ergänzungs- und Kontrollfragen sinnvoll, d.h. auf Grund einer vorher gegebenen Vergleichsbasis. Ist diese vorhanden, so kann bei der Auswertung der Antworten berücksichtigt werden, ob der Befragte von allein auf die einzelnen Aspekte des Themas gekommen ist oder erst durch die späteren Fragen auf sie verwiesen wurde. Nur auf diesem Weg läßt sich mit einiger Sicherheit klären, wie die Mitbestimmung als Ganzes gesehen wird, welche Kenntnisse vorhanden sind, was als wichtig gilt und was nicht. Es wäre zum Beispiel nichtssagend oder irreführend, wenn wir lediglich feststellen, daß x Prozent die Mitbestimmung für eine gute Sache halten, ohne gleichzeitig zu ermitteln, was sie eigentlich darunter verstehen: für die Bewertung dieser positiven Stellungnahmen ist es notwendig zu wissen, wie viele von ihnen etwa mit der Kenntnis verbunden werden, daß die Mitbestimmung seit geraumer Zeit im eigenen Werk eingeführt worden ist ... Diese letzte Frage kann aber unmöglich abrupt gestellt werden: das wäre für diejenigen, die mehr oder minder ahnungslos sind, nur eine Aufforderung, das Nächstliegende zu raten." (ebd.: 17)

115 In der traditionellen Sozialforschung ist dieses Prinzip als Trichtern bekannt. (Z.B. Friedrichs 1973: 197)

der Frage", ein literaturreiches Spezialgebiet[116], sollte auch unverzichtbarer Bestandteil von Interviewtrainings sein.

Was unter diesem Thema an Wissen zusammengetragen ist, basiert in erster Linie auf Erfahrungen, die im Umgang mit Interviews gewonnen wurden, und nur sekundär werden sozio-linguistische oder kommunikationstheoretische Erkenntnisse herangezogen. Die inhaltlichen Schwerpunkte beziehen sich zum einen auf allgemeines Wissen über die Wirkungsweise einzelner Fragen, auf Antworten, bzw. auf den Kommunikationsverlauf und zum anderen auf detailliertes Wissen über den gezielten Einsatz verschiedener Typen von Fragen.

Wie weitreichend die Wirkung einzelner Fragen auf Antworten eingeschätzt wird, ist nicht so sehr Ausdruck empirischer Befunde, sondern eher eine Frage des methodologischen Standortes. In kritisch rationalistischen Positionen wird weiterhin die Frage als Stimulus betrachtet, der im Zusammenhang mit und modifiziert durch andere Situationsbestandteile eine bestimmte Reaktion auslöst. Aber auch dort, wo in Opposition zu dieser Methodologie argumentiert wird, werden Fragen durchaus als Instrumente der Kommunikationssteuerung wahrgenommen. Insofern kann davon ausgegangen werden, daß es in der Sozialforschung durchaus einen gewissen Konsens über die Formulierung von Fragen gibt. Die weitgehend geteilten Regeln lauten:

– Fragen müssen den Bezugsrahmen des Befragten berücksichtigen. Sie sollten ihm gegebenenfalls Raum für Begründungen und/oder Darlegung seines Informationsstandes lassen, bzw. unterschiedliche Dimensionen seiner Antwort berücksichtigen.

– Die Wahl einer bestimmten Frageform muß begründet und entschieden werden: Die Konsequenzen, die sich aus der Wahl offener oder geschlossener Fragen ergeben[117] sollten geklärt sein, und es muß entschieden werden, ob eine Erhebung

---

116 Einige Arbeiten zum Thema, die auch auf weiterführende Literatur verweisen: Atteslander 1975 und 1991; Friedrichs 1973; Scheuch 1973; Schnell u.a. 1993 und auch in diesem Zusammenhang wieder der Klassiker von Kahn/Cannell 1957.

117 Stellvertretend für zahllose andere Arbeiten, die einführenden Charakter haben, sei hier auf zwei Texte verwiesen: Atteslander (1991 und 1975) stellt verschiedene Varianten offener und geschlossener Fragen vor und gibt einige Hinweise für den praktischen Umgang mit den verschiedenen Typen von Fragen. Berghe (1966) stellt den Zusammenhang von Erkenntnissen der Wahrnehmungspsychologie und der Arbeit mit dem einen oder anderen Typus von Fragen auf: Mit checklists oder open-ended questions können mehr oder weniger stereotype Antworten provoziert werden, da sie ein jeweils unterschiedliches "linguistic universe" (sprachliche Horizonte) eröffnen. Während geschlossene Fragen lediglich ein passives Wiedererkennen (recognition) auslösen, setzen offene Fragen aktives Erinnern, Prozesse des Nacherlebens (recall) in Gang. - Berger-Schmitt (1988) unterscheidet Antwortstil und Antworttendenzen. Antwortstile meinen die "Tendenz des Befragten, unabhängig vom Frageinhalt bestimmte Antwortkategorien anderen Kategorien vorzuziehen." (Berger-Schmitt 1988:

von Meinungen, Verhalten oder einem anderen Typus von Information gewünscht wird.
- Die Formulierung einzelner Fragen sollte auch auf ihren Zusammenhang mit dem Bezugsrahmen des Forschers hin erläutert werden: In der Formulierung jeder einzelnen Frage ist auch ihr Bezug auf den gesamten Verlauf des Interviews und auf die Fragestellung eines Forschungsprojektes zu berücksichtigen.[118]

Außer diesen Vorüberlegungen zur Formulierung von Fragen, die auf inhaltliche Bezüge abgestellt sind, gibt es ein Repertoire an Faustregeln, die bei der konkreten Formulierung von Fragen, dem "Wording" empfohlen werden:

- Fragen sollten in der Formulierung einfach, kurz und stilistisch einwandfrei sein.

- Suggestive Formulierungen müssen vermieden werden. Dies gilt auch bei Ja-Nein Fragen, weshalb in der Formulierung der Frage "Ja" und "Nein" die Antwortmöglichkeiten ausbalanciert sein müssen[119], und ebenso müssen die Antwortvorgaben bei Skalen ausgeglichen sein[120].

- Schließlich ist bei der Formulierung auch darauf zu achten, daß in der Auswahl einzelner Begriffe Wertungen vermieden werden.

Neben diesem eher allgemeinen Wissen wird unter dem Thema "Lehre von der Frage" auch spezielles Wissen über verschiedene Typen von Fragen behandelt. In der Ausbildung von Interviewern kann es dabei nicht nur darum gehen, daß dieses Wissen vermittelt wird, sondern daß hier auch der Umgang mit einem Handwerkszeug eingeübt werden soll. D.h., der gezielte Einsatz von unterschiedlichen Arten von Fragen zum Zwecke der Kommunikationssteuerung muß geprobt werden. Da-

---

374) Und "Antwortstile schlagen sich vor allem bei "inhaltsarmen" Fragen durch, d.h. bei Fragen mit sehr allgemeinen, unpräzisen oder zweideutigem Inhalt." (Berger-Schmitt 1988: 380) - Pfeil/Friedrichs (1965) belegen an einer 1952 durchgeführten Untersuchung über Wohnverhältnisse von Bergarbeitern die Kontextgebundenheit von Antworten - ein Thema, das sich gut zwanzig Jahre später in der Frauenforschung nochmals in all seinen Konsequenzen darstellte (Becker-Schmidt/Brandes-Erlhoff u.a. 1981) und das von der Qualitativen Sozialforschung als Plädoyer für offene Befragungen diente. Um das Zustandekommen unterschiedlicher Antworten auf die gleiche Frage zu erklären, beziehen sie sich auf das Rollenmodell von Rose. Dieses versteht die soziale Rolle als einen Satz von Erwartungen, aus welchem der Rollenspieler - im Interview eben der Befragte - jeweils - auch angeregt durch seine materielle Umgebung - Positionssektoren aktualisiert. Je nach Ort des Interviews, Zuhause oder im Betrieb, kann deshalb die gleiche Frage unter verschiedenen Gesichtspunkten beantwortet werden.
118 Vgl. Friedrichs 1973: 192-207; Schnell u.a. 1992.
119 Vgl. Atteslander 1991: 178ff.
120 Vgl. Atteslander 1991: 178ff.

zu ist es allerdings zunächst einmal nötig, ein Klassifikationsprinzip für die vielfältigen Typen von Fragen zu finden, das auf die Anforderungen zugeschnitten ist, die ein Interviewer zu bewältigen hat.

In der vorliegenden Literatur finden sich unterschiedlichste Klassifikationsprinzipien, nach denen die Zuordnung verschiedener Typen von Fragen vollzogen wird[121]. Nach welchen Aspekten dabei klassifiziert wird, ergibt sich jeweils aus der Thematik, in deren Zusammenhang verschiedene Typen von Fragen diskutiert werden. Bezogen auf Erfordernisse eines Interviewtrainings bietet sich eine Klassifikation an, die Fragen danach unterscheidet, auf welcher Ebene sie auf den Kommunikationsprozeß einwirken. Diese sind:

1. Fragen, mit denen die Beziehung zwischen Interviewer und Befragtem reguliert wird, bzw. die auf die sozialen Aspekte Bezug nehmen, in denen diese Beziehung angesiedelt ist.

2. Fragen, die unmittelbar auf den Kommunikationsfluß bezogen sind, Fragen, die das Interview in kognitiver Hinsicht steuern.

3. Fragen, die eher instrumentelle Wirkung haben, durch deren Einsatz die formale Seite der Kommunikation gesteuert wird.

---

121 Kalton/Schumann (1980) unterscheiden zwischen factual questions und non factual questions, je nachdem ob bei einem Befragten bestimmte Informationen abgerufen werden sollen, oder seine Antwort auf ein zu messendes Konstrukt bezogen sein soll. Sie diskutieren die verschiedenen Probleme, die sich aus der einen oder anderen Art von Fragen ergeben und Techniken, um damit umzugehen. - Noelle-Neumann (1974) unterscheidet eine ganze Palette unterschiedlicher Fragen (Eisbrecher, Kontaktfragen, informelle Vorermittlungen, Trainingsfragen, Pufferfragen etc.) die sich auf Fragebogenfunktionen (Motivierung des Befragten, Optimierung der Auskunftsfähigkeit, Ausschaltung von Verzerrungen und Vereinheitlichung der Antworten) beziehen lassen. - Frey u.a. (1991) erörtern Filterfragen, Verhaltens-, Wissens-, Einstellungs-, Meinungsfragen; Ablenkungs-, Pufferfragen, um sich dann aber schwerpunktmäßig mit instrumentellen Fragen zu befassen. - Atteslander differenziert in der ersten Auflage seines Lehrbuches nach recht heterogenen Gesichtspunkten (1975: 100-114): offene und geschlossene Fragen; Identifikations- und Selektionstyp; Ja/Nein Fragen; direkte und indirekte Fragen; instrumentelle und psychologische Fragen. - In der neuen und überarbeiteten Auflage (Atteslander 1991), die insgesamt neu gegliedert, mit neuer Literatur angereichert ist, handelt Atteslander die Lehre von der Frage unter dem Abschnitt "Fragebogenstrategie" ab, und konzentriert sich auf die Bereiche der instrumentellen und der psychologischen Fragen. - Friedrichs erörtert unter dem Abschnitt "Lehre von der Frage" (1973: 192-207): verschiedene Arten von Frage hinsichtlich Antwortvorgaben: a) zwei, b) mehrere Alternativen; c) mehrere Alternativen in vorgegebener Rangfolge; außerdem danach, ob sie d) Meinung oder Verhalten ermitteln wollen; ob sie e) hypothetische Situationen erfragen; und ferner f) Kontrollfragen; g) indirekte Fragen; h) unangenehme Fragen; i) Frage nach dem Beruf.

Zu den Fragen, mit denen die Beziehung zwischen Interviewer und Befragtem reguliert wird, gehören all die Fragen, die für den Ablauf der sozialen Beziehung Interview bedeutsam sind:

- die Eröffnungsfrage oder der Eisbrecher (Noelle-Neumann 1974);

1. Fragen zur Regulierung des Spannungsbogens im Verlauf des Interviews;

2. Schlußfragen, die auch unter dem Aspekt gestaltet werden sollten, daß eine vorübergehende Beziehung zu einem Abschluß gebracht werden muß.

- Schließlich gehört hierzu der gesamte Themenkomplex der sogenannten "heiklen" Fragen. Dabei geht es erstens um die Kenntnis der Themen, die angsterzeugend wirken, bzw. Widerstand gegen das Interview hervorrufen können[122]. Zweitens bekommt gerade in diesem Zusammenhang das "Wording" eine besonders wichtige Bedeutung, da schon durch Formulierungstechniken einzelne Fragen entschärft werden können[123].

Als Fragen, die das Interview in kognitiver Hinsicht steuern wirken:

- informelle Vorermittlungen (Noelle-Neumann 1974);

1. Erinnerungsfragen;

2. Trainingsfragen;

3. Sondierungsfragen.

Zu 3. schließlich gehören

- nach Frey u.a. (1991) Übergangs-, Kontakt-, Vorbereitungsfragen und Statements mit datenneutralisierender Wirkung, wenn Antwortverzerrungen oder

---

122 Nicht nur die klassischen heiklen Themen wie Sexualität, Einkommen und politische Einstellungen müssen den Interviewern hinsichtlich ihrer Sensibilität bekannt sein. Gerade im Zusammenhang mit heiklen Themen erweist es sich, daß das Interview eben nicht ein Meßinstrument ist, sondern eine soziale Beziehung, die sozio-kulturell geprägt ist. Wie Axinn (1991) belegt, erhalten Interviewer, die Frauen in Nepal nach Lohnarbeit, Familienplanung und Schwangerschaft befragen, weniger und unvollständigere Antworten, als Interviewerinnen. Im Vergleich zu westlichen Verhältnissen bedeutet dies, daß nicht nur Familienplanung und Schwangerschaft, sondern auch die Tatsache, daß Frauen Lohnarbeit nachgehen, in anderen Kulturen als heikel empfunden wird. D.h., welche Themen nun wirklich heikel sind, ist sehr spezifisch und muß möglicherweise auch situativ ermittelt werden.

123 So z.B. die eingebaute Entschuldigung, die Unterstellung sozialer Akzeptanz, die Darstellung von sanktionierten Verhaltensweisen oder Einstellungen als üblich etc. - Bradburn u.a. (1978) beschäftigen sich mit verschiedenen Arten von Fragen, die Antworten verzerren können: 1. angsterzeugende Fragen, die illegales, contra-normatives oder abweichendes Verhalten ansprechen. 2. solche, die sozialerwünschtes oder -entschuldigtes Verhalten thematisieren. Bei angsterzeugenden Fragen stellen sie eine Tendenz zu "underreporting" fest.

Fehler vermutet werden und auch die befragungstechnischen Hinweise zu Beginn eines Interviews.
1. Pufferfragen nach Noelle-Neumann (1974);
2. "shift gears" (Kahn/Cannell 1957), mit deren Hilfe vermieden werden soll, daß bei Themenwechsel der Bezugsrahmen zum neuen Thema übernommen wird.
- Ferner müssen in diesem Zusammenhang Antwortstile und Antworttendenzen berücksichtigt werden[124].

Überflüssig zu sagen, daß es zwischen sozialen, kognitiven und instrumentellen Fragetypen Überschneidungen gibt, und daß die verschiedenen Aspekte der Kommunikation nicht eindeutig getrennt werden können. Sie sollten es auch gar nicht! Es geht vielmehr darum, daß dem Interviewer ein bestimmtes Instrumentarium zur Verfügung steht, mit dessen Hilfe er - je nach Bedarf - eher auf die psychischsoziale, die inhaltlich-kognitive oder die formale Dimension des Interviews Einfluß nehmen kann.

---

[124] Berger-Schmitt (1988), vgl. auch Seite 90, stellt der Antworttendenz, als einer "Tendenz des Befragten, unabhängig vom Frageinhalt bestimmte Antwortkategorien anderen Kategorien vorzuziehen." (Berger-Schmitt 1988: 374) - Antwortstile gegenüber: "Antwortstile schlagen sich vor allem bei "inhaltsarmen" Fragen durch, d.h. bei Fragen mit sehr allgemeinem, unpräzisem oder zweideutigem Inhalt." (Berger-Schmitt 1988: 380) - Eine Problematik, die übrigens schon früher in der Methodendiskussion behandelt wurde. Getzels (1954) weist auf Bedingungen hin, die der "Frage-Antwort Prozeß" im Interview berücksichtigen muß: "The conceptualization must also, however, be able to account for the stability of response to one object of inquiry when the occasion of the question is altered, and for the variablity of response by the same individual to another object of inquiry when the occasion of the questioning is similarly altered." (ebd., 81f) Denn 1. sind Individuen nicht "eingestellt", sondern offen für Wahrnehmungen. 2. verarbeiten sie mit jeder Frage auch den "...input of information from the environment". Und: "A question is embedded in a context and an answer is embedded in an answerer." (ebd., 83)

3. Qualitative Sozialforschung: Das narrative Interview

Die qualitative Sozialforschung ist keine bestimmte Richtung innerhalb der Soziologie, sondern ein Sammelbegriff, der für unterschiedlichste Orientierungen wissenschaftstheoretischer, theoretischer und auch methodischer Art steht[125]. Einen positiv zu bestimmenden gemeinsamen Nenner gibt es für die verschiedenen Strömungen innerhalb der qualitativen Sozialforschung nicht. Ihre Gemeinsamkeiten bestehen lediglich in ihrer kritischen Distanz zur traditionellen Sozialforschung und in ihrer innovativen Wirkung innerhalb der Sozialwissenschaften[126]. Dies ist nicht eben viel, und schon gar keine ausreichende Basis, um ohne weiteres über die Methode oder das Interview der qualitativen Sozialforschung diskutieren zu können. Die Frage nach Interviewanforderungen muß folglich an eine bestimmte Richtung der qualitativen Sozialforschung adressiert werden. Daß hier die Wahl auf das narrative Interview fällt ist kaum überraschend, schließlich handelt es sich dabei innerhalb der qualitativen Sozialforschung um den Ansatz mit der entwickeltesten Interviewtechnik. Gleichzeitig ist diese Entscheidung auch sachlich gerechtfertigt. Werden nämlich verschiedene Ansätze der qualitativen Sozialforschung so gegeneinander abgegrenzt, daß ihre unterschiedlichen Empirie-Begriffe hervortreten, dann zeigt es sich, daß das narrative Interview einem Kontext entstammt, in dem die Befragung als Erhebungsinstrument auch methodologisch und theoretisch besonders stark verankert ist.

Unterschieden nach ihrer Nähe zum Objekt gehören der qualitativen Sozialforschung gegensätzliche Positionen an. Auf der einen Seite ordnen sich ihr Richtungen zu, die versuchen, die Distanz zwischen Objekt und Forscher aufzuheben. Bestimmte Typen teilnehmender Beobachtung erheben das "going native" zum Programm, und auf Grund ihres Wissenschaftsverständnisses ebnen sie die Differenz zwischen Laie und Wissenschaftler ein. Über verschiedene Varianten, die den kommunikativen Charakter des sozialwissenschaftlichen Erhebungsprozesses betonen, aber an einer deutlich identifizierbaren Wissenschaftlerrolle festhalten, führt das Spektrum zu Positionen größter Distanz zum Objekt. Die sozialwissenschaftliche Hermeneutik betont den Charakter der Sozialwissenschaften als

---

125 Eines der sinnfälligsten Beispiele dafür ist das *Handbuch Qualitative Sozialforschung* (Flick u.a. 1991).

126 Damit ist nun nicht gesagt, daß alle Richtungen innerhalb der qualitativen Sozialforschung im Sinne eines spezifizierbaren Outputs innovativ gewirkt hätten. Schon alleine die Tatsache, daß der überkommene Kanon sozialwissenschaftlichen Selbstverständnisses in vielfältiger Weise in Frage gestellt wurde, war zumindest ein Anstoß oder Ausgangspunkt zur Entwicklung von Innovationen.

Textwissenschaften und konzentriert sich dementsprechend auf den Prozeß der Auswertung von Daten[127]. Wenn von Hermeneuten überhaupt "Feldarbeit" durchgeführt wird, dann eher im Sinne eines Aufzeichnens von Interaktion und Kom-

---

[127] Die wohl radikalste Interpretation der Sozialwissenschaften als Textwissenschaften findet sich bei Ricoeur (1971/72): "1. Inwieweit können wir das Konzept des Textes als ein gutes Paradigma für das sogenannte Objekt der Sozialwissenschaft ansehen? 2. Inwieweit können wir die Methodologie der Textinterpretation als ein Paradigma auf dem Gebiet der Humanwissenschaften im allgemeinen gebrauchen?" - Soeffner betrachtet die Position von Ricoeur als ein Beispiel für die "Verwechslung und Gleichsetzung von Text und Welt" (Soeffner 1982: 88, Fn 12). Ziel der sozialwissenschaftlichen Hermeneutik sei es demgegenüber, "aus der Welt der Texte wieder herauszufinden" (Soeffner 1982: 90). Und diese Differenz von Welt und Text, die Soeffner immer wieder hervorhebt, impliziert inhaltliche Annahmen über den Gegenstand der Sozialwissenschaften, die methodologische und theoretische Konsequenzen haben müssen. Wenn nämlich der Gegenstand der Sozialwissenschaften ein anderer ist als der Gegenstand der Literaturwissenschaften, dann kann auch nicht mehr problemlos davon ausgegangen werden, daß die Gegenstandskonstitution in der Welt des Sozialen sich nach den gleichen Regeln vollzieht, wie die in der Literaturwissenschaft. Die Betonung dieser Differenz von Text und Welt sollte aber auch Konsequenzen für die Wissenschaftlerrolle haben: In den Sozialwissenschaften kann die Auslegung von Texten sich nicht in sich selbst erschöpfen, sondern muß auf gesellschaftliche Realität zurückbezogen werden. - Die Betonung der Differenz zwischen Text und Welt steht auch dafür, daß hermeneutische Arbeit konkrete Ergebnisse hervorbringen soll. Die Auslegung von Texten soll zu inhaltlichen Aussagen über den Gegenstandsbereich der Sozialwissenschaften führen, d.h. es sollen Regeln, bzw. Regelmäßigkeiten sozialen Handelns aufgezeigt werden, und "die allgemeinen Bedingungen und Konstitutionsregeln sozialer Gebilde in ihrer Konkretion und konkreten Wirksamkeit" (Soeffner 1982: 90). Schließlich hat die sozialwissenschaftliche Hermeneutik nicht nur ein konkretisierbares Erkenntnisinteresse, sondern dieses Erkenntnisinteresse ist auch auf soziale Wirklichkeit bezogen. Unter dem Stichwort "Hermeneutik ... als Kritik von Mythen" (Soeffner 1982: 93), versteht sie sich als Reflexion über Alltagswissen und auch über Wissenschaft. So gesehen könnte sozialwissenschaftliche Hermeneutik im Sinne von Traditionen der Aufklärung verstanden werden, die soziale Akteure ein Stück freier von den Zwängen machen wollen, die ihnen natürliche Bedingungen, aber auch die von ihnen selbst geschaffenen, bzw. nicht-intentional aktualisierten sozialen Bedingungen auferlegen. - Anders als Ricouers Position entspricht z.B. die "Objektive Hermeneutik" von Oevermann eher dem, was Soeffner aufgezeigt hat. Oevermanns Position versteht sich als eine "epistemologische Haltung", welche die *soziale Realität als Text begreift und die Soziologie wie eine Textwissenschaft verfahren läßt. ... Die soziale Wirklichkeit ist gebaut wie ein Text, der eigenbeweglich voranschreitend die Äußerungen der beteiligten Subjekte einfädelt und sie ist - wie ein Text - durchwebt von einer inneren Grammatik, deren Entschlüsselung Aufgabe der Soziologie ist*" (Bude 1982: 136). Die Differenz zwischen Text und Welt bleibt bestehen, Oevermanns Forschungsprogramm bewegt sich durchaus noch in der Welt der handelnden Subjekte. Seinem theoretischen Anspruch, die integrative Logik für Interaktion vom Tun und Meinen der Subjekte zu lösen, entspricht, wie mit seinem Textbegriff das Verhältnis zwischen Gegenstandskonstitution und Gegenstandsbezug aufgreift. Mit der Entschlüsselung der "latenten Sinnstrukturen" will er Wissen über soziales Handeln gewinnen.

munikation, als daß steuernd in den Vorgang der Datenerzeugung eingegriffen wird.

Auf die theoretischen Begründungen für eine Konzeption von Sozialwissenschaft als Textwissenschaft soll hier nicht eingegangen werden, auch wenn darüber das textwissenschaftliche Verhältnis von Gegenstandskonstitution und Gegenstandsbezug hergestellt wird, das sich nicht zuletzt auch in einer bestimmten Art von Empirie ausdrückt. Im Augenblick interessieren lediglich die methodologischen Argumente für textwissenschaftliches Arbeiten: Ausgangspunkt ist das spezifische Subjekt-Objekt-Verhältnis in den Sozialwissenschaften. Der Wissenschaftler, immer Teil des von ihm untersuchten Gegenstandsbereiches, kann sich in der Auslegung von Texten aus der sozialen Welt zurückziehen. Dies ist die Vorbedingung, um die notwendige Distanz zwischen Wissenschaftler und sozialer Wirklichkeit herzustellen, um den Wissenschaftler überhaupt erst in die Lage zu versetzen, seinen Gegenstand als Objekt betrachten zu können. Nur im Vorgang der Auslegung kann der Sozialforscher sich aus dem Strom des Erlebens herausbegeben, in welchem er sonst unweigerlich über Interaktion und Empathie ein Verhältnis zum Objekt herstellt, diesem Objekt als alter, als einem anderen Subjekt gegenübertritt. In der Auslegung des Textes, als einem Protokoll sozialer Realität, findet keine Beziehung mehr zu den Subjekten statt, die in diesem Text repräsentiert werden, und der Forscher kann ein kontrolliertes und analytisches Verhältnis zu seinem Gegenstand herstellen. Diese Objektivierung der Haltung zum Gegenstand, die durch räumliche und zeitliche Distanz zum handelnden Subjekt hergestellt wird, ist ein Aspekt der methodischen Kontrolle. In der Auslegung von Texten kann immer wieder auf das Objekt Bezug genommen werden, ohne daß das Objekt dabei affiziert wird. Und damit kann noch ein zweiter Mechanismus der Objektivierung verknüpft werden: Die Interpretation kann immer wieder mit dem Text konfrontiert und im Diskurs mit der Gemeinschaft der Fachwissenschaftler auf ihre Gültigkeit überprüft werden.[128]

Von ihrem Ansatz her haben diese Überlegungen Parallelen zu denen, die im Zusammenhang mit dem narrativen Interview diskutiert werden. Es besteht die Absicht, "natürliche Daten" zu erheben und es besteht eine hohe Sensibilität für das Problem, daß im Bereich des Sozialen das Erhebungsinstrument den Gegenstand überformen kann. Bei der Beurteilung von Erhebungseffekten geht die Hermeneutik allerdings noch ein Stück weiter als andere Richtungen der qualitativen Sozial-

---

[128] In Abgrenzung zu Gültigkeitskriterien rationalistischer Wissenschaft bezieht sich die qualitative Sozialforschung auf Kommunikation als Verfahren zur Sicherung der Gültigkeit von Aussagen. Hierbei handelt es sich allerdings eher um ein vielversprechendes Programm, als um ein ausgearbeitetes Konzept (Kvale 1991). In der Methodenliteratur finden sich daher auch eher illustrative Beispiele als ausgearbeitete Konzepte zur Bewertung von Forschungsergebnissen durch Prozesse des Aushandelns in Diskussionen (Strauss 1991: 182ff).

forschung. Ihr geht es nicht nur darum, daß - wie insbesondere bei der Verwendung standardisierter Erhebungsverfahren - der Bereich möglicher Aussagen der Befragten schon vorab theoretisch-kategorial eingegrenzt wird. Hier geht es auch darum, daß der Forscher durch seine Einbindung in den Erhebungsprozeß ebenfalls in seinen Möglichkeiten beschnitten wird. Da die Erhebung von Daten, insbesondere in den verschiedenen Formen des Interviews, in einem Prozeß der Interaktion und Kommunikation mit dem Objekt stattfindet, kann der Forscher die für sein Handeln notwendige Objektivierung seiner Haltung zum Gegenstand nicht herstellen.

Die Entscheidung, aus dem weiten Feld der qualitativen Sozialforschung das narrative Interview auszuwählen, ist ebenso wenig zufällig wie die Tatsache, daß das narrative Interview die in der qualitativen Sozialforschung am weitesten entwickelte Interviewtechnik ist. Erstens hat diese Entscheidung mit unterschiedlichen Empiriebegriffen innerhalb der qualitativen Sozialforschung zu tun. Und zweitens - wie weiter unten noch ausführlicher gezeigt wird - hat sie damit zu tun, daß das narrative Interview einer explizit interaktionslogisch begründeten Orientierung entstammt[129]. Diese drückt sich auch in Annahmen über den Zusammenhang von Gegenstandskonstitution und Gegenstandsbezug aus, die dem Interview für empirische Forschung zwangsläufig einen unverzichtbaren Stellenwert einräumen.

3.1. Der Zusammenhang von Gegenstandskonstitution und Methode als thematischer Rahmen - Die kognitive Dimension des Interviews

Die vorliegende Arbeit hat bescheidene Ambitionen. Sie will nicht mehr, als die Anforderungen klären, die in verschiedenen Kontexten empirischer Sozialforschung an die Tätigkeit von Interviewern gestellt werden. Wenn im folgenden der Zusammenhang von Gegenstandskonstitution, Gegenstandsbezug und Methode des narrativen Interviews erörtert wird, mag dies als Abschweifung angesehen werden, die sich im Uferlosen verlieren könnte. Die bisherige Rezeptionsgeschichte des narrativen Interviews legt diesen Umweg allerdings nahe.

Seit Mitte der 70er Jahre ist das narrative Interview zu einem der prominentesten Befragungsverfahren in der qualitativen Sozialforschung geworden[130]. Trotz, oder vielleicht auch gerade wegen seiner großen Popularität werden die

---

129 Dazu vgl. unten insbesondere Kapitel 3.1.
130 So hat zwar das in den 40er Jahren entwickelte Fokussierte Interview (Merton/Kendall 1946) zu verschiedenen Weiterentwicklungen geführt und mit dem Problemzentrierten Interview wurde versucht, eine Gesprächsstruktur zu entwickeln, "die es ermöglicht, die tatsächlichen Probleme der Individuen im Rahmen eines gesellschaftlichen Problemfeldes systematisch zu eruieren " (Witzel 1982: 67), aber diese, wie auch andere qualitative Befragungsformen, konnten nicht die Verbreitung des narrativen Interviews erreichen.

Absichten, aus denen heraus es entwickelt wurde und auch seine Verfahrensregeln oft unzureichend zur Kenntnis genommen. Teils wird der Begriff des narrativen Interviews als Synonym für offene Befragungsverfahren gebraucht. Baacke z.b. einleitend zu einem Kapitel "Das qualitative Interview":

> Die Namen der zu verhandelnden Sache sind unterschiedlich: man spricht von "Tiefeninterview", "unstrukturierten", "qualitativen", "detaillierten", "zentrierten", "intensiven" Interviews o.ä. Kohli schlägt als neutraleren Terminus "offenes Interview" vor. Der Vorteil dieser Bezeichnung ist wohl, daß damit die Unterscheidung zum "geschlossenen" bzw. "standardisierten" Interview deutlich wird.
>
> ....
> *Ich werde im folgenden alle Namen benutzen, aber "offenes", "qualitatives" und/oder "narratives Interview bevorzugen. (Baacke 1990: 19)

Teils werden auch Interviews mit erzählenden Passagen als narrativ bezeichnet[131]. Auf jeden Fall steht der Name immer für die Absicht, die Befragungssituation und damit auch die Äußerungen der Befragten möglichst wenig durch die Erhebungssituation selbst zu präformieren.

Der bisweilen diffuse Umgang mit dem Begriff des narrativen Interviews geht häufig einher mit einer verkürzten Rezeption dieser Methode. Im methodologisch verkürzten Zugriff wird das narrative Interview lediglich als isoliertes Befragungsverfahren behandelt, wobei übersehen wird, daß dieses Verfahren - zumindest von seiner Entstehungsgeschichte her - in ein umfassendes Forschungsprogramm eingebettet ist. Bei der isolierten Betrachtung des narrativen Interviews als einer Erhebungstechnik wird darüber hinaus auch häufig noch die eigentliche Technik oder Technologie des narrativen Interviews verkürzt wahrgenommen: Es wird als Befragungsform verstanden, die dem Interviewer - analog zum sogenannten "weichen Interview" - in erster Linie Zurückhaltung vorschreibt, und es wird übersehen, daß dem Interviewer ganz im Gegenteil ein explizit strategisches Verhalten auferlegt wird[132]. Der Interviewer muß nämlich nicht nur einfach abwarten und geduldig zuhören, sondern er muß alles tun, was den Erzählfluß des Befragten fördert und alles unterlassen, was ihn unterbrechen, ablenken oder sonstwie stören könnte. Würde es lediglich darum gehen, daß der Interviewer sich einfach nur "irgendwie" zurückhält, dann bliebe unverständlich, warum das narrative Interview dem Interviewer ungleich höhere Kompetenzen abverlangt, als verschiedene andere Inter-

---

131 Kritisch vermerkt wird dies z.B. von Hopf 1991:179 und von Hermanns 1991: 183.
132 Lamnek definiert das narrative Interview als "Form des Interviews, das darauf abzielt, den Befragten seine selbsterlebten Erfahrungen erzählen zu lassen, wobei es besonders auf die Erfassung seiner Relevanzgesichtspunkte ankommt. Der Interviewer soll dabei möglichst wenig, besonders in der Phase der Haupterzählung, eingreifen. Der Forscher hat kein vorab entwickeltes theoretisches Konzept; dieses wird nachträglich auf den Äußerungen des Befragten aufgebaut." (Lamnek 1989: 374)

viewverfahren. Um lediglich geduldig zuhören zu können, bedarf es nicht einer anspruchsvollen Mischung aus professionellen, sozialen und psychischen Kompetenzen.[133]

Die Gefahr, das narrative Interview in seiner technischen Dimension - um die es in der vorliegenden Arbeit hauptsächlich gehen soll - mißzuverstehen ist um so größer, je weniger sein methodologischer Hintergrund berücksichtigt wird. Dabei kann nämlich übersehen werden, daß es unter explizit strategischen Gesichtspunkten im Zusammenhang mit der Formulierung eines umfassenden Forschungsprogramms für die Sozialforschung entwickelt wurde. Zumindest in seiner ursprünglichen, von Schütze entwickelten Version, wurde das narrative Interview als Instrument zur Erhebung eines bestimmten Typus von Daten bzw. von Wissen eingeführt, der seinerseits wieder an einem spezifischen Erkenntnisinteresse orientiert ist[134]. Ob nun eine Übertragung des narrativen Interviews auf andere Bereiche der Sozialforschung sachlich angemessen und auch praktikabel ist, kann m.E. nur dann diskutiert werden, wenn diese enge Verschränkung von Beschaffenheit des Instruments, Gegenstandsbezug und Methodologie des narrativen Interviews mit berücksichtigt wird.

3.1.1. Das Forschungsprogramm Grundlagentheoretische Voraussetzungen methodisch kontrollierten Fremdverstehens"

In der Zeit, als Schütze erstmals die Technik des narrativen Interviews vorstellte, stand er in einem Diskussions- und Publikationszusammenhang mit der Arbeitsgruppe Bielefelder Soziologen (AGB). Diese Gruppe formulierte damals ein Forschungsprogramm, daß sich als Alternative zu gängigen Richtungen der Soziologie in Westdeutschland verstand[135]. Im Anschluß an Mead vertraten sie die Position,

---

133 Vgl. dazu Hopf 1978: 98 und Hermanns 1981: 125. In jüngerer Zeit werden auch ethische Anforderungen an Interviewer, die mit offenen Verfahren arbeiten und Befragte möglicherweise in "Zugzwänge" bringen, deren Konsequenzen die Befragten selbst nicht mehr ohne weiteres überschauen können, thematisiert (Hopf 1985: 95f).

134 Seitdem das narrative Interview in die Biographieforschung eingebettet ist, ist auch das mit ihm verbundene Erkenntnisinteresse etwas anders akzentuiert. Unabhängig davon ist es aber immer noch so, daß diese Methode auf ein spezialisiertes Erkenntnisinteresse hin zugeschnitten ist.

135 In den frühen 70er Jahren arbeitete die Arbeitsgruppe Bielefelder Soziologen handlungsorientierte, bzw. kommunikationstheoretische Ansätze aus der anglo-amerikanischen Soziologie auf. Aus dieser Rezeption heraus, wohl aber auch über die Auseinandersetzung mit den damaligen Theoriediskussionen der westdeutschen Soziologie und der Kritik an standardisierten Verfahren der Sozialforschung, entwickelten sie ihr eigenes Forschungsprogramm, in dem sie "Grundlagentheoretische Voraussetzungen methodisch kontrollierten Fremdverstehens" skizzierten.

daß Gesellschaft von Individuen in symbolischen Interaktionen erzeugt und abgewandelt wird. Da Gesellschaft mithin nicht unabhängig von Individuen und ihren Handlungen verstanden werden kann, muß zur Erklärung gesellschaftlicher Phänomene die Eigenperspektive der Gesellschaftsmitglieder berücksichtigt werden. Diese Annahme impliziert einen mehrdimensionalen Zusammenhang zwischen der Struktur der sozialen Wirklichkeit und der Sozialwissenschaft, insbesondere der Sozialforschung, die sich dieser Wirklichkeit nähern will: Jede symbolische Interaktion ist als Kommunikationsprozeß organisiert, welcher den Beteiligten beständig Leistungen des Verstehens und der Verständigung abverlangt. Die Sozialforscher, als Gesellschaftsmitglieder Teil ihres Untersuchungsfeldes, müssen 1. auf einer Grundlagentheorie der Kommunikation aufbauen, die Regeln und Strukturen symbolischer Interaktion als Voraussetzungen für Verständigung überhaupt begründet. 2. sollte ihre Forschung darauf hinzielen, "... das alltagsweltliche Interaktionswissen der Gesellschaftsmitglieder ... zu erfragen." (AGB 1973: 440) 3. schließlich sollten die Regeln des Forschungsprozesses explizit auf den Regeln der alltagsweltlichen Kommunikation aufbauen, da schließlich auch Forschungshandeln eine Art sozialer Interaktion ist, und gerade im Bereich der Sozialforschung Daten kommunikativ erhoben werden müssen. (ebd.: 434)[136]

Auf Grund der Beschaffenheit der sozialen Welt steht die Soziologie vor der Notwendigkeit, eine solche Verschränkung von Theorie, Gegenstandsbezug und Methode, herzustellen. Schütze hält dies prinzipiell auch für möglich. Basisregeln der Interaktion und Kommunikation könnten die Grundlage für eine Theorie der Gesellschaft abgeben, könnten abstecken, was sinnvollerweise Gegenstand der Sozialforschung sein sollte und könnten schließlich auch die Regeln für Methoden der Sozialforschung begründen[137].

---

136 Vgl. dazu AGB (1973). Aus der Perspektive empirischer Sozialforschung sieht sie das Problem, "daß ihr Forschungsprozeß - da er sich auf Menschen und ihr Handeln bezieht - weitgehend aus Kommunikation mit Menschen besteht, die in direkter oder indirekter Weise über ihre Handlungen, deren Voraussetzungen und Konsequenzen befragt werden müssen. (Selbst die Inhaltsanalyse setzt einen derartigen kommunikativen Grundraster als allgemeinstes heuristisches Frageschema zur Auswahl und Anordnung von Kategorien voraus.) Die soziologische Methode als Kommunikation kann die Regeln der Kommunikationsprozesse im Forschungsbereich aber nicht autonom festsetzen, wie das eine naive Experimentaltechnologie immer wieder unterstellt, sondern muß sich an die dem Forschungsprozeß vorgängigen Regeln der alltagsweltlichen Kommunikation anpassen." (AGB 1973: 434)

137 Er versteht die Universalien der Interaktion und Kommunikation als "ein festes Übersetzungsgerüst formalpragmatischer Kriterien für die Überführung semantisch-empirischer Daten in die soziologische Theorie und umgekehrt ... Und diese formalpragmatischen Übersetzungskriterien könnten dann vielleicht sekundär und indirekt die konstante oder zumindest kontrollierte Beziehung zwischen theoretischen Begriffen, Methoden und semantisch-empirischen Daten wiederherstellen. ... Wäre die Erforschung der formalpragmatischen Interaktionsuniversalien weit genug entwickelt und gründlich genug in ihrer Auswirkung auf

Daß gerade eine kommunikationstheoretische Grundlage, die Vermittlung zwischen Methode, Theorie und Gegenstandsbezug herstellen sollte, begründet Schütze nicht zuletzt aus der Geschichte der Soziologie und sozialwissenschaftlicher Forschungspraxis[138]: Das Interview, das sozialwissenschaftliche Erhebungsinstrument par excellence, ist kein neutrales Meßinstrument. Es produziert im "Feld" eben die Mechanismen und Probleme, die mit seiner Hilfe eigentlich untersucht werden sollten. Alle Bemühungen, das Interview von "Verzerrungen" zu reinigen, den Interviewereinfluß zu minimieren, zeigen in erster Linie, daß es offensichtlich kaum alternative, nicht-reaktive Erhebungsinstrumente für die soziologische Forschung gibt, soziologische Forschung sich wohl hauptsächlich kommunikativer Verfahren bedienen muß. Da es darüber hinaus nicht gelingt, die Effekte des Instruments auf den Erhebungsvorgang zu isolieren, scheint eine Strategie erfolgreicher, die das Auftreten dieser Effekte in Rechnung stellt. Dies kann um so besser gelingen, je umfassender die Prozesse des Fremdverstehens, insbesondere im Kommunikationstyp Interview, bekannt sind.

Schon die Programmatik der Arbeitsgruppe Bielefelder Soziologen betont, daß eine solche Grundlagentheorie einen genuin soziologischen Ansatzpunkt haben

---

die soziologischen Forschungsmethoden reflektiert, dann könnte es eines Tages möglich sein, daß die soziologische Theoriebildung, ihr Methodeninstrumentarium und ihre deskriptive Beobachtungssprache mit demselben einzigen Satz von formalpragmatisch formulierten Konzepten sprechen könnten: universaltheoretischen Konzepten, die gleichzeitig auch methodische Forschungsanweisungen sind." (Schütze 1975: 52) - Ähnlich auch AGB 1973: 446.

138 "... weil das für die damalige und sicherlich auch noch für die heutige Soziologie wichtigste Forschungsinstrument, nämlich die Interviewtechnik, in ihrer eigenen Ablaufpraxis eine kommunikative Strategie par excellence ist. Ausgerechnet diese kommunikative, vom Funktionieren der sprachlichen Verständigung abhängige Forschungstechnik wurde in der Epoche der empiristischen Konsolidierung der Soziologie besonders forciert. Folgerichtig versuchte man mit der Thematisierung des Phänomens der Sprache drohenden Grundlagenproblemen dadurch zu umgehen, daß man aus der Interviewtechnik das kommunikative Element als unerwünschten Einfluß der untersuchten empirischen Subjekte so weit wie irgend möglich verbannte. Allerdings ließ sich das prinzipielle Problem nicht überwinden, daß der Interviewer und durch ihn der Forscher mit den Erhebungspersonen sprechen mußte. Ja, das forschungslogische Dilemma der Interviewtechnik wurde durch die Verdrängung der Sprachproblematik nur noch verschärft, denn je mehr der Einfluß der interviewten empirischen Subjekte ausgeschaltet werden konnte, desto stärker präformierten der soziologische Theoretiker und zum Teil davon noch unabhängig und in einer anderen, theoretisch unbeabsichtigten, Richtung der Interviewer die Antwortmöglichkeiten der Erhebungspersonen. Und so drohte immer unabwendbarer die prinzipielle Gefahr, die durch die empirischen Subjekte sprechende gesellschaftliche Wirklichkeit zu verzerren. Der Versuch, im Methodeninstrumentarium ohne die Berücksichtigung der sprachlichen Konstitution und Vermittlung der Forschungsinstrumente auszukommen, führte mithin in eine prinzipielle Aporie, die ausführlich von Cicourel und Habermas beschrieben worden ist". (Schütze 1975: 40f).

sollte. Diese Forderung greift Schütze auf. (Schütze 1975: 34ff.) In seiner Analyse diverser sprachbezogener Ansätze aus Sprachwissenschaft, Psychologie oder auch der Sozialwissenschaften weist Schütze nach, daß nirgendwo auf einem interaktionslogischen Kern aufgebaut wird. Die Schütze in den 70er Jahren vorliegenden Konzepte bezogen sich entweder auf unbegründet vordergründige Analogien zwischen Gesellschafts- und Sprachstruktur, oder sie führten in korrelierender Weise und damit nur äußerlich die Kategorien der Sozialwissenschaften und ihrer Nachbarwissenschaften zusammen. Aus soziologischer Perspektive hat dieser Reduktionismus Konsequenzen in zweierlei Hinsicht. Zum einen geht bei der kommunikationswissenschaftlichen Auflösung von Soziologie vor allem der Aspekt der interaktiv konstituierten sozialen Wirklichkeit verloren, und Kommunikation kann nur noch in einer objektivistischen Perspektive gefaßt werden: Die sprachliche Interaktion zwischen Individuen ist ein Vorgang, der Regelmäßigkeiten folgt, die sich genetischen, biologischen, historischen oder sonstigen Gesetzmäßigkeiten verdanken, aber nicht interaktiven Aushandlungsprozessen. Damit wird nicht nur eine sozialwissenschaftliche Perspektive und eine sozialwissenschaftliche Theorie schlicht überflüssig, sondern auch die Fragestellungen, die zumindest mit bestimmten Traditionen der Sozialwissenschaften verbunden waren, werden sinnlos. Ein theoretischer Reduktionismus der Sozialwissenschaften auf andere Wissenschaften, deren Gegenstand Kommunikation ist, hätte auch inhaltliche Konsequenzen, denn Menschen könnten nicht mehr als Akteure ihrer Geschichte fungieren.[139] - Diese geschichtsphilosphische Position, die Individuen zumindest in Ansätzen die Produktion von Gesellschaft als Eigenleistung und auch die Möglichkeit Veränderung gesellschaftlicher Verhältnisse zuschreibt, konturiert das Forschungsprogramm "Grundlagentheoretische Voraussetzungen methodisch kontrollierten Fremdverstehens" auch nochmals als Alternative zu jeder Art strukturalistischer Soziologie.[140]

Die skizzierte Verknüpfung von Theorie, Gegenstandsbezug und Methode führt in eine logische Schleife. Das Forschungsprogramm "Grundlagentheoretische Voraussetzungen methodisch kontrollierten Fremdverstehens" der Arbeitsgruppe Bie-

---

139 "Zumindest die Konzepte der einen Seite, wenn nicht gar die Konzepte beider Seiten, sind dann nicht mehr durch die gesellschaftlich-interaktive Veränderungspraxis beeinflußbar" (Schütze 1975: 103).

140 Die Einbindung formalpragmatischer Universalien der Interaktion und Kommunikation in einen interaktionslogischen Ansatz ist die eine Sicherung, die eine Grundlagentheorie des Fremdverstehens vor einem strukturalistischen Bias bewahren soll, um weiterhin die Eigenperspektive der Gesellschaftsmitglieder berücksichtigen zu können. Die weitere Sicherung gegen strukturalistische Wendungen ist die Betonung der Historizität von Gesellschaft. So nennt Schütze als "Leitfrage" seiner Auseinandersetzung mit sprachwissenschaftlichen Ansätzen die Frage, "inwieweit die Sprach- und Wissensanalyse der kritischen Erforschung soziohistorisch besonderer Gesellschaften dienen kann..." (Schütze 1975: 60 Fn 48).

lefelder Soziologen, bzw. das von Schütze haben scheinbar keinen plausiblen Ansatzpunkt: Eine Grundlagentheorie der Kommunikation sollte sich weder willkürlich gesetzter noch intuitiv entwickelter Kategorien, sondern solcher bedienen, die auch empirisch begründet sind. Eine Empirie wiederum, die das alltagsweltliche Interaktionswissen der Gesellschaftsmitglieder erheben will, sollte auf den theoretischen Annahmen einer Grundlagentheorie der Kommunikation basieren und schließlich in ihren Methoden auf den Regeln der alltagsweltlichen Kommunikation aufbauen, da eben auch Forschungshandeln eine Art sozialer Interaktion ist und gerade im Bereich der Sozialforschung Daten kommunikativ erhoben werden müssen. - Die Stelle, die Schütze als systematischen Ansatzpunkt einer sprachbezogenen Grundlagentheorie betrachtet, nimmt er auch als Einstieg in sein Forschungsvorhaben: Die Suche nach Basisregeln der Kommunikation und Interaktion.[141]

---

141 Nach eigenen Aussagen trifft er die Entscheidung, "mit der Suche nach formalpragmatischen Universalien der Interaktion" zu beginnen, wobei allerdings "die soziologisch-theoretische Frage nach den Konstitutionsbedingungen der Sprache für Interaktion und Gesellschaft (und umgekehrt) erneut Vorrang vor der methodologischen Frage nach den Konsequenzen der Sprachproblematik für die Forschungstechniken" bekommt (Schütze 1975: 53). - Mit der Entscheidung für ein Primat der Theorie geht Schütze das Risiko ein, von seinen vorab formulierten Ansprüchen abzuweichen. In der Durchführung seiner Programmatik läßt er sich allerdings von verschiedenen Aspekten leiten, die verhindern, daß er selbst mit vorgeformten theoretischen Begriffen der Empirie etwas überstülpt, was ihr nicht nur äußerlich ist, sondern auch die Sicht auf die Eigenperspektive der Gesellschaftsmitglieder versperrt: - Mit den Basisregeln, wie Schütze sie versteht, werden keine inhaltlichen Vorentscheidungen über konkrete Handlungsmöglichkeiten getroffen. Er führt sie als formalpragmatische Universalien ein, als formale Bedingungen der Möglichkeit von Interaktion und Kommunikation. Ihr formalpragmatischer Status läßt es nicht nur zu, sondern macht es immer wieder erforderlich, sie auf interaktionslogische Problemstellungen rückzubeziehen. - Basisregeln sind keine abstrakt deduzierten theoretischen Konstrukte. Schon in den 70er Jahren lagen einige Forschungen über die Wirksamkeit solcher formalpragmatischer Universalien vor. (Cicourel 1967 und 1968; Garfinkel 1967) Schütze selbst hat umfangreiche Forschungsarbeiten durchgeführt und angeregt. (Hinweise auf eigene Arbeiten und auf ähnliche Untersuchungen anderer Autoren finden sich bei Schütze 1984: 116, Fn. 2.) - Schützes Orientierung an Anselm Strauss (vgl. Schütze 1983: 115, Fn. 1 und 1987: 542ff.) hat bei ihm zur Herausbildung eines Habitus im Umgang mit Theorie beigetragen, für den eine generelle Offenheit gegenüber Empirie charakteristisch ist. Strauss selbst bemerkt in Grundlagen qualitativer Sozialforschung zu seiner "Grounded Theory": "Sie ist ...als ein Stil zu verstehen, nach dem man Daten qualitativ analysiert und der auf eine Reihe von charakteristischen Merkmalen hinweist: Hierzu gehören u.a. das Theoretical Sampling und gewisse methodologische Leitlinien, wie etwa das kontinuierliche Vergleichen und die Anwendung eines Kodierparadigmas, um die Entwicklung und Verdichtung von Konzepten sicherzustellen." (Strauss 1991: 30) - Im gleichen Band bietet er eine lehrbuchartig aufgemachte Anleitung zur Arbeit mit dieser Theorie (Eine knappe Zusammenfassung der Grounded Theory findet sich bei Wiedemann 1991).

3.1.2. Formalpragmatische Interaktionsuniversalien

Die Suche nach konstitutiven Regeln des Alltagslebens hat zu etlichen Bestimmungs- und Differenzierungsversuchen geführt[142]. Die verwirrende Vielfalt

---

142 Goffman bemerkt dazu: "Man steht vor der unangenehmen methodologischen Tatsache, daß die Angabe konstitutiver Regeln ein offenes Spiel zu sein scheint, das beliebig viele Teilnehmer bislang spielen können. Sie kommen gewöhnlich mit fünf bis zehn Regeln heraus - so auch ich weiter unten -, es gibt aber keine Gründe für die Annahme, andere könnten nicht weitere tausend Postulate anführen." (Goffman 1974: 14) - Cicourel etwa, führt als Basisregeln an: 1. Reziprozität der Perspektiven, d.h. Unterstellung, daß die wechselseitigen Erfahrungen die gleichen sind: Die Frage des einen ist Basis (Grund) der Antwort des anderen, während die zu erwartende Antwort des anderen Basis (Grund) für die Frage des einen ist. 2. et cetera-Annahme, der Annahme, daß der Zuhörer ein Bedeutungs-Item "ausfüllt". "Diese et cetera-Regel und ihre Subroutinen erlauben dem Sprecher-Hörer der unmittelbaren Situationen einen normativen Sinn zu geben, indem sie zeitweilige, improvisiert-schwebende oder eine "konkrete" Verbindung mit einem Kurzzeit- oder Langzeitvorrat an sozial verteiltem Wissen erlauben" (Cicourel 1970: 177f). 3. Typisierungen: "Den Handelnden in einer experimentellen Untersuchung oder in einer Feldstudie zu fragen, was er "sieht" oder "gesehen hat", setzt voraus, daß der Forscher darüber etwas weiß, wie der Handelnde seine Welt typisiert, und zwar in welchen Arten von linguistischen Kategorien und nach welchen syntaktischen Regeln" (Cicourel 1970: 178). - Die Arbeitsgruppe Bielefelder Soziologen differenziert Basisregeln nach elementaren gesellschaftlichen Problemkontexten. Zur Bewältigung formaler Problembereiche, damit sind die ganz elementaren Voraussetzungen der Interaktion gemeint, nehmen sie drei Basisregeln an, von denen jede ein Interaktionsproblem bewältigt: 1. Reziprozitätskonstitution: Herstellung interaktiver Reziprozität; 2. Einheitskonstitution: Konstituierung sozialer Einheiten und Selbstidentitäten (Bezug auf Gegenstände, die als Bündel von Handlungs- bzw. Behandlungsmöglichkeiten in Frage kommen); 3. Handlungsfigurkonstitution: innere Ordnung der Aktivitätsstadien (zielgerichtet, universale zeitlich-kausale Binnenabfolge); "... außerdem müssen die siuationsbesonderen Aktivitäten, um eine sinnvolle inhaltliche Zielorientierung aufzuweisen, d.h. geordnete *Handlungs*performanzen darstellen zu können, an allgemeinen Handlungstypen orientiert sein, die jedoch je nach Situationslage "ad hoc" interpretiert werden" (Schütze u.a. 1973: 452ff). Zur Bewältigung inhaltlicher Problemkontexte der Steuerungs-, Produktions-, Verteilungs- und Konsumtionspraxis in einer Gesellschaft, muß auf die formal begründeten Basisregeln zurückgegriffen werden und dies bedarf jeweils spezifischer Basisregeln (ebd.). - Neben diesen Basisregeln der Interaktion im engeren Sinne verweist die Arbeitsgruppe Bielefelder Soziologen noch auf die universale formalpragmatische Struktur des Alltagswissens (461ff), und Matthes/Schütze führen zudem noch eine Differenzierung zwischen Basisakten und Basisregeln an: "Basisakte sind die Voraussetzungen für Basisregeln: sie beinhalten so elementare Vollzüge wie Kennzeichnen, Einteilen, Klassifizieren und gehen in ihrer Aufmerksamkeitsspannweite nicht über den unmittelbaren Handlungsvollzug hinaus, sondern beschäftigen sich thematisch ausschließlich mit sich selbst. Gewöhnlich bleibt ihr Vollzug unbewußt. Basisregeln beinhalten die systematische Verknüpfung von elementaren Problemkontexten und personalen, wenn auch in der Regel interaktiv erbrachten Idealisierungsleistungen der Gesellschaftsmitglieder" (Matthes/Schütze 1973: 32f).

bekommt Struktur, wenn die unterschiedlichen Problemkontexte berücksichtigt werden, aus denen heraus nach Basisregeln geforscht wird. Cicourel fragt nach Mechanismen der Situationsdefinition, nach den Prozeduren, die praktiziert werden müssen, um institutionell vorgegebene Normen für konkrete Handlungssituationen zu spezifizieren. Während Cicourels Überlegungen um das Spannungsverhältnis von Handeln und Struktur kreisen, sind andere Ansätze stärker auf das Problem des Fremdverstehens bezogen. Garfinkel z.b. sucht nach den Universalien, die im Alltag die Bewältigung unheilbarer Indexikalität ermöglichen, d.h. Verständigung bei prinzipiell unvollständigem, weil immer weiter hinterfragbarem Wissen. Husserl schließlich nimmt die Wirksamkeit verschiedener Typen von Idealisierungen an, um die Möglichkeit der Verständigung zwischen Inhabern unterschiedlicher Standpunkte zu erklären.

Bereits die Tatsache, daß in solch unterschiedlichen Problemkontexten mit Basisregeln operiert wird, deutet darauf hin, daß sie über ein enormes Erklärungspotential verfügen. Als formalpragmatische Interaktionsuniversalien eingeführt, übernehmen die Basisregeln bei der Arbeitsgruppe Bielefelder Soziologen und bei Fritz Schütze die Funktion einer Klammer, die den Zusammenhang von Gegenstandskonstitution, Gegenstandsbezug und Methode herstellt. Soweit die Interaktionsuniversalien Annahmen über die Gegenstandskonstitution beinhalten, kommt ihnen eine Zwitterstellung zu: Sie werden als formale Voraussetzungen der Möglichkeit von Interaktion verstanden, die aber dennoch nicht unabhängig von den Intentionen handelnder Subjekte wirksam werden.[143] Und obwohl sie nur interaktiv wirksam werden können, d.h. nur dann, wenn ein Subjekt sich intentional auf andere soziale oder nicht-soziale Objekte bezieht, unterstellen die Autoren gleichzeitig, daß mit den von ihnen angenommenen formalpragmatischen Universalien elementare Regeln im sozialen Handeln wirksam werden, die Interaktion auf Verstehen und Verständigung hin anlegen. Dies bedeutet letztendlich nichts anderes, als daß Individuen eine genetisch bedingte Anlage haben, aus der heraus sich verständigungsorientierte Handlungsfähigkeit entwickeln kann. Anders ausgedrückt stehen die Interaktionsuniversalien hier auch für ein genetisches Potential,

---

143 So spricht Cicourel von den "... Basisregeln, als einem Set von invarianten Eigenschaften, ... die die grundlegenden Bedingungen aller Interaktion steuern" (Cicourel 1970: 174f). Ähnlich auch die AGB: "Daß überhaupt Verständigung möglich ist, wenn unterschiedliche Systeme normativer Regeln miteinander interferieren ... ist den universalen Basisregeln der Kommunikation zu verdanken. Diese legen fest, was überhaupt von den Gesellschaftsmitgliedern vorausgesetzt werden muß, damit sie interagieren können. Seit Husserl werden diese Voraussetzungen "Idealisierungen" genannt. Die Idealisierungen sind Leistungen der Gesellschaftsmitglieder, die allerdings einer universalen apriorischen Interaktionslogik folgen" (Schütze u.a. 1973: 444).

das in sozialen Situationen aktualisiert werden kann, aber nicht zwangsläufig aktualisiert wird.[144]

Die Wirksamkeit formalpragmatischer Universalien wird bei der Arbeitsgruppe Bielefelder Soziologen und Schütze zur konstitutiven Voraussetzung von Gesellschaft. Gleichzeitig erlauben sie aber auch, gesellschaftliche Wirklichkeit als symbolisch-interaktive Konstruktion zu begründen. Daß trotz der Annahme von universalen Bedingungen der Interaktion eine handlungstheoretische Perspektive gewahrt bleiben kann, resultiert daraus, daß die allgemeinsten Universalien eben nur formal wirken. In diesem Sinne und als elementarste Voraussetzungen der Interaktion werden lediglich drei Basisregeln angenommen, von denen jede ein Interaktionsproblem bewältigt: 1. Reziprozitätskonstitution: Herstellung interaktiver Reziprozität; 2. Einheitskonstitution: Konstituierung sozialer Einheiten und Selbstidentitäten (Bezug auf Gegenstände, die als Bündel von Handlungs- bzw. Behandlungsmöglichkeiten in Frage kommen; 3. Handlungsfigurkonstitution: innere Ordnung der Aktivitätsstadien (zielgerichtet, universale zeitlich-kausale Binnenabfolge (Schütze u.a. 1973: 452ff).

In ihren weiteren Ausführungen zu den Interaktionsuniversalien greifen die Arbeitsgruppe Bielefelder Soziologen und Schütze nahezu alle konstitutiven Themen der Sozialwissenschaften auf[145]. Sie thematisieren sowohl den Problembereich des Fremdverstehens, als auch den Bezug individueller Handlungsorientierungen auf strukturelle Aspekte von Gesellschaft. In allen weiterführenden Differenzierungen und Bestimmungsversuchen betonen sie aber den jeweils kontextspezifischen Bezug von Basisregeln. Dies bedeutet, daß alles, was über die in den Interaktionsuniversalien enthaltenen formalen Annahmen hinausgeht, für unterschiedliche Zusammenhänge sozialen Handelns beobachtet und, jeweils darauf bezogen, spezifiziert

---

144 Dies ist m.E. eine Denkfigur, die gewisse Parallelen zu der von Parsons hat, mit welcher er auf der genuin handlungstheoretischen Begründung auch seiner Systemtheorie beharrt: Handeln hat einerseits die innere Eigenschaft, immer in systemisch organisierter Weise abzulaufen. Andererseits setzt Handeln aber auch immer eine Eigenaktivität auf Seiten der Akteure voraus (effort). Handeln ist daher sowohl unausweichlich systemisch, als auch unausweichlich intentional.

145 Sie thematisieren sowohl den Problembereich des Fremdverstehens, als auch den Bezug individueller Handlungsorientierungen auf strukturelle Aspekte von Gesellschaft und in diesen Zusammenhängen differenzieren sie Klassen von Interaktionsuniversalien nach zusätzlichen Dimensionen. - Als Fazit stellen sie fest, daß über die Verständigung erzeugende Wirkung von Basisregeln die Handlungen individueller Akteure miteinander verknüpft werden und daß über die Basisregeln sich auch die "systematische Verknüpfung von elementaren Problemkontexten und personalen, wenn auch in der Regel interaktiv erbrachten Idealisierungsleistungen der Gesellschaftsmitglieder ..." (Schütze 1975: 1005) vollzieht.

werden muß.[146] Anders ausgedrückt folgt daraus einerseits, daß zusätzliche Annahmen über die Wirkungsweise von Interaktionsuniversalien formuliert werden, und daß die Formulierung spezieller Basisregeln empirisch fundiert sein sollte. Andererseits ergeben sich daraus aber auch die zentralen Forschungsthemen für das Forschungsprogramm "Grundlagentheoretische Voraussetzungen methodisch kontrollierten Fremdverstehens": Soziale Phänomene sind - so die gegenstandskonstitutive Annahme - immer das Produkt intentionaler Handlungen, wobei in jeder Handlung die Möglichkeit des Verstehens und der Verständigung angelegt ist. Diese Prämisse zu präzisieren, ihre Umsetzung in unterschiedlichen Handlungsfeldern zu untersuchen, wird zum Thema der Sozialforschung. Von den Ergebnissen empirischer Forschung wird Aufschluß über Ordnungsmuster in Prozessen der Interaktion und Kommunikation erwartet.

In seinen Interaktionsfeldstudien greift Schütze (1977 und 1987) diese Themen auf. Der thematische Zuschnitt dieser Studien ist so gewählt, daß 'kollektive Veränderungen der Ortsgesellschaft durch Gemeindezusammenlegung' erfaßt werden sollen. In der Begrifflichkeit soziologischer Grundlagentheorie ausgedrückt, soll hierbei gesellschaftliche Veränderung in einer raum-zeitlich lokalisierten und begrenzten Situation als Produkt intentionaler Einzelhandlungen, die kommunikativ vermittelt sind, nachgezeichnet werden. Bei diesem Einblick in einen Vorgang, der für die Sozialwissenschaften gegenstandskonstitutive Fragestellungen berührt, ergeben sich zwangsläufig Einblicke in Interaktions- und Kommunikationsprozesse. Orientie-rungsstrukturen faktischen Handelns und Kommunikationsschemata sind weitere Forschungsschwerpunkte der Interaktionsfeldstudien. Ein ähnliches Zusammenspiel von gegenstandskonstitutiver Fragestellung und klärender Einsicht in die Wirkungsweise von Basisregeln verspricht die Biographieforschung. Über das empirische Studium des Zusammenwirkens von gesellschaftlichen und individuellen Bedingungen sollen "Typen von Lebensschicksalen" ermittelt werden. Auch hier gibt die auf eine gegenstandskonstitutive Fragestellung bezogene Thematik Einblick in grundlegende Vorgänge der Interaktion und Kommunikation, nämlich in den Zusammenhang von Lebensgeschichte und Deutungsmuster, von Erleben und kognitiver Verarbeitung (Schütze 1982).

Daß Basisregeln als Klammer für den Zusammenhang von Gegenstandskonstitution, Gegenstandsbezug und Methode wirken, konnte am Beispiel der Arbeiten von Schütze und der Arbeitsgruppe Bielefelder Soziologen bislang für den Aspekt der gesellschaftstheoretischen Grundannahmen und für den Aspekt der Wahl des Forschungsgegenstandes belegt werden. Sollen auch die Forschungsme-

---

146 Am Beispiel des narrativen Interviews ist die Wirkungsweise von Basisregeln ausführlich untersucht worden. Hermanns (1981) hat die mögliche Funktion verschiedener Typen von Basisregeln und ihre Wirkung in Interviews ausführlich untersucht. Über Schützes eigene Forschung, weiter unten.

thoden in diesen Zusammenhang einbezogen werden, dann impliziert dies die Wahl eines Verfahrens, in dem Basisregeln der Verständigung und des Verstehens auch wirksam werden können. Genau an dieser Schnittstelle hat das narrative Interview seinen Platz.

3.1.3. Methode des narrativen Interviews

Das narrative Interview hat sich als Erhebungsverfahren im Umfeld des Forschungsprogramms "Grundlagentheoretische Voraussetzungen methodisch kontrollierten Fremdverstehens" bewährt. Seine instrumentelle Brauchbarkeit basiert darauf, daß es mehreren methodischen Anforderungen gleichzeitig genügt: Zum einen kommt das narrative Interview den Forderungen nach, daß Sozialforschung unter "natürlichen" Erhebungsbedingungen stattfinden sollte. Zum anderen ist es aber auch ein Erhebungsverfahren, in welchem der Forschungsgegenstand, den das Forschungsprogramm "Grundlagentheoretische Voraussetzungen methodisch kontrollierten Fremdverstehens" interessiert, auch der Beobachtung und Analyse zugänglich gemacht werden kann. Es verspricht also als Erhebungsinstrument - im klassischsten Sinne des Begriffs - Validität.

Die Kritik der AGB an standardisierten Interviewverfahren, mit diesen Erhebungsverfahren würden "die natürlichen Kontexte der Kommunikation" (AGB 1973: 446) abgeschnitten, ist zentraler Bestandteil des schmalen Konsenses innerhalb der qualitativen Sozialforschung. Ein Verfahren, wie das narrative Interview, das hier alternative Möglichkeiten bietet, gewinnt zwangsläufig Popularität und - wie bereits einleitend zu diesem Kapitel belegt - möglicherweise sogar soviel, daß seine Konturen unscharf werden.

Die Rede von "natürlichen" Forschungsbedingungen mag Anlaß zu allerlei Mißverständnissen geben. In der traditionellen Sozialforschung, die das Interview als Meßoperation betrachtet, geraten Überlegungen zum Thema Forschungsbedingungen leicht in die Nähe von Diskussionen um Fehlerquellen im Interview und um "Verzerrungen": Es gilt die Interviewsituation von verzerrenden Komponenten zu reinigen, die z.B. durch die Anwesenheit von Dritten oder durch den Interviewereinfluß hervorgerufen werden. Insbesondere der Minimierung des Interviewereinflußes wird dort viel Aufmerksamkeit gewidmet. In diesem Sinne ist eine Reihe von Verfahren entwickelt worden, die Befragungen in unterschiedlichem Grade entpersönlichen (postalische Befragung, Telefoninterview, Computer geleitete, bzw. unterstützte Befragung etc.). Im persönlichen Interview hingegen wird versucht, den Interviewereinfluß durch strenge Interviewanweisungen zu minimieren. Die qualitative Sozialforschung sucht gerade nicht nach Erhebungsmethoden, die frei oder mehr oder weniger frei von Einflüssen des Interviewers auf den Befragten sein könnten[147].

In der interaktionslogisch fundierten Sozialforschung wird der Begriff der Kommunikation so gefaßt, daß in jede Form der Befragung interaktive Komponenten eingehen. Soziologische Methode ist demnach immer Kommunikation, und Sozialforschung muß sich deshalb vergegenwärtigen,

> daß ihr Forschungsprozess - da er sich auf Menschen und ihr Handeln bezieht - weitgehend aus Kommunikation mit Menschen besteht, die in direkter oder indirekter Weise über ihre Handlungen, deren Voraussetzungen und Konsequenzen befragt werden müssen. (Selbst die Inhaltsanalyse setzt ein derartigen kommunikativen Grundraster als allgemeinstes heuristisches Fragenschema zur Auswahl und Anordnung von Kategorien voraus.) Die soziologische Methode als Kommunikation kann die Regeln der Kommunikationsprozesse im Forschungsbereich aber nicht autonom festsetzen, wie das eine naive Experimentaltechnologie immer wieder unterstellt, sondern muß sich an die dem Forschungsprozess vorgängigen Regeln der alltagsweltlichen Kommunikation anpassen (Schütze u.a. 1973: 434).

Diese Argumentation läßt sich auch auf jüngere Entwicklungen in der Sozialforschung übertragen: Selbst mit der Ablösung des persönlichen Interviewers durch einen Computer könnte die Wirksamkeit sozialer Einflüsse im Interview nicht vermieden werden. Ein Interview findet eben nie in einem sozialen Vakuum statt, sondern ist immer eine soziale Situation. Deshalb wird von der qualitativen Sozialforschung auch gar nicht erst versucht, unter quasi Laborbedingungen, diese Situation von ihren sozialen Komponenten zu reinigen. Ihre Strategie ist es vielmehr, den unausweichlich sozialen Charakter von Interviews auch systematisch in Rechnung zu stellen. Und dies kann durchaus mit sehr unterschiedlichen Typen von Interviews gemacht werden - unterschiedlich in Bezug auf die Freiheitsräume, die dem Befragten eingeräumt werden:

> Wenn man den Einfluß des Forschers in der Datenerhebungskommunikation bewußt bis zum Maximum zu steigern sucht wie im ethnomethodologischen Krisenexperiment, dann ist das Ziel die "festgenagelte" Befragungsperson, die keine Ausflüchte mehr machen kann und das im Interview hervorzubringen gezwungen ist, was als letztes Interesse und elementarster Wissensbestand ihre Situationsdefinitionen und Handlungsorientierungen immer schon geleitet hat. ... Aber auch hier taucht eine kommunikationstheoretische Frage auf: welche Ausweichmöglichkeiten der Befragte an rationalisierenden, negierenden und anderen Interaktionsstrategien immer noch zur Verfügung hat. Der in der Minimisierungsstrategie immer noch notwendigen Reflexivität auf den Forscher entspricht hier die unabdingbare Reflexivität auf den befragten Kommunikationspartner. (Schütze u.a. 1973: 488)

Daß über die Ausgestaltung des Verfahrens der soziale Charakter jeder Erhebungssituation innerhalb der Sozialwissenschaften berücksichtigt werden soll, ist

---

147 Vgl. dazu auch Abschnitt 2.1. in der Einleitung.

nur ein Aspekt der Forderung nach natürlichen Bedingungen. Der andere Aspekt - und dieser steht im Vordergrund der Überlegungen der AGB und der von Schütze - betont die Notwendigkeit natürlicher Erhebungsverfahren, um die Produktion von Artefakten zu vermeiden. Die Kritik der AGB, daß die standardisierten Interviewverfahren "die natürlichen Kontexte der Kommunikation" (Schütze u.a. 1973: 446) abschneiden, zielt darauf, daß in standardisierten Verfahren, wenn sie als Abfolge von Frage - Antwort - Frage etc. angelegt sind, kein Raum für das ist, was natürlicherweise, d.h. in jeder Interaktion, die kein Interview ist, an Prozeduren der Verständigung praktiziert wird. "natürlich" bedeutet also auch, in der Gestaltung von Befragungen an die Bedingungen alltäglicher Kommunikation anzuknüpfen. Sollen derartige Mechanismen der Verständigung auch in Interviews wirksam werden, dann müssen die Rahmenbedingungen der Befragung auch Anlaß und Möglichkeit zu ihrer Realisierung bieten.

Wie bereits oben erwähnt, sind Idealisierungen die grundlegendsten Mechanismen, über die im Alltag Verständigung hergestellt wird. Idealisierungen sind Unterstellungen, mit denen Interaktionspartner in einer immer nur vorläufigen Weise Situationen definieren. Sie sind immer ein Vorgriff auf etwas, was erst im weiteren Verlauf einer Interaktion realisiert werden kann. Eine der Formen, die Idealisierungen annehmen können, ist die et-cetera-Annahme. Die Wirkungsweise der für die Verständigung in alltäglicher Kommunikation unterstellten et-cetera-Annahme, kann in einem Interview nur dann beobachtet und präzisiert werden, wenn dem Befragten die Möglichkeit gegeben ist, im Verlauf der Kommunikation seine zunächst impliziten "improvisiert-schwebenden" Situations- und Bedeutungszuschreibungen auch explizit zu machen. In einer vollstandardisierten Befragung mit Antwortvor-gaben - mögen diese noch so differenziert sein - ist das nicht möglich.

Daß ein Interview als natürliche Kommunikationssituation gestaltet werden soll meint also, daß der formale Rahmen der Kommunikation Prozeduren der Verständigung nicht abschneidet. Die Natürlichkeit, die mit der Kritik an standardisierten Verfahren eingefordert wird, bezieht sich also in erster Linie auf formale Merkmale des Gesprächsverlaufs in einem Interview. Diese dürfen sich nicht von denen unterscheiden, derer sich Menschen auch in ihrem Alltag - und das meint außerhalb der Forschungssituation - bedienen, um Verständigung herzustellen.

Das narrative Interview löst Kritiken an der traditionellen Sozialforschung, die von der Arbeitsgruppe Bielefelder Soziologen und auch von anderer Seite vorgetragen wurden, ein. Ob es aber auch sinnvollerweise als Alternative zu standardisierten Befragungen eingesetzt werden sollte, das bleibt noch zu klären. Es war ja zunächst wohl im Zusammenhang mit dem oben skizzierten Forschungsprogramm "Grundla-gentheoretische Voraussetzungen methodisch kontrollierten Fremdverstehens" entwickelt worden. Den Absichten dieses Programms folgend scheint das narrative Interview einen Zugang zur Entschlüsselung der elementaren Mechanismen des Fremdverstehens zu bieten, auf denen das universaltheoretische Konzept einer interaktionslogisch verankerten Gesellschaftstheorie auf kommunikationstheor-etischer Grundlage aufbauen will. Das narrative Interview ist also nicht als Instrument zur Erhebung beliebiger sozialer Daten entwickelt worden, sondern es soll Wissen über die elementaren Mechanismen von Verständigung und damit von Gesellschaftskonstitution erheben. Was über die Ergebnisse narrativer Interviews rekonstruiert werden soll, sind "die Orientierungsstrukturen des faktischen Handelns" (Schütze 1977: 1) und auf dieses Erkenntnisinteresse hin ist auch die Technik des narrativen Interviews zugeschnitten.

3.2. Interviewer: Anforderungen, Fähigkeiten und Fertigkeiten

3.2.1. Das Ablaufschema des narrativen Interviews als erzählgenerierende Gesprächsstrategie

Schon 1978 hatte Schütze ein Ablaufschema für das narrative Interview nicht nur zur Diskussion gestellt, sondern bereits erprobt[148]. In nachfolgenden Arbeiten wurden die Regeln für das narrative Interview aufgrund von Erfahrungen mit empirischen Untersuchungen, die sich dieses Instruments bedienten, präzisiert und allenfalls geringfügig modifiziert. Der Verlauf eines narrativen Interview folgt drei Phasen:

Die erste Phase ist die der Haupterzählung. Eine zentrale Anfangsthemenstellung, die der Forscher vorgibt, hat die Funktion, eine längere Anfangs- oder Haupterzählung hervorzulocken. Mit einer allgemein gehaltenen Frage nach dem Ablauf von Geschehnissen[149] die der Erzähler erlebt hat, bzw. in die er involviert war, soll eine Stegreiferzählung selbsterlebter Ereignisse ausgelöst werden. Die Betonung liegt dabei auf dem Stegreif-Charakter der Erzählung. D.h., es soll eine Darstellung selbsterlebter Ereignisse erfolgen, die nicht schon nach bestimmten Aspekten auf- und vorbereitet worden ist. Ebenso, wie von Seiten des Erzählers der Fluß der Erzählung nicht durch ein vorbereitetes Konzept gelenkt werden sollte, so sollte auch der Interviewer alles unterlassen, was der Erzählung eine Rich-

---

148 In einer Gemeindestudie zur Erforschung kommunaler Machtstrukturen hatte Schütze (1977) mit narrativen Interviews gearbeitet.
149 Allgemeinheit ist allerdings nicht mit Beliebigkeit zu verwechseln. Der Forscher sollte auf jeden Fall vorab entscheiden, "ob eine autobiographische oder aber eine interaktionsfeldverändernde bzw. kollektivhistorische Geschichte nebst entsprechender Prozeßentfaltung und/oder -störung von sozialwissenschaftlichem Interesse ist, denn die jeweiligen Rekonstruktionsperspektiven in der Darstellung des Informanten sind doch sehr unterschiedlich" (Schütze 1987, 251).

tung vorgeben könnte. Dies verlangt Offenheit in der Formulierung der Anfangsthemenstellung und absolute Zurückhaltung des Interviewers während dieser Phase des Interviews. Er muß sich strikt auf die Zuhörerrolle beschränken. Die Zuhörerrolle verlangt einerseits Aktivitäten, die den Erzähler zum Weitermachen veranlassen, denn

> Der Sprecher, der eigenerlebte Geschichten in alltagsweltlicher Direktkommunikation erzählt, kann nur dann die psychische Barriere überwinden, die völlig ungleichgewichtige Verteilung der Redebeiträge zu seinen Gunsten bzw. das notwendige Sprechmonopol des Erzählers herzustellen, und er vermag nur dann die Anstrengungen der Erzählrolle über eine längere Zeitdauer durchzuhalten, wenn er faktisch von folgenden Voraussetzungen ausgehen kann: (1) der Hörer habe ein grundsätzliches Interesse daran, mit dem Sprecher kommunikativ zu interagieren ... . (2) Der Hörer habe ein Interesse daran, vom Sprecher eine Geschichte anvisierter Themenstellung und anvisierten Inhalts erzählt zu bekommen. ... (3) Der Hörer sei mit der speziellen Art einverstanden, in der die Geschichte vom Sprecher erzählt wird. ... (4) Der Hörer sei mit den stillschweigenden Voraussetzungen hinsichtlich des zwischen Sprecher und Hörer aktualisierten Interaktions- bzw. Beziehungsaspektes einverstanden...
> Damit der Sprecher von derartigen notwendigen Voraussetzungen der Erzählkommunikation ausgehen kann, muß der Hörer fortlaufend an dafür vorgesehenen Stellen Interesse bekunden, Aufmerksamkeit dokumentieren, Bestätigung und Ermutigung vermitteln sowie um Verdeutlichung bitten. Das geschieht in erster Linie durch parasprachliche Phänomene (z.B. durch "hm, hm" und Lachen) sowie durch Gesten (wie z.B. Gesichtsausdruck, Kopfnicken u.ä.), da diese Phänomene synchron zum Ablauf der Erzählsprechakte anwendbar sind und letztere nicht stören. (Schütze 1976: 9f)

Andererseits sollten diese Aktivitäten aber auch nicht über unterstützende Signale wie Kopfnicken, "hm,hm" usw. hinausgehen, denn

> ... der zuhörende Interaktionspartner hat gerade nicht die Aufgabe, auf die Auswahl und die Gestaltung der Darstellungsgegenstände einzuwirken, nachdem das Ausgangsthema erst einmal gesetzt ist. Der Erzähler ist also darin autonom, seine eigene damalige Erlebnis- und seine eigene jetzige Gestaltungsperspektive authentisch zu entfalten. (Schütze 1987: 38)

Dieser erste Teil dauert, bis der Befragte das Ende seiner Erzählung explizit zu erkennen gibt mit einer Schlußbemerkung wie z.B. "So, das war's...".

Daran schließt sich die Phase der narrativen Nachfrage an. Der narrative Charakter der Nachfragen von Seiten des Interviewers verbietet es, nach Meinungen, Gründen etc. für zuvor erzählte Ereignisse zu fragen. Dieser zweite Teil des Interviews soll auch nicht die in der Erzählung vorgebrachten Ereignisse in irgendeiner vorgegebenen Weise abrunden oder Informationen präzisieren. Er dient ausschließlich dazu, neue narrative Sequenzen hervorzulocken. Wie schon die Formulierung der Anfangsthemenstellung sollen auch die Nachfragen die Funktion haben, "die narrative Kreativität des Informanten zu unterstützen und dessen *eigenen* Erzählfaden zu ergänzen und zu detaillieren..." (Schütze 1977: 34). Insbesondere verbieten sich alle Arten von indexikalen Fragen, die durch das Ansprechen von zeitlichen, räumlichen u.a. Rahmenbedingungen auch gleich wieder zum "Aufspannen einer starren Erzählfolie" (Schütze 1977: 11) veranlassen könnten, denn

> der Verlauf von Erzählungen wird in ad-hoc-Entscheidungen durch Orientierung am roten Faden einer zusammenhängenden Ereigniskette und nicht durch eine formale Erzählfolie mit relativ geschlossenem Zukunftshorizont aufgebaut. (Schütze 1977: 11).

Um den Erzählfaden, der sich hier aus dem Stegreif entwickelt, nicht abreißen zu lassen, plädieren Schütze und auch andere Vertreter des narrativen Interviews für den Gebrauch der Rückgriff-Technik bei der Frageformulierung: Der Interviewer solle mit seiner Frage thematische Aspekte des Erzählers aufgreifen und auch sprachlich mit einzelnen Formulierungen an Äußerungen des Erzählers anknüpfen.

Insbesondere im Zusammenhang mit Schützes biographisch orientierten Untersuchungen wird noch eine dritte Phase in das Ablaufschema des narrativen Interviews eingeführt: Den Phasen der Haupterzählung und der narrativen Nachfrage folgt die Bilanzierungsphase. Hier wird der Erzähler nach allen Erfahrungen mit narrativen Interviews ein abschließendes Resümee geben, die erzählten Ereignisse wertend und beurteilend zusammenfassen. Zu diesem Zeitpunkt, wenn der Narrationsfluß wohl endgültig erschöpft ist, kann der Erzähler durchaus auch vom Interviewer zu Beurteilungen und Bewertungen erzählter Ereignisse angeregt werden.[150]

---

[149] Was Schütze hier für Interaktionsfeldstudien fordert war zunächst nicht in dieser Strenge formuliert, wird doch die Erzählung eigenerlebter Geschichten "in besonders intensivem Maße das gemeinsame Interaktionsprodukt von Erzähler und Zuhörer ..." (Schütze 1976: 10). Denn: "Im Falle der mündlichen Erzählung eigenerlebter Geschichten im Rahmen von "face-to-face-Kontakten" ist der Hörer nicht (relativ) passiver Rezipient, sondern (relativ) aktiver Interaktionspartner, da er in seiner Rolle als Zuhörer Interessen zu bekunden, Fragen zu stellen, Bewertungen abzugeben hat, die für die Gestaltung des Erzählvorgangs unmittelbar relevant werden" (Schütze 1976: 9). - Und zu einem späteren Zeitpunkt, gerade in biographischen Untersuchungen, folgt der Phase der Haupterzählung die Bilanzierungsphase, "in der dem Interviewpartner auch Fragen gestellt werden können, die auf theoretische Erklärungen für das Geschehene abzielen und auf die Bilanz der Geschichte, mit der der "Sinn" des ganzen auf einen Nenner gebracht wird ..." (Hermanns 1991: 184). - Schütze selbst geht zu späteren Zeitpunkten nicht mehr explizit darauf ein. Seine Hinwendung von Interaktionsfeld- zu Biographiestudien (1984) ist mit einer verstärkten Orientierung auf die Interpretation von Material, als mit Fragen der Erhebungstechnik verbunden. - Für die Zusammenhänge, um die es hier geht, ist dies allerdings auch relativ wenig bedeutsam.

3.2.2. Der Interviewer als Zuhörer - Vom Zuhörer zum Interviewer

Im narrativen Interview wird der Interviewer als Zuhörer beschrieben. Dies ist naheliegend und plausibel, da das Zustandekommen von Erzählungen ein kommunikativer Vorgang ist, der über das Rollenspiel zwischen Erzähler und Zuhörer interaktionslogisch erklärt werden kann:

- Der Erzählvorgang als solcher ist eine Interaktion des Informationsaustausches und der Entfaltung der gemeinsamen Wissens-Teilhabe an Ereignissen von Welt. Dem Erzähler stehen im Erzählvorgang seine eigenen vergangenen Erfahrungen vor Augen; er erlebt sie in der Erinnerung noch einmal und sieht zugleich ihre Gesamtgestalt vor sich. Für die Darstellung der erlebten Ereignisse läßt er sich einerseits von der Aufeinanderfolge der diesbezüglichen Erfahrungen treiben, und andererseits orientiert er sich an der Gesamtgestalt der erlebten Ereignisse, der Geschichte.

- Zugleich muß der Erzähler auch immer wieder das Informationsbedürfnis des Zuhörers beachten. Dies tut er bereits am Anfang der Erzählung, indem er die Erzählthematik und ihren Umfang umreißt und abwartet, ob der Zuhörer dieser Erzählankündigung zustimmt (es sei denn der Zuhörer selbst habe um die Erzählung gebeten), und er tut das immer wieder im Fortgang der Erzählung, indem er auf die Aufmerksamkeit und das Mitgehen des Zuhörers, seine Rezeptionssignale wie "hm", wartet und indem er an Stellen, an denen es ihm notwendig zu sein scheint, Beschreibungen, Begründungen und Hintergrundserzählungen einschiebt, um das Verstehen des Zuhörers sicherzustellen.

- Der Zuhörer seinerseits tut schon vor Beginn der eigentlichen Erzählung sein Interesse an der zu erzählenden Geschichte kund, indem er um ihre Erzählung bittet oder aber indem er nach der Ankündigung des künftigen Erzählers, eine Geschichte erzählen zu wollen, den Erzählwunsch ratifiziert und Zuhörspannung signalisiert. Im Fortgang der Erzählung dokumentiert er seine Aufmerksamkeit durch Hinwendung, Blickkontakt und Rezeptionssignale an allen natürlichen Einschnitten der Erzählung, insbesondere am Ende von Erzähleinheiten. Wenn er etwas nicht versteht, äußert er Nachfragen, und an den Stellen, die ihn besonders bewegen, weil sie lustig oder traurig sind oder weil sie seiner eigenen Erfahrungswelt entsprechen oder im Gegenteil ganz überraschend sind, bringt er die entsprechenden Empfindungen durch parasprachliche Signale wie Lachen, Seufzen oder Kommentare wie "das ist ja klasse!", "das habe ich ja noch nie gehört!", "oh, das tut mir aber leid!" zum Ausdruck. Und nachdem der Erzähler seine Erzählung beendet hat, aber auch nach größeren Erzählabschnitten, bringt der Zuhörer seine Genugtuung zum Ausdruck, daß er diese Erzählung bzw. diesen Teil der Erzählung anhören durfte, oder auch seine Trauer über das oder sein Mitgefühl mit dem, was in der Erzählung zum Ausdruck kam.

- Danach kommt es dann häufig zu einer Anschlußerzählung des Zuhörers, auf jeden Fall aber zu einer mehr oder weniger analytischen gemeinsamen Verarbeitung der Interaktionspartner im Gespräch darüber, was die Erzählung zum Ausdruck gebracht habe und welche Lehren man aus ihr ziehen könne - dies insbesondere für den

Handlungs- oder Beziehungskontext, der ursprünglich fraglich geworden war und der so die Erzählkommunikation provoziert hatte. Gerade diese kommunikativen Aktivitäten im Anschluß an die Erzählung unterstreichen die gemeinsame kognitive und emotionale Teilhabe an dem Weltausschnitt, auf den sich der Erzähler in seiner Darstellungsaufmerksamkeit und der Zuhörer in seiner Zuhöraufmerksamkeit beziehen und der durch die Erzählkommunikation mehr zu einem gemeinsamen geworden ist als zuvor. Und mit dem Anwachsen des gemeinsamen Zugangs zur Welt ist natürlich in der Regel auch die soziale Solidaritätsbasis zwischen Erzähler und Zuhörer angewachsen, das Geflecht ihrer Sozialbeziehung dichter geworden. (Schütze 1987: 92f)

Über die interaktionslogische Explikation des Erzählvorgangs gerät allerdings die Analyse der "Kommunikationsarbeit" des Interviewer-Zuhörers ins Hintertreffen[151]. Die Analyse der interaktiven Hervorbringung von Erzählungen bezieht sich auf Vorgänge des Erzählens im Alltag, und an deren Logik knüpft die Methode des narrativen Interviews an. Das Wissen über die Bedeutung des Zuhörers in alltäglichen Kommunikationssituationen macht das narrative Interview sich zu Nutze, aber das bedeutet keinesfalls, daß der Interviewer als Zuhörer sich unmittelbar an der Person des alltäglichen Zuhörers orientieren könnte. Ebenso kurzschlüssig wäre auch die Annahme, daß jeder gute Zuhörer auch ein gutes narratives Interview führen könnte. Daß hier eine Differenz bestehen muß, drückt sich in den Arbeiten von Schütze, aber auch in denen anderer Autoren immer wieder aus, indem das narrative Interview als eine Forschungsmethode vorgestellt wird, die der Erfahrung und Einübung bedarf.

Schütze verzichtet nicht nur auf eine Analyse der "Kommunikationsarbeit" des Interviewer-Zuhörers, sondern er unterläßt auch, was einer solchen Analyse vorauszugehen hätte: Die Klärung der Differenz zwischen alltäglichem Zuhörer und Interviewer-Zuhörer. In ähnlicher Weise, in der oben[152] alltägliches Erzählen als interaktiver Vorgang analytisch nachgezeichnet wird, könnte dies auch für methodisch induziertes Erzählen, d.h. für das narrative Interview geschehen. Auch ohne das an dieser Stelle aufeinander bezogene Wechselspiel zwischen Erzähler und Zuhörer genauer zu untersuchen zeichnet sich folgendes ab: Im Prozeß des Erzählens wenden Erzähler und Zuhörer ihre Aufmerksamkeit vorübergehend von der aktuellen Interaktionssituation ab. Der Erzähler versucht durch seinen Redebeitrag zu erreichen, daß die Aufmerksamkeit des Zuhörers aus dem "Hier und Jetzt" abgezogen wird, damit der Zuhörer teilhaben kann an der "Erfahrungsunmittelbarkeit"

---

150 Symptomatisch für diese Gewichtung ist *Das narrative Interview in Interaktionsfeldstudien I* von Schütze (1987). Dieser erste Teil behandelt "Merkmale von Alltagserzählungen und was wir mit ihrer Hilfe erkennen können", muß aber - wohlwissend über die Bedeutsamkeit von Erhebung und Tätigkeit des Interviewers das Thema "Kommunikationsarbeit des Zuhörers" (ebd. 39) auf einen der Folgebände vertagen.

152 Vgl. dazu nochmals das vorausgegangene umfangreiche Zitat.

einer von ihm, dem Erzähler durchlebten oder erlittenen Situation. Und genau in diesem Zusammenhang müßte im narrativen Interview der Zuhörer zum Interviewer werden. Anders als in Situationen alltäglichen Erzählens darf nämlich im narrativen Interview die

> Ausrichtung der Aufmerksamkeit der Interaktionspartner auf das frühere Erleben des Akteurs und die Abwendung vom aktuellen Interaktionsgeschehen (Schütze 1987: 86)

nicht vorbehaltlos vollzogen werden. Der Zuhörer als Interviewer darf sich gerade nicht auf einen Zustand der "Erfahrungsunmittelbarkeit" einlassen, während dessen er das aktuelle Interaktionsgeschehen aus den Augen verliert. Ob diese innere Distanz des Interviewers zur Situation hergestellt werden kann, darf keinesfalls den individuellen Bemühungen und Fähigkeiten einer bestimmten Interviewer-Person überlassen bleiben. Eine noch genauer zu klärende professionelle "Haltung" des Interviewers müßte ihm sowohl dazu verhelfen, sich nicht in der "Unmittelbarkeit" der Situation zu verlieren als auch diese Distanz zu strukturieren.[153]

3.2.3. Das narrative Interview als Kommunikationsarbeit

In Abgrenzung zur Rolle des alltäglichen Zuhörers beinhaltet die Rolle des Interviewers im narrativen Interview, daß dieser den Verlauf der Interaktion fortwährend beobachtet, um gegebenenfalls steuernd eingreifen zu können. Seine Aktivitäten müssen darauf gerichtet sein, eine Erzählung zu generieren und ihre Weiterführung soweit zu gewährleisten, bis die Erzählung ausgeschöpft ist. Die in dieser Aufgabenstellung enthaltenen Anforderungen bleiben in der Literatur zum narrativen Interview eher implizit. Ausführungen zum narrativen Interview verfolgen in der Regel erzähltheoretische Überlegungen und nicht solche, die die Kommunikationsarbeit des Interviewers betreffen. Anders ausgedrückt, konzentrieren sich die Ausführungen zur Technik des narrativen Interviews darauf, wie der Befragte zum Erzählen mit "Orientierung am roten Faden einer zusammenhängenden Ereigniskette" veranlaßt werden kann. Sofern das Kommunikationshandeln des Interviewers thematisiert wird, geschieht auch dies eher unter einer erzähltheoretischen Perspektive und nicht unter dem Gesichtspunkt von Handlungs-

---

[153] Bei dem Verhältnis von Unmittelbarkeit und Distanz handelt es sich um ein kommunikationstheoretisch weitaus ungeklärtes Problem. Die für Interviewer nötige Distanz entspricht dem, was Goffman (1967: 131f) als Interaktions-Befangenheit (interaction-consciousness) beschreibt. Und gerade diese ist eine von möglichen Kommunikationshemmnissen, nämlich als Entfremdung von einer aktuellen Situation.

anforderungen[154]: Ausführungen zum Interviewerverhalten diskutieren nicht, welche speziellen Fähigkeiten und Fertigkeiten er haben sollte, sondern sie beschäftigen sich damit, durch welche Verhaltensweisen er den Erzählfluß gefährden könnte.[155]

An einer der wenigen Stellen, an der die Anforderungen an Interviewer explizit thematisiert werden, bleiben die Ausführungen sehr allgemein:

Der Interviewer muß:
- die Forschungsziele und die Hintergründe der Methode kennen;
- er muß fähig sein, sich auch auf Angehörige einer anderen Subkultur einzulassen und das Vertrauen seiner Gesprächspartner gewinnen;
- er muß mit den durch die Erzählung bei ihm selbst ausgelösten Gefühlen umgehen können: Sie nicht als bloße Folge der Äußerungen des Gegenübers wahrnehmen, sondern die in ihm ausgelösten Gefühle (z.B. Angst) zunächst einmal als seine eigenen wahrnehmen und sie kontrollieren (vgl. DEVEREUX 1976) (Hermanns 1981: 125)

Daß hier eine Mischung aus professionellen, sozialen und psychischen Fähigkeiten angesprochen ist, wurde bereits oben kurz thematisiert. Wie diese Fähigkeiten jeweils zu konkretisieren sind, bleibt zunächst interpretationsbedürftig. Mit sozialen Kompetenzen dürfte die Fähigkeit gemeint sein, den eigenen Standpunkt relativieren zu können. Dies ist eine der Basisqualifikationen für Sozialwissenschaftler. Schließlich wird erst dadurch die für soziologische Forschung notwendige Offenheit und auch Neugier gegenüber Andersartigem und Fremdem möglich. Die psychischen Kompetenzen, die hier angedeutet werden, erinnern - gerade auch durch den Verweis auf Devereux - an das Verhältnis von Übertragung und Gegenübertragung in der Psychotherapie. Hier bleibt zu klären, in welchen Dimensionen

---

154 Charakteristisch ist dafür ist auch die Diskussion um die Rolle des Interviewers als "Gegenstandslaie" und "Verfahrensexperte": Das Verfahren, für welches der Interviewer als Experte ausgewiesen sein sollte ist nicht etwa eines der Gesprächsführung, sondern das der "Hervorbringung von Theorie" (Hermanns 1981: 15).

155 Daß das Interviewerverhalten in dieser Weise thematisiert wird, belegen verschiedene Ausführungen zu Interviewerfehlern. Hermanns (1991) nennt als die gravierendsten Fehler, die im Verlauf eines narrativen Interviews auftreten können: a) Die Aufforderung zur Erzählung ist vorschnell, verkürzt und überstürzt, da der Interviewer unsicher oder gehemmt ist. Es werden Fragen nach Motiven, Zuständen, Routinen, statt nach der Geschichte von Ereignissen gestellt, was zu einem klassischen "Stimulussalat" führt. Der Befragte bleibt über die an ihn gerichteten Erwartungen im Unklaren, die Erzählung wird im Folgenden nicht zur dominanten Darstellungsform. b) Während der Haupterzählungen kommt es oft unzulässigerweise zu thematischen oder evaluativen Unterbrechungen oder informativen Nachfragen.
- Ähnlich die Liste der "Anfängerfehler" im offenen Interview, die Hopf (1991) zusammenstellt: suggestive Fragen, bewertende und kommentierende Anmerkungen; Schwierigkeiten und fehlende Geduld beim Zuhören und beim Aufgreifen von Anhaltspunkten für Nachfragen; Unfreiheit im Umgang mit Leitfaden.

sich dieses Verhältnis in einem sozialwissenschaftlichen Interview aktualisiert. Die professionellen Kompetenzen, die hier genannt werden, unterscheiden sich in dieser allgemeinen Formulierung nicht von den Qualifikationen, die Sozialwissenschaftler während ihrer Ausbildung vermittelt bekommen, nämlich Fachwissen und Methodenkenntnisse.

So allgemein und vage, wie die Intervieweranforderungen hier formuliert sind, läßt sich aus ihnen kein eindeutiges Anforderungsprofil an Interviewer herauslesen. Wie auch anderenorts in der Literatur zum narrativen Interview gibt es somit auch hier keine verbindlichen und vor allem keine in Ausbildungsmaßnahmen für Interviewer umsetzbare Kriterien. Implizit bietet dazu aber gerade der Text von Hermanns (1981) sehr viele Anhaltspunkte. Auf seiner Grundlage soll ein Anforderungsprofil für Interviewer entwickelt werden, indem der Text unter einer anderen Perspektive gelesen wird: Während oben die Darstellung des narrativen Interviews - der expliziten Absicht des Textes folgend - auf das Erhebungsziel bezogen war, wird sie jetzt auf konkrete Anforderungen an den Interviewer hin strukturiert. Zu diesem Zweck werden nochmals 1. einzelne Phasen des narrativen Interviews nachgezeichnet, 2. Aufgaben, die in den einzelnen Phasen anfallen, bzw. Probleme, die in ihnen auftreten können und gelöst werden müssen, benannt, um schließlich 3. zu extrapolieren, welche Aufgaben sich daraus für Interviewer ergeben:

- Ingangsetzen der Erzählung (Hermanns 1981: 109ff): Nach einer allgemein gehaltenen Begrüßungsformel hat der Interviewer die Aufgabe, den Erzählhintergrund aufzuspannen und seine Erwartungen an den Interviewten zu erläutern. Während die Begrüßungsformel und das Aufspannen des Erzählhintergrundes, durch Erläuterung des Titels des Projektes, eher der motivationalen Strukturierung der Situation dient, wird mit der Formulierung der Erwartungen des Interviewers an den Befragten die Situation in sozialer und kognitiver Hinsicht definiert. Es werden Rollen zugewiesen, nämlich die des Erzählers und die des Zuhörers, es findet aber auch vorab eine Klärung über den gemeinsam zu praktizierenden Kommunikationstypus statt. Mit der Aufforderung zu erzählen werden nämlich

> drei Handlungsaufforderungen an den Interviewpartner gerichtet: Erstens, seinen Lebenslauf zu *erzählen*, und dabei ... in der Erzählung die *Chronologie* der Ereignisse zu berücksichtigen, und drittens, die *persönlichen* Erlebnisse darzustellen. (Hermanns 1981: 113)

Die expliziten Handlungsanweisungen für den Interviewer vor Beginn der eigentlichen Erzählung besagen, daß er Typisierungen vermeiden muß, daß er alles vermeiden muß, was nicht dem Ingangbringen der Erzählung dient, und daß er auf Fragen nur knappe Antworten geben darf, die ebenfalls weder typisierend noch erzählhemmend sind.

- Phase der Haupterzählung, der Stegreiferzählung einer eigenerlebten Geschichte: Die hauptsächliche Aktivität des Interviewers besteht hierbei im fortwährenden, aufmerksamen und freischwebenden Zuhören. Seiner Aufmerksamkeit soll auf die Dimensionen: Identität des Erzählers, Fortgang der Geschichte und von ihm geteilte und ungeteilte Annahmen des Erzählers gerichtet sein. Was er sich einprägen muß, ist die Chronologie der erzählten Ereignisse, sind Eigennamen, zeitliche, faktische und logische Unverträglichkeiten, Nebengleise, Diskrepanzen zwischen Darstellungsform und Inhalt und Gleichförmigkeiten des Erzählens gleichermaßen. In dieser Phase der Haupterzählung gibt es nur eine Situation, in welcher der Interviewer von der strikten Zuhörerrolle abweichen darf: Wenn der Informant von der Erzählform abkehrt, muß er ihn mit Ausgleichshandlungen zur Erzählform zurückbringen.

- Phase der narrativen Nachfrage oder Rückgriffphase: Auch hierbei dominiert als Aktivität des Interviewers seine Zurückhaltung. Er darf kein neues Thema benennen, keine Fragen nach Begründungen, Argumentationen, nach widersprüchlichen, abgebrochenen, sprunghaften oder sonstwie auffälligen Passagen stellen und sollte jede Äußerung von Zweifeln am Erzählten zurückhalten. Rückgreifend, d.h. streng angelehnt an Formulierungen des Erzählers, sollte der Interviewer erzählte Episoden zusammenfassen, um den Erzählvorgang erneut zu initiieren, damit Präzisierungen und/oder Detaillierungen des Vorausgegangenen stattfinden.

- Bilanzierungsphase: Hier schließlich nähert der Interviewer sich am stärksten der Rolle des interessierten Zuhörers in alltäglichen Erzählsituationen an. All das, was er bislang aussparen mußte, um den selbstläufigen Gang der Erzählung nicht zu stören, kann er nun nachholen: Nachfragen nach Begründungen und Inkonsistenzen und nachträgliche Klärungen über indexikale Fragen.

Die Mischung aus professionellen, sozialen und psychischen Fähigkeiten, die Hermanns[156] von Interviewern verlangt, kann auch hiernach nicht in allen Aspekten präzisiert werden. Wie z.B. die sozialen Kompetenzen, die das narrative Interview dem Interviewer abverlangt konkretisiert werden könnten, geht auch aus diesen Erläuterungen nicht hervor. Hier wird nur deutlich, daß im narrativen Interview ebenso wie in anderen offenen Verfahren der qualitativen Sozialforschung, die Fähigkeit, den eigenen Standpunkt zu relativieren, eine Basisqualifikation sein muß. Offenheit und ethnographische Neugierde, häufig persönliche Eigenschaften, die für die Wahl eines sozialwissenschaftlichen Studienfaches ausschlaggebend sind, haben gerade in der qualitativen Sozialforschung die Chance, auch professionell abgesichert zu werden. Mit der Einbindung dieser Basisqualifikation in eine

---

156 vgl. das Zitat oben, Seite 117.

Orientierung wie z.B. die gegenstandsnahe Theoriebildung können sie dauerhaft und methodisch als professioneller Habitus abgesichert werden.

Die Dimension der psychischen Kompetenzen stellt sich nach der vorausgegangenen Analyse des Ablaufschemas etwas deutlicher und auch etwas anders akzentuiert dar, als der Bezug auf Devereux dies nahelegt: Es geht im narrativen Interview sicher auch um das Verhältnis von Übertragung und Gegenübertragung, aber die spielt sich in einem sozialwissenschaftlichen Interview weniger in affektiven als in kognitiven Dimensionen ab. Es geht hier folglich in erster Linie um die Wirkung von Äußerungen des Interviewers auf Redebeiträge des Befragten, erst sekundär um Gefühle, die sich zwischen den beiden auf- oder abbauen. Um dieses Verhältnis von Übertragung und Gegenübertragung in einem sozialwissenschaftlichen Interview kontrollieren zu können, muß der Interviewer durchaus in der Lage sein, sich sein eigenes Verhalten zu vergegenwärtigen und zu kontrollieren. Er muß also Fähigkeiten entwickeln, die herkömmlicherweise in einem therapeutischen Rahmen oder in der Supervision ausgebildet werden. Er muß aber vor allem in der Lage sein, den Kommunikationsprozeß durch den kontrollierten und gezielten Einsatz sprachlicher Äußerungen zu steuern. Wie schon der Komplex der sozialen Kompetenzen, verknüpft sich hier auch der Komplex der psychischen Kompetenzen mit professionellen Fähigkeiten und Fertigkeiten.

Daß die professionellen Kompetenzen, wie bereits erwähnt, das übliche an Fachwissen und Methodenkenntnissen beinhalten, die ein soziologisches Studium und Projekterfahrung vermitteln, versteht sich von selbst. Was sich hier als zusätzliche Qualifikation andeutet, ist eine besondere Fähigkeit zur Kommunikationssteuerung. Diese beinhaltet erstens, Wissen über Redeformen (Erzählen, Argumentieren, Begründen), kognitive Figuren der Rede, die sequentielle Organisation von Sprechhandlungen etc., kurz: sozio-linguistische und kommunikationswissenschaftliche Kenntnisse. Zweitens muß der Interviewer aber auch und vor allem in der Lage sein, mit Hilfe dieses Wissens, Situationen zu steuern. Ein erster Schritt dahin würde bedeuten, daß bestimmte Elemente der sozio-linguistischen und kommunikationswissenschaftlichen Kenntnisse so intensiv angeeignet werden, daß sie als Selek-tionsmuster zur Wahrnehmung des Kommunikationsprozesses im narrativen Interview wirken. Analog zum routinisierten Umgang mit Subsumtionstechniken in der Jurisprudenz, mit Zuordnungstechniken in allen Berufen mit Klientenbezug, müßten auch hier Zuordnungsroutinen eingeübt werden, durch die das unendlich aspekt- und facettenreiche kommunikative Geschehen im Interview einer fortlaufenden strukturierten Beobachtung zugänglich wird[157]. Die wenigen

---

157 Im Grunde genommen bietet die Literatur zum narrativen Interview immer schon - wenn auch in zufälliger Weise - Anhaltspunkte für ein solches Vorgehen: "Es ist wichtig, zwischen folgenden Kommunikationsinterventionen des Zuhörers sorgfältig zu unterscheiden: (a) einerseits inhaltlichen Reaktionen des Zuhörers, die *innerhalb* der thematischen Bereiche

Vorschläge zur Ausbildung von Interviewern für qualitative Befragungen[158] lassen sich dahingehend mindestens um einen Vorschlag erweitern, daß nämlich die Analyse aufgezeichneter Interviews nicht nur auf Interviewerfehler, sondern auch zur Vergegenwärtigung von zentralen Formen und Elementen der Kommunikation analysiert werden sollten.

3.3. Kommunikative Strategien zur Steuerung von Schemata der Sachverhaltsdarstellung als professionelle Ressourcen im narrativen Interview

Bereits oben, im Zusammenhang mit dem traditionellen Interview in der empirischen Sozialforschung, wurde der Interviewer als Experte für Kommunikationssteuerung vorgestellt. Die professionellen Ressourcen, derer er sich dort bedient, sind Fragen, bzw. Statements als Aufforderungen zur Rede. Während mit der "Lehre von der Frage" und der "Dramaturgie des Fragebogens" Wissensbestände vermittelt werden, die den Verlauf von Befragungen in einer eher allgemeinen Weise lenken können, wird im Zusammenhang mit dem narrativen Interview die

---

der vom Erzähler hervorgebrachten Redegegenstände liegen; und (b) andererseits der Einbringung von Redegegenständen, die der Zuhörer, selbst wenn er sie an den bisherigen Erzählduktus anknüpfen läßt, eigenmächtig von sich aus und *thematisch diskontinuierlich* zur bisherigen Erzähldarstellung in den Kommunikationsablauf einbringt. Die letzteren Interventionen können in datenermittelnden bzw. aufklärenden Erzählinstitutionen wie der des narrativen Interviews verheerende Auswirkungen haben. Denn der Informant fühlt sich dann in der Regel bemüßigt, an die aus seiner Sicht im Vergleich zur eigenen Thematisierungslinie sehr viel wichtigeren fremdthematisierenden Fragen und Bemerkungen des Befragenden, der mit den Insignien rationaler Nachforschung und eines wichtigen öffentlichen Amtes ausgestattet ist, anzuknüpfen und damit von der eigenen inneren Form der Darstellung abzugehen. ... In intakten alltäglichen Kommunikationssituationen des Stegreiferzählens werden der Tendenz nach eklatante Fremdthematisierungen vermieden, weil sie die Reziprozitätsgrundlagen der Erzählkommunikation gefährden würden, die bei der einleitenden Aushandlung der Erzählthematik und Verteilung der Kommunikationsrollen mehr oder weniger implizit kontraktuell festgelegt worden sind. ... In institutionellen Kommunikationsabläufen, die professionell auf das informanten- bzw. klientenseitige Erzählen persönlicher Erlebnisse abzielen und auf dessen Erkundungsgrundlage weitere Arbeitsschritte aufbauen - wie Interviews oder Beratungen - , sind Fremdthematisierungen mit all ihren negativen Auswirkungen statt dessen sehr häufig anzutreffen, weil der zuhörende "Verfahrensverwalter" der Gesprächsprozedur (der Interviewer, Berater usw.) ja in der Regel interaktionsdominant ist und zudem beim Zuhören seine eigene professionelle Erkundungslinie verfolgt,... ." (Schütze 1987: 38f, Fn. 1)

158 Hopf 1991 und Hermanns 1991. An anderer Stelle finden sich weniger Hinweise zur Ausbildung von Interviewern für qualitative Interviews, sondern - in der Regel sehr knapp gehaltene - Bemerkungen zu den Anforderungen an Interviewer im qualitativen Interview: Baacke 1990; Windolf 1990.

Aufmerksamkeit auf Ressourcen gelenkt, die eine Tiefenschicht von Kommunikation berühren: Es ist das Wissen über die innere Logik von Kommunikationstypen und Wissen über das Verhältnis von Selbstläufigkeit und kommunikativer Hervorbringung dieser Logik.

Einleitend hierzu sei nochmals auf die Besonderheit des narrativen Interviews als eines Verfahrens verwiesen, die von seiner Entstehungsgeschichte herrührt und es wird nach der Verallgemeinerbarkeit der Technik des narrativen Interviews - bezogen auf die Anforderungen verschiedener Kontexte empirischer Sozialforschung - gefragt. Nach der Klärung von Besonderheit und Übertragbarkeit werden die kognitiven Komponenten vorgestellt, auf deren Wirksamkeit im Zusammenhang mit dem narrativen Interview hingewiesen worden ist.

3.3.1. Das narrative Interview als spezifische Befragungsform: Erzähl- und biographietheoretische Annahmen

Die Intervieweranweisungen für das narrative Interview laufen auf Maßnahmen hinaus, mit Hilfe derer das Interview als "natürliche Situation" gestaltet werden soll. Dabei geht es nicht darum, das Interview seines kommunikativen Charakters zu entheben, oder gegen "Verzerrungen" im Interview anzugehen, indem der Interviewer als "Störquelle" für die Ausführungen des Befragten weitgehend eliminiert wird. Allerdings ist die Technik des narrativen Interviews ein Versuch, diesen Einfluß systematisch zu kontrollieren.[159] Es ist aber auch der Versuch, einen bestimmten Kommunikationstypus, nämlich den des Erzählens, zu kontrollieren. Dies mag in der Tat dazu führen, daß das narrative Interview bisweilen als ein laissez-faire-Verfahren mißverstanden wird, als eine Kommunikationsform, in welcher der Interviewer sich passiv zurückhält und die Gestaltung der Situation weitgehend dem Befragten überläßt. Ganz im Gegenteil handelt es sich dabei aber um ein Verfahren, das dem Interviewer äußerst strategisches Verhalten abverlangt. Er ist aufgefordert, konsequent alles zu tun, was den Erzählfluß fördert und alles zu unterlassen, was ihn hemmen könnte. Seine Aufgabe im Interview ist es also, nicht wie in üblichen Interviews, bestimmte Daten - im weitesten Sinne - zu erheben, sondern eine Erzählung zu generieren und ihre Weiterführung soweit zu gewährleisten, bis die Erzählung ausgeschöpft ist.

Die technischen Anweisungen, die Interviewer für das narrative Interview mit auf den Weg bekommen, basieren auf erzähltheoretischen Annahmen, d.h. auf An-

---

159 "Im Gegenteil ist dieser Einfluß sogar wünschenswert. .... soll allerdings ausschließlich ... den Informanten ... motivieren ..., seinen thematisch relevanten Erfahrungsschatz möglichst vollständig zu explizieren. Hierzu setzt der Interviewer Kommunikationsschemata ein, die der Rekonstruktion der Sachverhaltsstrukturen von Welt durch den Informanten dienen...". (Schütze 1977: 35)

nahmen über den formalen Ablauf von Prozessen des Erzählens und auf Annahmen über Mechanismen, die im Erzählen wirksam werden. Die zentrale These der Erzähltheorie, auf die im narrativen Interview Bezug genommen wird besagt: Einmal in Gang gesetzt, folgt die erzählende Darstellungsform einem Muster, das von spezifischen "Zugzwängen" gesteuert wird.[160] Als selbstläufiger Prozeß läuft sie auf ihr eigenes Ende hinaus. Angesichts dieser These ist es plausibel, daß eine gelungene Erzählaufforderung zu Beginn eines narrativen Interviews, die aufmerksame Zurückhaltung des Interviewers und wenige gezielte Interventionen im 2. und 3. Teil, sowohl notwendig als auch ausreichend sind.[161] Alles darüber hinausgehende könnte den Erzählfluß unterbrechen, blockieren, von seiner inneren Orientierung ablenken, etc.

Im narrativen Interview geht es also explizit um die Darstellungsform des Erzählens und nicht etwa um die des Beschreibens oder Argumentierens. Die "Stegreiferzählung selbsterlebter Ereignisse " verspricht allem Anschein nach in besonderem Maße Einblick in elementare Mechanismen der Verständigung, und das narrative Interview bietet genügend Spielraum zur Entfaltung von Verständigungsmustern, die für die Kommunikationsform des Erzählens eigentümlich sind. Das Interesse am Kommunikationstypus der Erzählens bezieht sich auf erzähltheoretische und damit auch auf kommunikationstheoretisch begründete Vorzüge der Darstellungsform des Erzählens. Im Erzählen wiederum kommen bestimmte Muster der Kommunikation, die ihrerseits Aufschluß über universale Strukturen von Interaktion und Kommunikation sind, zum Tragen. Und das narrative Interview ist der Rahmen, innerhalb dessen der Kommunikationstypus des Erzählens hergestellt werden kann.

Neben diesen formalen Argumenten für die Darstellungsform des Erzählens und das narratives Interview entwickelt Schütze - insbesondere in seinen späteren Arbeiten - auch inhaltliche Argumente. Über die Entfaltung von "Zugzwängen" des Erzählens hinaus, werden in der Erzählung des narrativen Interviews aber auch selbsterlebte Ereignisse rekapituliert. Und an der Art und Weise wie dieser Prozeß organisiert wird, knüpft das inhaltliche Plädoyer mit Argumenten aus der Biographieforschung für diese Methode an: Eine umfängliche auf narrativen Interviews basierende Forschung belegt, daß die Rekapitulation selbsterlebter Ereignisse in der gleichen Weise kognitiv aufbereitet wird, wie seinerzeit die Erfahrungen im unmittelbaren Erleben. Diese "Homologie von Erzählen und Erleben" macht das narrative Interview auch zu einem Instrument, das auch von Seiten der Inhalte, die in seinem Verlauf thematisiert werden, Aufschlüsse über symbolische Interaktion

---

160 Dazu ausführlich Mitte, Seite 131.
161 Als selbstläufiger Prozeß läuft es auf sein eigenes Ende hinaus. Wie weit die Darstellungsform des Erzählens eingehalten wird, kann objektiviert werden. Der Narrativitätsgrad einer Darstellung steigt in dem Maße, in dem auf indexikale Äußerungen verzichtet wird.

und damit über die Thematik zuläßt, die konstitutiv für eine Gesellschaftstheorie ist. Das narrative Interview, angesetzt auf die Erzählung eigenerlebter Geschichten, scheint mithin der Zugang zur Empirie zu sein, der am ehesten die Einlösung der im Forschungsprogramm "Grundlagentheoretische Voraussetzungen methodisch kontrollierten Fremdverstehens" formulierten Absichten einzulösen verspricht.[162]

Damit ist das narrative Interview aber noch lange keine Interviewform, die sich beliebig auf andere Forschungsabsichten übertragen läßt. Es bleibt weiterhin zu klären, in welchem Umfang Verfahren und Erkenntnisse des narrativen Interviews auch für andere Arten offener Interviews übernommen werden können.

3.3.2. Anwendungsformen des narrativen Interviews und andere Formen offener Interviews

Das narrative Interview, insbesondere das in seiner frühen Form, ist nicht für jede beliebige Art empirischer Untersuchungen entwickelt worden, und dies setzt seiner Übertragbarkeit Grenzen. Was oben aus dem Zusammenhang zwischen Forschungsinteresse, Zielsetzung narrativer Interviews und ihren technischen Verfahrensaspekten deutlich geworden sein sollte, legen auch die Ausführungen von Schütze nahe. Die von ihm hauptsächlich analysierten und durchgeführten Interviews haben als dominantes Sachverhaltsschema das des Erzählens, während solche des Argumentierens und Beschreibens durchaus eingelagert sein können, aber sekundär sind.[163]

Als er seine "technischen" Anweisungen zum narrativen Interview publiziert hat, war Schütze selbst mit der Durchführung von Interaktionsfeldstudien beschäftigt, und nur darauf bezogen sich seine Ausführungen. Beispielhaft führt er dazu seine eigene Studie, die den Handlungsbereich Kommunalpolitik in einer Gemein-

---

162 Für die Einlösung der Ansprüche einer interaktionslogisch fundierten kommunikationstheoretischen Gesellschaftstheorie scheint das narrative Interview eine notwendige Arbeitsform zu sein. Darüber hinaus eröffnet es aber auch eine Reihe vielversprechender Perspektiven für bescheidenere Fragestellungen der Sozialwissenschaften und der Linguistik. Vgl. dazu Schütze 1976: 26-38.
163 In seinen frühen Arbeiten hat Schütze die Einlagerungen von beschreibenden oder argumentierenden Passagen eher als Indikator für "Störungen" des Erzählflusses betrachtet. Ihr Auftreten kann daraus resultieren, argumentierte er damals, daß der Erzähler sich in Widersprüche verwickelt, oder in seiner Darstellung unaufrichtig ist, es kann aber auch Ausdruck für ungeschickte Interventionen des Interviewers sein.- In jüngeren Arbeiten betrachtet Schütze die Einlagerung anderer Schemata in Erzählungen eher als den Normalfall, thematisiert "Regelmäßige Stellen des Auftretens von evaluativen und theoretischen Aktivitäten im Erzählablauf" (1987: 153) als eigenständiges Unterkapitel. Er beurteilt diese allerdings nicht mehr als "Störungen" des Erzählflusses, sondern betrachtet evaluierende und theoretisierende Passagen vielmehr als Indikator dafür, daß Erlebnisse bereits erzählend aufbereitet und verarbeitet worden sind. (ebd.)

de untersucht hat, an.[164] Als alternative Anwendungsformen narrativer Interviews verweist er auf die Analyse von Statuspassagen und auf die Analyse von biographischen Strukturen. Zu beiden Themenbereichen sind narrative Interviewverfahren häufig erprobt worden und gerade die Biographieforschung hat Schütze sich in dem letzten Jahrzehnt selbst zum Thema gemacht.[165] Die Unterschiede dieser Forschungsschwerpunkte liegen in den verschiedenartigen Bezugspunkten, die zu einem Kreuzvergleich der Fälle herangezogen werden können. Während es in Interaktionsfeldstudien eine gemeinsame Handlungssituation - wie z.B. die Kommunalpolitik in einer Gemeinde - gibt, gibt es bei der Analyse von Statuspassagen mehr oder weniger regelmäßige Karrieremuster und bei der Analyse von biographischen Strukturen "Normalbiographien". Vom dominanten Schema der Sachverhaltsdarstellung her, gehören alle drei dem Typus des Erzählens an.

> Als weitere Anwendungsform nennt Schütze das narrative Experteninterview[166]. Leider wird hier auf keine beispielhaften Untersuchungen verwiesen, denn von der Zielsetzung und von seinen allgemeinen Merkmalen her, handelt es sich hierbei um ein in der Sozialforschung sehr gebräuchliches Interviewmodell[167]. Es kann sogar davon ausgegangen werden, daß ein erheblicher Teil der Interviews, die gegenwärtig in der Sozialforschung durchgeführt werden, dem Typus des narrativen Experteninterviews entsprechen. Dieser zeichnet sich dadurch aus, daß narrative Elemente nur als Teilbereiche des großenteils nicht-narrativen Gesamtinterviews angeboten werden; zudem werden sie erst im Verlauf des Interviews aus den allgemeineren Formulierungen des Informanten unter Rückgriff auf eigene Vorinformationen des Interviewers (fußend z.B. auf Dokumentenmaterial) ad hoc formuliert und ins Gespräch gebracht. (Schütze 1977: 2)

Der Einsatz des narrativen Experteninterviews wird von Schütze für Themen vorgeschlagen, bei denen nur ein Sachverständiger oder eine geringe Zahl von Experten in bestimmten Handlungsfeldern beteiligt sind, und ein Kreuzvergleich der Rekonstruktionen bestimmter Begebenheiten in diesem Handlungsfeld nicht möglich ist.

Die als narratives Experteninterview vorgestellte Anwendungsform geht kaum über Andeutungen hinaus. Aber selbst auf Basis der spärlichen Anmerkungen dazu wird klar, daß hier nicht mehr Erzählen das dominante Schema der Sachverhalts-

---

164 Genaueres zu den Interaktionsfeldstudien sind den übrigen Abschnitten zum narrativen Interview zu entnehmen, denn schließlich hat Schütze das narrative Interview über lange Zeit als Verfahren im Zusammenhang mit dieser Anwendungsform vorgestellt.
165 Vgl. dazu die Hinweise bei Schütze 1977: 2f und als neuere Literatur: Schütze 1981, 1982, 1983 und 1989.
166 Mit der Etikettierung dieses Interviewtyps als "narrativ" hat Schütze wohl selbst auch noch zur Überdehnung des Begriffs des Narrativen Interviews (vgl. Seite 97) beigetragen.
167 Vgl. dazu nochmals die bereits oben, Seite 18, zitierten Ergebnisse der Tagung "Experteninterview".

darstellung ist. Prinzipiell sind hierbei wohl Interviewformen denkbar, die - offen genug, um natürlichen Situationen des Verstehens und der Verständigung gerecht zu werden, - eben auf die Darstellungsform des Beschreibens und/oder des Argumentierens zugeschnitten sind.

In neueren Arbeiten grenzt Schütze die Anwendungsbereiche des narrativen Interviews wesentlich deutlicher ein:

> Es ist nur dann anwendbar, wenn eine Geschichte erzählt werden kann, d.h. wenn die soziale Erscheinung (zumindest partiell) erlebten Prozeßcharakter hat und wenn dieser Prozeßcharakter dem Informanten auch vor Augen steht. Damit sind in der Regel soziale Abläufe ausgeschlossen, die gewöhnlich unterhalb der tagtäglichen Aufmerksamkeitsschwelle der Gesellschaftsmitglieder liegen. Z.B. kann mit Hilfe des narrativen Interviews kaum ermittelt werden, was die Routinen beruflichen Handelns oder was sublime Störungen eines Interaktionsablaufs sind. Hierzu müssen Untersuchungsverfahren wie die Dimensions- und Sequenzanalyse von Arbeitsbögen und die sequentielle Untersuchung der lokalen Organisation von Tätigkeitsabläufen sowie die Konversations- bzw. Interaktionsanalyse eingesetzt werden. 1) Auch sind aus dem Anwendungsbereich des narrativen Interviews gewöhnlich die Erkundung und Untersuchung von Organisationsstrukturen, der Zustände von kollektiven sozialen Einheiten, der Beschaffenheit und der Geflechte von sozialen Beziehungen sowie der Schauplätze, Milieus und sozialen Welten von sozialen Lebenszusammenhängen ausgeschlossen, - es sei denn, man wollte diese im Zusammenhang eines sozialen, interaktiven, biographischen und/oder kollektivhistorischen Umbruchprozesses untersuchen, der wiederum Geschichtencharakter hat. (Wie wir ja bereits gesehen haben, werden in Stegreiferzählungen - als Vollzüge subdominanter Aktivitäten - durchaus auch stationäre Systeme von Merkmalen beschrieben und kommentar- und erklärungstheoretisch formuliert, und es werden strukturelle Bedingungen für soziale, interaktive, biographische bzw. kollektivhistorische Abläufe indirekt in Erzählaktivitäten ausgedrückt, direkt beschrieben oder auch durch argumentative Formulierung theoretisch auf den Begriff gebracht.) Solche Zustandsaspekte der sozialen Realität lassen sich in der Regel direkter und griffiger durch teilnehmende soziologische bzw. ethnographische Beobachtungen und deren Niederlegung in Beschreibungen oder auch durch offene Beschreibungsinterviews erfassen. (Schütze 1987: 243f)

Im Zusammenhang mit der Anwendung des narrativen Interviews für Sachverhaltsdarstellungen des Erzählens, wurde oben das vorliegende Material nach zwei Aspekten hin analysiert, um implizite Anforderungen an Interviewer zu präzisieren. Dabei wurde die Darstellung des narrativen Interviews erstens auf das Erhebungsziel bezogen und zweitens auf konkrete Anforderungen an den Interviewer. Was die anderen Anwendungsformen des narrativen Interviews angeht, läßt der Stand der Vorarbeiten ein solches Verfahren nicht zu. Trotzdem kann gezeigt werden, daß auch für narrative Interviews, in denen die Sachverhaltsschemata des Beschreibens oder Argumentierens dominieren, die Anforderungen an den Interviewer prinzipiell die gleichen und allenfalls graduell andere sind. D.h., wenn es nicht darum geht, Erzählungen hervorzulocken, dann muß der Interviewer vermutlich andere Verhaltensstrategien entwickeln (weniger Zurückhaltung, Aufforderung zu indexikalen Erläuterungen etc.), aber seine Qualifikationen sind die gleichen, die bereits oben erwähnt wurden. Und auch hier ist dann insbesondere die Kompetenz als Experte für Kommunikation angesprochen.

Exkurs: Das problemzentrierte Interview

Mit dem problemzentrierten Interview stellt Witzel (1982) eine Alternative zum narrativen Interview vor. Auf methodologischer Ebene soll es auch Ansprüche des narrativen Interviews einlösen. Als Technik der Gesprächsführung ist das problemzentrierte Interview so angelegt, daß es die Befragten in die Lage versetzt, "ihre Problemsicht auch gegen die Forscherinterpretationen und in den Fragen implizit enthaltenen Unterstellungen zur Geltung bringen (zu) können." (ebd. 69) Auch der Gegenstandsbezug der in der Programmatik des problemzentrierten Interviews postuliert wird, ist in der Nähe des narrativen Interviews angesiedelt. Es geht um Erkenntnisse über "individuelle und kollektive Handlungsstrukturen und Verarbeitungsmuster gesellschaftlicher Realität." (ebd.: 67)

> Was nun den Stellenwert des problemzentrierten Interviews ausmachen soll, ist seine effektivere Technik als Erhebungsverfahren. Es versteht sich gegenüber dem narrativen Interview als ein Abkürzungsverfahren, das sich einer "Verschränkung von erzählungs- und verständnisgenerierenden Kommunikationsformen" (ebd.: 92) bedient. Während der Interviewer im narrativen Interview mit seinen Aktivitäten ausschließlich dem vom Befragten ausgelegten roten Faden der Erzählung folgen muß, hat er hier gleichzeitig noch eine weitere Handlungslinie zu verfolgen, nämlich die seines eigenen Verstehensprozesses. Für den Interviewer kommt es zu einer extremen Arbeitsverdichtung. Er hat die Aufgabe, sich einerseits in seinem Frageverhalten an der Darstellungslogik des Befragten zu orientieren, um deren subjektive Relevanzsetzungen nicht zu verdecken, darüber hinaus Detaillierungen und thematische Zentrierungen anzuregen, um eine ausreichende Materialgrundlage für seinen Verständnisprozeß zu bekommen. (ebd.: 92)

Die auffälligste Abgrenzung zum narrativen Interview besteht wohl darin, daß im problemzentrierten Interview der Erzählfluß bewußt unterbrochen wird. Was hier als Vorzug - nämlich als größere Nähe zum thematischen Gegenstand, eben zum "Problem" - beurteilt wird, wird im Rahmen des narrativen Interviews als kaum mehr auszugleichender Fehler betrachtet, nämlich als Eingriff in die Selbstläufigkeit der Erzählung. Was hier lediglich eine Unterbrechung, gilt dort als mögliche Zerstörung einer bestimmten Art von Kommunikation.

Spätestens an dieser Stelle wird deutlich, daß im problemzentrierten Interview mit Problemlösungen operiert wird, welche die Mehrdimensionalität des zu lösenden Problems ausblenden. Jedes Interview ist ein Prozeß, der in sozialer, kognitiver und motivationaler Hinsicht organisiert ist und während dessen Verlauf steuernde Eingriffe auch diese Vielschichtigkeit berücksichtigen müssen. Bereits in seiner Rezeption des narrativen Interviews geht Witzel über diese Vielschichtigkeit hinweg. In polemischen und m.e. teilweise auf Mißverständnissen und Überzeichnungen basierenden Auseinandersetzungen mit anderen Richtungen der qualitativen Sozialforschung, insbesondere mit dem narrativen Interview, entwickelt er seine Position.

Über die eher vordergründige Auseinandersetzung mit dem narrativen Interview gerät die innere Logik dieses Verfahrens gar nicht erst in den Blick. Wie in den vorausgegangenen Abschnitten dargelegt, handelt es sich hierbei um eine Erhebungsmethode innerhalb der Sozialforschung, die konsequent interaktionslogischen Gesichtspunkten folgt und auch die Logik des Erzählens und die darauf bezogene Technik des narrativen Interviews über interaktive Annahmen begründet. Auch wenn das narrative Interview nicht prinzipiell für empirische Sozialforschung als Befragungsverfahren einsetzbar ist, kann doch die Diskussion um dieses spezielle Verfahren exemplarisch dafür stehen, daß Kommunikation einer inneren Logik folgt.

Daß mit dem narrativen Interview der Prozeß sozialwissenschaftlicher Befragung primär in seiner kognitiven Dimension thematisiert wird, bleibt bei Witzel unbeachtet. Dies führt einerseits zu der etwas unverständlichen Situation, daß das narrative Interview zwar entschieden abgelehnt wird, gleichzeitig aber weiterhin an einer narrativen Gesprächsstruktur festgehalten wird. Zweitens sind die Lösungen, die mit dem problemzentrierten Interview angeboten werden sollen, keine Alternativen, denn ihre Wirksamkeit ist auf ganz anderen Ebenen angesiedelt. Die Aspekte von Interview Technologie, die Witzel für das problemzentrierte Interview ausführlich erörtert, sind Kontaktaufnahme, Gesprächseinstieg, allgemeine Sondierungen, spezifische Sondierungen und ad-hoc-Fragen. Seine Ausführungen lavieren jeweils zwischen Argumenten, die auf die Beziehung Interviewer-Befragter abgestellt sind, solchen, die vom möglichen Ertrag her argumentieren und methodologischen Gesichtspunkten.

Was die Arbeit von Witzel gegenüber denen zum narrativen Interview wirklich voraus hat, ist die Thematisierung des Interviewerverhaltens. Zunächst zerlegt er die Kommunikationsarbeit des Interviewers - mehr oder weniger der zeitlichen Organisation einer Befragung folgend - in einzelne Aufgaben, nämlich in Kontaktaufnahme, Gesprächseinstieg, allgemeine Sondierungen, spezifische Sondierungen und ad-hoc-Fragen. In zunächst jeweils isolierter Betrachtung können diese Einzelhandlungen wieder auf Details ihres inneren Ablaufs hin analysiert und dann wieder in ihren Auswirkungen auf den Verlauf der gesamten Befragung hin untersucht werden. Für die Ausbildung von Interviewern ist hiermit die Möglichkeit gegeben, eine komplexe Aufgabe in erlernbare Einzelschritte aufzulösen.

Wie auch schon bei den eher methodologischen Argumenten für das problemzentrierte Interview, fällt auch bei der Vermittlung von Interviewer-Fähigkeiten und Fertigkeiten auf, daß er die Vielschichtigkeit der Prozeßstruktur im Interview nicht hinreichend berücksichtigt. Insbesondere drückt sich das darin aus, daß er Probleme des Rapports zwischen Interviewer und Befragtem nicht im Rahmen einer professionellen Beziehungsstruktur, sondern einer eher vordergründig motivierten Bereitschaft diskutiert.[168]

3.3.3. Die Wirksamkeit kognitiver Mechanismen im Kommunikationsprozess

Oben wurde der Zusammenhang zwischen Verhaltensstrategien des Interviewers im narrativen Interview, der Technologie dieses Befragungsverfahrens und erzähltheoretischen Annahmen dargestellt. Die kognitiven Figuren, die Schütze u.a. speziell für die Darstellungsform des Erzählens vorgestellt haben, entstammen einem Gesamtvorrat kognitiver Figuren, dessen sich alle sprachlichen Formen der Darstellung bedienen. Die Annahme, daß jede Kommunikation durch identifizierbare und regelmäßig auftretende kognitive Mechanismen organisiert wird, verweist

---

[168] Am Textauszug eines Interviews will Witzel belegen, wie der Interviewer eine Befragte zum Gespräch motiviert, die - so die ex post Interpretation - zu Beginn des Interviews meint, "aus-gefeilte Formulierungen leisten zu müssen, wozu sie sich nicht imstande fühlt" (ebd. S. 95), und die unter diesem Leistungsdruck kaum oder nur schleppend antwortet. Den Protokollauszug will Witzel auch als Beispiel für gelungene "methodische Bemerkungen, die das Gespräch neu in Gang bringen" (95) verstanden wissen:
"I: Erzähl doch mal einfach, was die da so erzählt hat, kannste dich da noch an irgendwas erinnern?
U: - Pause -
I: Nehmen wir mal an, daß ihr irgendwas mal besonders gefallen hat oder hat sie auch mal Ärger gehabt?
U: Ja, mit ihrer Chefin.
I: mhm
U: Die, wie soll ich sagen ...
I: Brauchst Du hier keine exakten Formulierungen oder sonst was machen, das ist kein Problem ...
U: eh ...
I: Ich red ja auch nicht so gestochen.
U: Ja, ja die, also die, hat sie da so'n, da so einen Auszubildenden oder so was, der lernt auch immer falsch und die Geräte sind nen bißchen schwer und dann ... eigentlich kommt sie ganz gut klar." (ebd.)
Was hier als "methodische Bemerkung" vorgestellt wird, ist eher ein Beispiel dafür, wie über die Herstellung vordergründiger Gemeinsamkeiten ein Gefühl der Verpflichtung aufgebaut wird. Eine methodische - das heißt auch von den individuellen Eigenschaften der Person des Interviewers abgelöste und unabhängige - Intervention ist dies nicht.

wieder auf die Grundannahmen des Forschungsprogramms "Grundlagentheoretische Voraussetzungen methodisch kontrollierten Fremdverstehens". Dieser 'Gesamtvorrat kognitiver Figuren' ist schließlich nichts anderes, als ein bestimmter Typus von Basisregeln als formale Universalien der Interaktion, die hier für jeweils konkrete Situationen differenziert werden. Sie wirken hier als Bedingung der Möglichkeit zur kommunikativen Darstellung von Sachverhalten.[169]

> Schon mehrfach stellte es sich als besondere Schwierigkeit dar, daß die Darstellung und Erörterung des Erhebungsverfahrens des narrativen Interviews in den wichtigsten Aspekten des diesbezüglichen professionellen Forschungshandelns (Schütze 1987: 261)

zur bislang nicht eingelösten Programmatik des narrativen Interviews gehört. Nicht anders ist es um die Analyse verschiedener Kommunikationsschemata der Sachverhaltsdarstellung bestellt. So wird eine noch zu verfertigende Arbeit in Aussicht gestellt, und in der wird dann

> auch demonstriert, daß die deskriptiven (Beschreibungen generierenden) und argumentativen (theoretischen) Nachfragen für das Verständnis der Veränderungsvorgänge im Interaktionsfeld wichtig sind, und es werden, orientiert an den internen Dynamiken der Kommunikationsschemata der Beschreibung und Argumentation, Verhaltensweisen des interviewenden Forschers - dies natürlich insbesondere im Bereich der Nachfrageaktivitäten - aufgezeigt, die geeignet sind, dem Informanten dabei zu helfen, die zuständigen Bedingungs- und Rahmenmerkmale des Interaktionsfeldes zu beschreiben und seine theoretische Gesamthaltung zu den erzählten zentralen Vorgängen im Interaktionsfeld zu explizieren. (Schütze 1987: 262)

Für die im Folgenden darzustellenden kognitiven Figuren beinhaltet dies eine erhebliche Einschränkung: Mit wenigen Ausnahmen ist ihre Wirksamkeit in Befragungen bislang ausschließlich für das Kommunikationsschema des Erzählens untersucht.

3.3.3.1. Zugzwänge als Steuerungsmechanismen für den Verlauf von Kommunikation

Die allgemeinste kognitive Figur, die Schütze in Kommunikationsprozessen ermittelt, sind die sogenannten "Zugzwänge". Bei ihnen handelt es sich um Prinzipien, die sprachliche Äußerungen auf bestimmte Kommunikationsziele hin organisieren:

---

169 "Kognitive Strukturen als formalpragmatische Erzeugungsmuster für narrative Sachverhaltsdarstellungen" (Kallmeyer/Schütze 1977: 176) und "Jedes der Kommunikationsschemata der Sachverhaltsdarstellung schöpft aus dem *Gesamtvorrat kognitiver Figuren* und verwendet spezifische Versionen und Zusammenstellungen von ihnen als elementare Ordnungsbausteine für die Erfahrungsrekapitulation." (Schütze 1984: 81)

> Um eine überschaubare Darstellung zustande zu bringen, muß angesichts der theoretisch unendlichen Menge der kontingenten Phänomene vieles weggelassen und anderes global zusammengefaßt werden (Kondensierungszwang);
>
> um die intendierte Sachverhaltsstruktur erkennbar zu machen, müssen die konstitutiven Elemente und ihre Beziehungen zueinander manifestiert werden - mit anderen Worten die Darstellung muß soweit ins einzelne gehen wie notwendig (Detaillierungszwang);
>
> und der intendierte Sachverhalt muß gegen andere Sachverhalte abgegrenzt und in sich geschlossen werden (Gestaltschließungszwang). (Kallmeyer/Schütze 1977: 162)

Kondensierungszwang, Detaillierungszwang und Gestaltschließungszwang wirken je nach Kommunikationsschema in spezifischer Weise. Im Erzählen organisieren sie die Darstellung selbsterlebter Ereignisse:

> Detaillierungszwang. Der Erzähler ist getrieben, sich an die tatsächliche Abfolge der von ihm erlebten Ereignisse zu halten und - orientiert an der Art der von ihm erlebten Verknüpfungen zwischen den Ereignissen - von der Schilderung des Ereignisses A zur Schilderung des Ereignisses B überzugehen.
>
> Gestaltschließungszwang. Der Erzähler ist getrieben, die in der Erzählung darstellungsmäßig begonnenen kognitiven Strukturen abzuschließen. Die Abschließung beinhaltet den darstellungsmäßigen Aufbau und Abschluß von eingelagerten kognitiven Strukturen, ohne die die übergeordneten kognitiven Strukturen nicht abgeschlossen werden könnten.
>
> Relevanzfestlegungs- und Kondensierungszwang. Der Erzähler ist getrieben, nur das zu erzählen, was an Ereignissen als "Ereignisknoten" innerhalb der zu erzählenden Geschichte relevant ist. Das setzt den Zwang voraus, Einzelereignisse und Situationen unter Gesichtspunkten der Gesamtaussage der zu erzählenden Geschichte fortlaufend zu gewichten und zu bewerten. (Schütze 1977: 188)

In der gleichen Weise, wie sich diese Zugzwänge für die Darstellungsform des Erzählens differenzieren lassen, so sind sie auch für andere Sachverhaltsschemata zu präzisieren. Analoges gilt für speziellere kognitive Figuren, die von Schütze hauptsächlich im Zusammenhang mit biographie-theoretischen Überlegungen und damit natürlich wieder mit der Darstellungsform des Erzählens vorgestellt werden.

3.3.3.2. Kognitive Figuren als organisatorischer Rahmen von Kommunikation

Innerhalb der Dynamik, die durch die Zugzwänge vorgegeben wird, werden die sprachlichen Äußerungen des weiteren auf bestimmte Muster hin organisiert:

1. Es werden Ereignisträger eingeführt. Dies sind soziale Einheiten bzw. einheitskonstituierende soziale Kategorien, "die als Patiens und/oder Agens beziehungsweise Objekte Ereignisse der Geschichte miteinander verknüpfen". (Schütze 1977: 176)

2. Aus einem Zusammenhang wird eine bestimmte Ereigniskette isoliert. D.h., eine "Kette von Ereignissen mit temporalem Gefälle, und die Ereignisse sind miteinander final und/oder kausal verknüpft." (Schütze 1977: 177)
3. Es werden abgrenzbare Situationen definiert, diese sind "... ein je besonderer sozialräumlicher Schauplatz ..., der ... durch explizite Indexikalisierungen herausgearbeitet wird". (Schütze 1977: 180)
4. Aus vielfältigen Ereignissen wird eine thematische Geschichte herausgelöst. Dies geschieht über die Darstellung des oder der Geschichtenträger, ihr Ausgangsproblem, ihr Schicksal, die Typisierung ihrer Geschichte als z.b. lustig oder ernst und über das Aufzeigen einer "Moral der Geschichte".

Wiederum hauptsächlich für die Darstellungsform des Erzählens hat Schütze untersucht, in welcher Weise diese kognitiven Figuren in die Darstellung eingeführt und aufeinander bezogen werden und in welcher Weise sie ihrerseits die Darstellung organisieren.[170] Daß auch hier wieder jeweils spezifische Varianten für unter-

---

170 Als *Kognitive Figuren des autobiographischen Stegreiferzählens*, die jede Erzählung dimensionieren, bezeichnet Schütze (1984) 1. Die Selbsteinführung des Biographieträgers und die Einführung anderer Ereignisträger an den Stellen der Erzählung, wo sie logisch erstmals auftauchen. 2. Die Entwicklung einer Erfahrungs- und Ereigniskette. 3. Die Einführung des sozialen Rahmens, der Situationen, Lebensmilieus und soziale Welten benennt, in denen die Geschichte verortet ist. 4. Die Gesamtgestalt der Lebensgeschichte als eigenständige kognitive Figur, die "... eine thematisch spezifische Verknüpfung von Prozeßstrukturen des Lebensablaufs unter einem zentralen Gesichtspunkt" (Schütze 1984: 105) herstellt. - Jede dieser "Makrofiguren" ist wiederum teils Resultat von, teils Voraussetzung der Hervorbringungen eines Mikrokosmos spezifischer kognitiver Figuren. Um nur die beiden ersten Dimensionen zu erläutern: Im Zusammenhang mit der Einführung der Handlungs-, bzw. Ereignisträger werden deren Beziehungen zum Biographieträger und die Veränderung dieser Beziehungen dargestellt. Es finden immer wieder Stellen des Selbstbezuges statt, in denen die Identitätsausstattung, Basisposition und Basisstrategien und systematische Veränderungen des inneren und äußeren Zustandes verhandelt werden. Die erzählte Erfahrungs- und Ereigniskette verknüpft einzelne Lebensepochen zu einer als Ganzheit skizzierten Lebensdarstellung. Darstellungstechnisch erzeugt wird dies über einen Wechsel zwischen Phasen der lebensepochalen Darstellungsweise und dramatisch-szenischen Erzählungen. Allerdings bietet sich die Darstellung von Lebensgeschichten nicht immer und ausschließlich in diesen relativ selbstläufigen Mustern an: "Es gibt ... auch Lebensabschnitte, die für den Biographieträger einen widersprüchlichen, undurchschaubaren, irreführenden, chaotischen Charakter haben. ... Es liegen dann mitunter tiefsitzende Hemmnisse vor, sich überhaupt an derartige Ereignisse zu erinnern. ... In allen diesen Fällen treiben die Zugzwänge des Erzählens den Biographieträger ... aber doch noch dazu, sich erneut ... mit seinen widersprüchlichen Erfahrungsqualitäten zu beschäftigen." (ebd.: 96f) Und: "Für derartige Erzählabschnitte sind folgende *formale* Erzählketten-Eigenschaften kennnzeichnend: ... a) Alternieren bzw. Konkurrieren zwischen unterschiedlichen suprasegmentalen Markierungen...b) Versuch der Konzentration auf eine

schiedliche Kommunikationsschemata angenommen werden müssen, darauf verweisen die Ausführungen von Kallmeyer/Schütze (1977) zu kognitiven Strukturen in Beschreibungen.[171]

Der Nachweis, daß die prinzipiell gleichen kognitiven Muster alle Formen sprachlicher Schemata organisieren, konnte für die Darstellungsform des Beschreibens und auch des Argumentierens dargelegt werden. Wie die Differenzierung dieser kognitiven Muster für diese Formen vorzustellen ist, bleibt weiterhin unbeantwortet. Für andere offene Befragungsverfahren, als das narrative Interview, sind keine weiterführenden Ergebnisse gewonnen worden. Wie eine Technik für andere Typen offener Interviews aussehen könnte und sollte, welche konkreten Handlungsanweisungen sie für Interviewer implizieren, bleibt weiterhin offen. Wohl aber läßt sich nun begründen, daß auch für andere offene Interviewformen, die nicht primär narrativ orientiert sind, die gleichen Kompetenzen erforderlich sind, die bereits im Zusammenhang mit dem auf Erzählungen orientierten narrativen Interview erläutert wurden. Wenn nämlich auch andere offene Befragungsverfahren dazu führen, daß die sprachlichen Äußerungen immer in einer durch bestimmte kognitive Muster organisierten Form erscheinen, dann sollte der Interviewer in jedem Fall auch über entsprechendes Expertenwissen verfügen. Als Experte für

---

dominante Erzähllinie und das Ausblenden rezessiver Erzählaspekte... c) theoretisch-argumentativen Kommentar".(ebd.: 97)

[171] Ähnlich der vier kognitiven Grundmuster bei Erzählungen werden auch hier prinzipielle Ordnungsprinzipien angenommen: 1. Soziale Einheiten werden differenziert nach Funktionen, d.h. danach ob sie Träger von Eigenschaften, von Situationen bzw. von Aktivitäten oder Ereignissen sind (Kallmeyer/Schütze 1977: 201f). 2. wird mit verschiedenen Verfahren zur Kennzeichnung von Eigenschaften operiert (bestimmte Arten von Kategorisierungen, Herstellung von Besitzrelationen, Aktivitäten als Folge von Eigenschaften, Aktivitäten als Begründung, bzw. Ursache) (ebd.: 204f). 3. Situationen werden entweder durch "Konstellationen sozialer Einheiten" charakterisiert, d.h. dadurch, "daß mehrere soziale Einheiten als simultan in einer bestimmten Anordnung präsent aufgefaßt werden." (ebd.: 209) Oder sie werden durch Zustände sozialer Einheiten umschrieben. 4. Vorgänge, d.h. "... Phänomene ..., für die ... das Prinzip der zeitlichen Aufeinanderfolge von untereinander verketteten Einzelschritten gilt" (ebd.: 213) werden dargestellt, um "Aktivitäten von sozialen Einheiten, Prozesse der Wahrnehmung, Bedienung, Herstellung, des Auffindens von sozialen Einheiten u.s.w." (ebd.) zu präzisieren. 5. Ist es für die Darstellungsform des Beschreibens charakteristisch, daß sie (analog zur thematischen Geschichte in der Erzählung) eine "thematische Figur" enthält. Diese "... beinhaltet, welche der bisher erwähnten kognitiven Strukturen in einer Beschreibung realisiert werden und welche davon zentral ist, d.h. also um welchen Typ von Beschreibung es sich handelt. Weiter gehören bestimmte inhaltliche Elemente dazu, und zwar scheint für Eigenschafts- und Situationsbeschreibungen der inhaltliche Kern in der Regel durch eine Verbindung von einer Kategorie und einer hervorstechenden Eigenschaft beziehungsweise Verhaltensweise gebildet zu werden." (ebd.: 220)

Gesprächssteuerung wäre er dann nämlich in der Lage, sich die Muster der Kommunikation in der Situation zu vergegenwärtigen und steuernd in sie einzugreifen.

3.3.3.3. Selbstläufigkeit versus interaktiver Hervorbringung von kognitiven Figuren der Kommunikation

Noch ein letzter Gesichtspunkt sollte hier am Ende dieses Kapitels aufgenommen werden. Es ist die Gratwanderung des Forschungsprogramms "Grundlagentheoretische Voraussetzungen methodisch kontrollierten Fremdverstehens" zwischen strukturtheoretischen Annahmen, wie sie sich in der Konstruktion der Interaktionsuniversalien ausdrücken und einem interaktionslogischen Anspruch. Dieses Spannungsverhältnis wird auch in das narrative Interview hinübergetragen.

Schütze betont, daß die Darstellungsstruktur der Erfahrungsrekapitulation im Stegreiferzählen nicht aus der Interaktionsdynamik der Kommunikationssituation ableitbar ist.[172] Wenn dies nun bedeuten würde, daß nach einer gelungenen Erzählaufforderung die Darstellung unwiderruflich einer eigenen Logik folgen würde, dann wäre nach diesem "Auslöserreiz" der Interviewer ebenso überflüssig wie eine überlegte Interviewtechnik, und besondere Kompetenzen des Interviewers wären kaum erforderlich. Genau dies weist Schütze aber immer wieder zurück. In den Zugzwängen und auch in den anderen kognitiven Figuren verschiedener Kommunikationstypen drückt sich wohl eine Ordnung aus, der jeder Kommunikationsverlauf folgt. Diese Ordnung ist aber keine der Kommunikation immanente Struktur, in der Individuen sich wie in einem starren Rahmen bewegen, sondern sie muß jeweils interaktiv hergestellt werden.

Wenn sie auch einmal in Gang gesetzt eigenläufig wirken, sind die kognitiven Mechanismen der Kommunikation keine gegenüber den Akteuren "äußere" Macht. Sie sind "konditionelle Relevanzen", d.h. Bedingungen, die erstens interaktiv und zweitens kontinuierlich und nicht nur punktuell hergestellt werden.[173] Die Aktualisierung dieser Ordnungsmuster der Kommunikation ist, anders ausgedrückt, an

---

172 Die '*analoge*' Darstellung des lebensgeschichtlichen Erfahrungsstroms - und hieran knüpft er seine These von den Homologien zwischen Erzählstrom und Erfahrungsstrom - ist "in ihrem Kern nicht auf die interaktive Dynamik und Gesprächsorganisation der kommunikativen Situation, in der das Handlungsschema des narrativen Interviews stattfindet, zurückzuführen, sondern auf die Struktur der wiedererinnerten lebensgeschichtlichen Erfahrungsaufschichtung, in der freilich die erinnerten Interaktionen mit signifikanten anderen und mit wichtigen Kontrahenten eine erhebliche Rolle spielen. - Die *digitalen Elemente* dieser Ordnung, d.h. das Prädizieren allgemeiner Merkmale von Erfahrungsstücken und Erfahrungszusammenhängen, sind demgegenüber stärker von den imaginierten und/oder faktischen Reaktionen des zuhörenden Forschers als Interaktionspartner mitbestimmt." (Schütze 1984: 79)

173 "So muß auf eine Frage geantwortet werden, ein Gruß erwidert werden usw." (Schütze 1977: 262)

eine kontinuierliche Situationsdefinition der Beteiligten geknüpft, die eine Festlegung auf ein bestimmtes Kommunikationsschema und eine fortlaufende Antizipation von Rollenerwartungen des Gegenübers beinhaltet. Die Aufgabe des Interviewers wäre in diesem Zusammenhang die Steuerung der Situationsdefinition und der antizipierten Erwartungen, die der Befragte ihm gegenüber mit Hilfe sprachlicher Mittel entwickelt. Konkret könnte dies vielleicht bedeuten, daß der Interviewer Zurückhaltung übt, wenn eine Erzählung hervorgerufen werden soll, daß er indexikale Nachfragen stellt, wenn es um das Darstellungsschema des Beschreibens geht, und daß er explizit nach Gründen etc. fragt, wenn es um das des Argumentierens geht. In jedem Fall wäre es eine Aufgabe des Interviewers in seiner Eigenschaft als Experte für Gesprächsführung, die Orientierung des Befragten über die Orientierung an der aktuellen Interaktion im Interview hinweg, zu Erlebnissen, Sachverhalten oder Entscheidungssituationen zu lenken.

4. Techniken der Gesprächsführung in Nachbardisziplinen: Rogers klientenzentriertes Interview

Es gibt keine speziellen Techniken der Gesprächsführung, die Bestandteil von Interviewtrainings in der Sozialforschung sind. Anders sieht es in Nachbarprofessionen aus. In allen Bereichen, in denen auf Personen bezogene Beratungstätigkeiten stattfinden - Beratungen im weitesten Sinne und damit auch Beratungen in therapeutischer Absicht - kommen Techniken der Gesprächsführung zum Einsatz. Auch wenn in Pädagogik, Psychologie, Sozialarbeit und anderen Nachbarprofessionen die Strategien der Gesprächsführung auf jeweils unterschiedlich akzentuierte Ziele zugeschnitten sind, so haben sie doch zumindest eine allen gemeinsame Aufgabe zu bewältigen, die sich auch in jedem sozialwissenschaftlichen Interview stellt: Auf der einen Seite soll ein möglichst offenes Gespräch in Gang gesetzt werden, auf der anderen Seite geht es darum, ein Gespräch unter strategischen Gesichtspunkten zu führen, den Redefluß zu steuern. Für die Experten der Nachbarprofessionen besteht damit die gleiche Aufgabe wir für den Interviewer bzw. die Interviewerin, nämlich den widersprüchlichen Anforderungen, der Gesprächskontrolle und der Motiva-tionsarbeit, gleichermaßen nachzukommen.

4.1. Die Balance zwischen Steuern und Motivieren - Die affektive Dimension des Interviews

Wie bereits oben dargelegt wurde die Fähigkeit, eine Balance zwischen Machtausübung und gesprächsfördernder Beziehung zu halten, gerade in der Sozialforschung viel zu lange als Kunst oder besondere persönliche Begabung angesehen[174]. Aus den verschiedensten Berufsfeldern ist inzwischen allerdings belegt, daß Interviewführung professionalisierbar und damit auch erlernbar ist.

---

[174] Die Ursachen dafür liegen - insbesondere in der deutschen Sozialforschung - zu einem großen Teil auch in der späten Professionalisierung dieses Fachgebietes, in der Existenz der Soziologie, die überwiegend abgeschottet in den Universitäten ihr Dasein führte, aber wohl auch an den Prämissen einer kritisch-rationalistischen Methodologie, die den sozialen und situativen Bezug des Interviews sehr lange übersehen hatte. - Am nachdrücklichsten wurden Verfahren der Kommunikationssteuerung innerhalb der Sozialforschung in den Bereichen gefordert, in denen durch den Bezug zu einer außeruniversitären Klientel der deutlichste Praxisbezug besteht. Organisationsentwicklung (Gebert 1991; Kappler 1980; Sievers 1977) und Beratungstätigkeiten (Gross/Honer 1991; Stiemert/Strauss 1991; Beerlage/Kleiber 1991; Dewe/Ferchhof 1991) sind Spezialisierungen innerhalb der Sozialwissenschaft, bei denen der Bedarf an Techniken der Gesprächssteuerung am deutlichsten erfahren wird.

Nun ist es allerdings auch nicht so, daß überall außerhalb der Sozialforschung, wo interviewartige Gesprächssituationen ein Teil der professionellen Tätigkeit ausmachen, auch mit eigenständigen Techniken der Kommunikationssteuerung gearbeitet würde. Der Unterschied besteht eher darin, daß zumindest in einigen anderen Gebieten schon lange Traditionen in der Erlernung von Gesprächsführung bestehen[175], ohne daß dafür unbedingt professionsspezifische, kompakte Konzepte vorliegen.

4.1.1. Zum Entwicklungsstand von Gesprächstechniken in Nachbardisziplinen

In welchem Umfang in den verschiedenen Nachbardisziplinen der empirischen Sozialforschung Konzepte der Gesprächsführung thematisiert worden sind oder gar eigenständige Konzepte entwickelt worden sind, ist sehr unterschiedlich. Ebenso unterschiedlich sind auch Qualität und Umfang der Ausbildungsmaßnahmen in diesen Techniken der Gesprächsführung.

Die Psychoanalyse setzte von Anbeginn an auf die Ausbildung zur Gesprächsführung. Lehranalysen, die sich über Jahre hinziehen und begleitende Seminare sind der Rahmen, in dem letztlich auf Erfahrungswissen basierende Fähigkeiten zur eigenen Tätigkeit als Analytiker erworben werden. Ein eindeutig identifizierbares und eingrenzbares Konzept der Gesprächsführung gibt es allerdings auch in der Psychoanalyse nicht. Dies ist Anlaß, die Ergebnisse anderer Wissenschaften auf ihren Ertrag für die psychoanalytische Praxis aufzuarbeiten. Wrobel z.B. (1985) greift in der Absicht, die Kommunikation im psychoanalytischen Interview zu effektivieren, auf Ergebnisse der Sprachwissenschaften, insbesondere der Dialoganalyse zurück. Der bewußte Einsatz von dialogsteuernden Mitteln, so seine Vermutung, könnte dazu dienen, im Erstinterview Material einer Qualität und eines Umfangs zu provozieren, daß dem Therapeuten ein Verständnis des Patienten und eine angemessene Interpretation des Materials möglich wird.

Das von Wrobel für die Gesprächsführung in der Psychoanalyse und insbesondere im Erstinterview skizzierte Dilemma unterscheidet sich hinsichtlich seiner sozialen Dynamik kaum von dem im Forschungsinterview: Im faktischen Verlauf des Erstinterviews muß der Therapeut viele Fragen stellen, obwohl er "eine Haltung des ruhigen Abwartens, der wohlwollenden Neutralität und der Zurückhal-

---

175 Mindestens ebenso unvorbereitet wie Interviewer in der Sozialforschung gehen in der Regel auch Ärzte und Ärztinnen an ihre Tätigkeit heran, die zu einem erheblichen Teil aus Kommunikationsarbeit besteht. (Vgl. dazu Spranz-Fogasy 1992 und Menz/Nowak 1992) Forschung über die Mitarbeit des Patienten an der ärztlichen Therapie ergeben, daß Heilungschancen, soweit diese eben auch vom Befolgen ärztlicher Verordnungen abhängen, sehr stark von der kommunikativen Beziehung zwischen Arzt und Patient beeinflußt werden. (Spranz-Fogasy 1992)

tung" (ebd.: 96) zeigen sollte, er muß also deutlich steuern, aber ebenso zwingend auch den Klienten zu einem offenen Gespräch motivieren[176].

Auch dort, wo "Kommunikationsberatung und Kommunikationstraining" (Fiehler/ Sucharowski 1992) zu einem professionell orientierten Spezialgebiet der Sprachwissenschaft geworden sind, liegen bislang keine umfassenden Techniken der Kommunikationssteuerung vor. Sprachwissenschaftliche Diskursforschung oder Gesprächanalyse bieten sich nicht deshalb zum Kommunikationstraining an, weil sie eindeu-tige Konzepte anzubieten hätten. Ihre Praxisrelevanz halten sie für gegeben, denn weil die in diesem Gebiet gesammelten Erfahrungen und Erkenntnisse inzwischen einen Stand erreicht haben, der ihre Anwendung im Rahmen von Kommunikationsberatung und -training sinnvoll erscheinen läßt (Fiehler/Sucharowski 1992: 9).

Als ausgearbeitetes und tatsächlich kompakt zu vermittelndes Konzept stellt sich die Transaktionsanalyse im Geschäft von Kommunikationstraining und Kommunikationsberatung vor. Ihr überwältigender Erfolg - sie ist eines der am häufigsten in Managementtrainings verwendeten Konzepte - spricht für sie, und deshalb sollte sie auch auf ihre Brauchbarkeit für die Schulung von Interviewern diskutiert werden.

Von ihrem Begründer Eric Berne wurde die Transaktionsanalyse als eine Art popularisierte und sehr auf praktische Handhabung orientierte Psychoanalyse entwickelt. Soweit die Transaktionsanalyse sich als Theorie vorstellt, vertritt sie einen Anspruch, der ihr zumindest unter Gesichtspunkten soziologischer Theoriebildung nicht zugestanden werden kann. Bei den von der Transaktionsanalyse entwickelten Grundannahmen über Ich-Zustände, Transaktionen, Skript- und Spielanalyse handelt es sich allenfalls um den Versuch, einen bestimmten Gegenstandsbereich in locker aufeinander bezogenen begrifflichen Konstrukten zu organisieren. Die Bedenken von Seiten der Entwicklungspsychologie und der Linguistik und die Skepsis gegenüber der Methodik dessen, was als empirische Belege für die Gültigkeit der Annahmen der Transaktionsanalyse angeführt wird, sind nicht weniger gravierend (Bremerich-Vos 1992). Aber, so fragt Bremerich-Vos zu recht, sind unsere akademischen Vorbehalte gegenüber einem Instrumentarium, daß sich nicht nur auch, sondern eigentlich in erster Linie als Medium für Praxissteuerung versteht, überhaupt angemessen? Und sind nicht auch angesichts ethischer und aufkläreri-

---

176 "Fragen werden - zumindest in der linguistischen Theorie - als hochgradig dialogstrukturierende und -steuernde kommunikative Akte betrachtet (Schwitalla 1970). Sie verunmöglichen mithin geradezu die Herstellung einer Gesprächsatmosphäre, in der der Patient sich frei aussprechen, mitteilen und das Gespräch eigeninitiativ strukturieren kann. ... Wie verwenden Therapeuten Fragen, ohne damit zugleich jene asymmetrische Beziehungs- und Rollenkonstellation herzustellen, die zwar allgemein für den Gesprächstyp des Interviews charakteristisch ist, die jedoch in der diagnostisch-therapeutischen Gesprächssituation als kommunikative Asymmetrie gerade nicht erwünscht ist ?" (Wrobel 1985: 97)

scher Postulate, die im akademischen Bereich postuliert werden, die Arbeit mit akademisch ausgereifteren Verfahren in ihrer praktischen Wirkung nicht mit denen populärwissenschaftlicher gleichzusetzen?

Trage ich als Analytiker aber nicht in jedem Fall, d.h. nicht nur dann, wenn ich in TA-Manier frage, in welchen Situationen ich wem gegenüber aus welchem Ich-Zustand heraus agiere, sondern auch als weniger ambitionierter, dafür aber "solider" Linguist dazu bei, daß den Klienten ihre kommunikative Praxis immer weniger als "Natur", immer mehr als Produziertes-Produzierbares erscheint, worüber dem Anspruch nach zweckrational verfügt werden kann? Kommunikationsberatung befördert die Rationalisierung der Lebenswelt, und zwar auch dann, wenn sie (wie TA) wissenschaftlich suspekt ist. Denn Rationalisierung bedeutet - so Max Weber (...) - "nicht eine zunehmende allgemeine Kenntnis der Lebensbedingungen, unter denen man steht. Sondern sie bedeutet etwas anderes: das Wissen oder den Glauben daran, daß ... es ... keine geheimnisvollen unberechenbaren Mächte gebe, die da hineinspielen, daß man vielmehr Dinge - im Prinzip - durch Berechnen beherrschen könne" (Bremerich-Vos 1992: 368).

Bremerich-Vos macht mit seinen Ausführungen auf zweierlei aufmerksam: Erstens müssen wir uns - ob es uns nun behagt oder nicht - damit abfinden, daß in außerakademischen Zusammenhängen akademische Bewertungsmaßstäbe gegenüber Gesichtspunkten praktischer Nützlichkeit ins Leere laufen. Zweitens ist die praktische Nützlichkeit von Techniken wohl etwas, das weitgehend abgekoppelt von den wissenschaftlichen Voraussetzungen dieser Technik bestehen kann, da in praktischen Kontexten ein Instrument auch dann als nützlich gilt, wenn es nicht unmittelbar auf Grund seiner Beschaffenheit, sondern indirekt über seine Funktion in sozialen Prozessen wirksam wird. Dieses Phänomen ist in den Sozialwissenschaften bekannt. Wie z.B. die Regentänze der Hopis, das Placebo in der Medizin, so scheint auch die Transaktionsanalyse eine vermittelte Wirkung zu haben, die sich aus der autosuggestiven Wirkung dieses Instruments ergibt.

Ein Interviewtraining ist ebenfalls ein praktischer Kontext, demgegenüber Kriterien wissenschaftlicher Dignität unangemessen sein mögen. Wenn es denn nützt, so könnte argumentiert werden, warum dann nicht ein Training in Transaktionsanalyse? Dem ist entgegen zu halten, daß der Kontext von Sozio- und Psychotechniken im Management ein anderer ist als in einem Interview: Wenn eine Technik wie die Transaktionsanalyse im Management zum Einsatz kommt, dann eher wegen ihrer verhaltenssteuernden als wegen ihrer kommunikationssteuernden Funktion. Eingebunden in einen hierarchisch strukturierten Zusammenhang und in der Regel von oben nach unten eingesetzt, kann sie für den, der sich ihrer bedient, in der Tat als Hilfsmittel bei der Durchsetzung seiner Strategien wirken. Die Wirkung der Transaktionsanalyse besteht dann aber nicht darin, daß sie aus sich heraus verhaltenssteuernd wirkt, sondern daß sie dem, der sich ihrer bedient, eine größere Sicherheit in der Durchsetzung seiner hierarchisch ohnehin legitimierten Ziele verleiht. In einem sozialwissenschaftlichen Interview geht es nicht lediglich darum, auch gegen Widerstände steuernd in eine soziale Situation einzugreifen, sondern es muß auch beständig Motivationsarbeit geleistet werden. Für ein sozialwissenschaftliches Interview ist diese Art der Technik daher nicht geeignet.

Deutlich konturierter als die diversen Ansätze, die eher noch im Stadium der Selbstverständigung sind und auf andere Praxisfelder bezogen sind als die Transaktionsanalyse, hat sich in den letzten 50 Jahren die klientenzentrierte Gesprächsführung entwickelt. Schon von ihrem Begründer Rogers über die Psychologie hinaus in den pädagogischen Bereich und in Problemstellungen betrieblicher Art, hat sie einen wahren Siegeszug in Sozialarbeit, Familien- und Partnerberatung und eigentlich alle Bereiche hinein genommen, in denen professionell gelenkte und strategische Gespräche geführt werden. In vielfältiger Weise modifiziert als "aktives Zuhören" oder "Doppeln" etc. scheint - gemessen an ihrem Erfolg und ihrer Verbreitung, hier eine Technik der Gesprächsführung vorzuliegen, die nahezu universell für alle Bereiche der Kommunikationssteuerung einsetzbar ist. Dieses 4. Kapitel wird untersuchen, wie brauchbar dieses Konzept für das sozialwissenschaftliche Forschungsinterview ist.

4.1.2. Was klientenzentrierte Gesprächsführung für die Interviews in der Sozialforschung interessant macht

Es gibt eine Reihe von Gründen, die nahelegen, gerade das klientenzentrierte Interview von Rogers auf seine Brauchbarkeit für sozialwissenschaftliche Befragungen zu untersuchen. Erstens ist es eine der entwickeltsten Techniken der Gesprächsführung. Dies betrifft insbesondere das Verhältnis von Darlegung der theoretischen Grundannahmen, auf denen dieses Konzept basiert und der praktischen Erprobung der Technik. Die Vorzüge in der praktischen Handhabung des klientenzentrierten Interviews sind insbesondere dann von Vorteil, wenn man den Bedarf an Interviewern in der Sozialforschung und die Möglichkeiten ihrer Qualifizierung berücksichtigt.

Um dem faktischen Bedarf an Interviewern in der Sozialforschung gerecht zu werden und unter Berücksichtigung der zeitlichen und finanziellen Rahmenbedingungen von Sozialforschung sind lange Vorlaufzeiten für die Ausbildung und Einübung von Interviewern nicht realisierbar. Als eine der Grundqualifikationen für Interviewer müßte vielmehr eine Technik vermittelt werden, die auch pragmatischen Gesichtspunkten befristeter Trainingsmöglichkeiten gerecht wird. D.h. eine Interviewtechnik sollte 1. konkrete *Handlungsanweisungen* für die Interviewer implizieren und 2. wäre ihre Umsetzung in konkrete *Beobachtungs-* und *Beurteilungskriterien* für ein Interviewtraining nötig.

In diesem Sinne ist die aus der Psychologie bekannte - und von Pädagogen und Sozialarbeitern längst übernommene - nicht-direktive Beratung von Carl Rogers, die auch unter dem Stichwort "Spiegeln" oder "Widerspiegeln" in der Literatur zu finden ist, ein Konzept, das auch Anregungen für die Sozialforschung zu versprechen scheint. Genau diese Praktikabilität scheint einen großen Teil der allgemeinen Faszination dieses Ansatzes und seiner Verbreitung auszumachen.

Zweitens besteht in der Sozialforschung eine zunehmende Nachfrage nach subjektorientierten Erhebungsmethoden. Was zunächst besonders nachdrücklich von Vertretern der qualitativen Sozialforschung gefordert wurde, könnte inzwischen auch den Interessen kritisch-rationalistisch orientierter Forscher entgegenkommen. Schließlich wurde in den letzten Jahren auch dort die Sichtweise des Interviews als einer kommunikativen und sozialen Beziehung stärker betont. Darüber hinaus mangelt es offensichtlich auch außerhalb der Sozialforschung, nämlich im sozialwissenschaftlichen Beratungsbereich an subjektorientierten Kommunikationstechniken. Rogers hat nun mit seiner Klientenorientierung den Subjektbezug nicht nur zum Programm, sondern zu einer ganz wesentlichen Prämisse seiner Konzeption erhoben.

Drittens schließlich ist der Ansatz von Rogers innerhalb der Sozialforschung durchaus bekannt. Befremdend ist allerdings die Art und Weise der Auseinandersetzung, die mit diesem Ansatz geführt wurde und wird. In einer "Sternstunde" der Soziologiegeschichte, bei den Hawthorne Studies, war Rogers unmittelbar an der Entwicklung des Interviewprogramms beteiligt. In der Folgezeit wurde seine Konzeption dann allerdings für die Sozialwissenschaften modifiziert und er wirkte über diese modifizierte Form weiter. In der deutschen Soziologie schließlich wurde und wird er durchaus noch wahrgenommen, allerdings wird ihm kaum mehr als eine Fußnote eingeräumt. Gleichzeitig wird aber auch hier mit Ideen zur Kommunikationssteuerung operiert, deren Ursprünge sich durchaus auf Rogers zurückführen lassen.

Exkurs: Die Rezeptionsgeschichte von Rogers in der deutschen Soziologie

Am Ort ihres Entstehens, in den USA, gibt es selbstverständlich auch eine Rezeptionsgeschichte der Arbeiten von Rogers. Da sie in ihrem Charakter und damit auch in ihrem Stellenwert für die Entwicklung sozialwissenschaftlicher Erhebungstechniken sehr von der in Deutschland abweicht, wird dies weiter unten aufgenommen. Anders als in Deutschland ist die Auseinandersetzung mit Rogers in den USA wesentlich aktiver geführt worden, und hat schließlich zu einer expliziten Modifikation seines Konzeptes geführt.

Auch die deutsche Soziologie hat von Rogers und seiner Konzeption durchaus Kenntnis genommen, aber die Rezeption bleibt sehr selektiv. Von Erwin K.

Scheuch (1973) werden Rogers und sein nicht-direktives Interview mehrfach erwähnt. Daß Scheuch Rogers dabei auf einen bestimmten Aspekt hin zuspitzt, wird in dem Unterkapitel "Die Lehre vom Interviewen" offensichtlich. Im Zusammenhang mit Verhaltensregeln, die kommerzielle Institute ihren Interviewern vermitteln, spricht Scheuch von drei grundlegenden Konzeptionen, dem harten, dem weichen und dem neutralen Interview. Das nicht-direktive Interview ist für ihn eine Spielart des weichen Interviews, das er ablehnt:

> Entsprechend den Lehren von Carl Rogers (1942, 1945, 1951) ist die Hauptaufgabe des Interviewers, ein enges Vertrauensverhältnis zum Befragten herzustellen, indem er jede Gelegenheit zur Demonstration seiner Sympathie mit dem Befragten als Person - nicht jedoch mit seinen konkreten Ansichten benutzt. ... Diese Vorstellung, daß der Interviewer gewissermaßen als der allesverstehende und hilfsbereite Freund des Befragten auftreten solle, ist aber wohl eher mit der Situation des Psychotherapeuten vereinbar, als mit der Aufgabe des Sozialforschers (Scheuch 1973: 153).

An dieser Darstellung und Beurteilung, die m.E. Rogers äußerst selektiv und damit auch verzerrt darstellt, knüpft E. Erbslöh (1972) an. Nachdem auch er die nicht-direktive Methode mit dem weichen Interview gleichgesetzt hat, sieht er in der weichen - in Abgrenzung zur neutralen - Gesprächsführung eine Strategie, "wo eher versucht wird, eine mehr persönliche Beziehung aufzubauen..." (55). Weiter führt er gegen Rogers Konzept, bezogen auf Sondierungsfragen an,

> daß die Entscheidung zum vertieften Nachfragen der Interviewer trifft, d.h. seine Erwartungen werden wirksam. H. Anger 1969, S. 596, meint darüber hinaus, daß nach lernpsychologischen Gesetzmäßigkeiten eher ein Verstärken des manifesten Inhaltes der letzten Aussage, als ein qualitatives Vertiefen der Antworten zu erwarten sei (Erbslöh 1972: 54).

Nach diesen Kritiken scheint es recht verständlich, daß Rogers in der Methodendiskussion nicht weiter beachtet wird. An anderer Stelle taucht er dann allerdings implizit wieder auf. Ohne Autoren oder weiterführende Literatur zu nennen wird auf die Methode des "Widerspiegelns" (Friedrichs 1991) bzw. auf die "Zurück-spiegelung" (Witzel 1982: 100) hingewiesen. Daß es sich dabei um Rogers Konzept handeln könnte, läßt sich lediglich aus dem Kontext schließen, in dem diese Begriffe auftauchen.

Mit dem Aufleben der Methodendiskussion in den letzten 20 Jahren sind die Verweise auf Rogers häufiger geworden[177]. Dabei ist er allerdings immer noch

---

177 Atteslander (1991: 164) rückt die gängige Wahrnehmung des nicht-direktiven Interviews zumindest insoweit zurecht, als er den strategischen Charakter auch dieser Art von Interview betont. - Mit ihrem Hinweis, daß Rogers prägend für Merton/Kendall war, führen Hopf/Weingarten (1979) ihn zumindest indirekt in die Diskussion um Qualitative Sozialforschung ein. (Bei dem im gleichen Band vorgestellten Aufsatz von Merton/Kendall wird allerdings auch nur wieder ein Segment der nicht-direktiven Gesprächsführung vorgeführt: Ihre Eig-

nicht über Fußnoten und Randbemerkungen hinaus in einen umfassenderen Diskussionszusammenhang gestellt worden.

4.1.3. Das Konzept der klientenzentrierten Psychotherapie nach Carl Rogers

4.1.3.1. Klientenorientierung als Alternative zu direktiven Beratungskonstellationen

Aus dem Werk von Carl Rogers soll hier zweierlei auf seine Brauchbarkeit für die Ausbildung von Interviewern in der Sozialforschung diskutiert werden: Sein Ansatz der klientenzentrierten Therapie und seine Interview- bzw. Gesprächsführungstechnik, die er zur Realisierung dieses Ansatzes entwickelte.

Das umfangreiche Gesamtwerk von Rogers ist wesentlich vielfältiger und die 1938 begonnene Arbeit am Konzept der klienten-orientierten Psychotherapie und der Gesprächstechnik entstammen lediglich der ersten Phase seines Schaffens. Auch wenn in späteren Jahren thematische Verschiebungen seiner Arbeit und Modifikationen seiner Ausgangsposition stattgefunden haben, so waren doch alle seine Schriften immer wieder ein Votum für die Orientierung am Klienten und die Notwendigkeit der professionellen Absicherung eines entsprechenden Verfahrens[178].

Die frühen Arbeiten von Rogers sind überwiegend zwei Themen gewidmet: Zum einen geht es um die theoretische Begründung seiner Psychotherapie und das ihr zugrundeliegende Menschenbild. In diesem Zusammenhang weisen seine Ar-

---

nung zur Thematisierung nicht verbalisierter Gefühle (ebd.: 198)). Diesen Hinweis nimmt Hopf auch später wieder auf (1991: 182, Fn. 4). - Rosenstil (1991: 127) betont die Mitwirkung von Rogers am Hawthorne Interviewprogramm. - Mit einer ganz anderen Akzentuierung - mit der Betonung seiner systemischen Perspektive - wurde Rogers schon länger im Zusammenhang mit Management Soziologie (Zaleznick/Jardin 1967: 205) und Organisationsentwicklung (Gebert 1972: 196) diskutiert.

178 Pfeiffer (1977) z.B. unterscheidet drei Phasen bei Rogers. Die 1. Phase, um 1940, war die der Entwicklung der klientzentrierten Psychotherapie, insbesondere der Gesprächstechnik. In einer 2. Phase, in den 50er Jahren, konzentrierte Rogers sich auf die empirische Kontrolle der klientenzentrierten Psychotherapie. In etlichen eigenen Studien und mehr noch über Studien, die durch seine Ideen angeregt waren, bemühte Rogers sich, seine klientenzentrierte Psychotherapie empirisch abzusichern. Neben eigenständigen Untersuchungen, die sich auf verschiedene Aspekte, wie z.B. das Verhältnis von Therapeut und Klient u.a. bezogen, entstanden in dieser Zeit auch etliche Analysen von Therapien, auf der Grundlage von Tonbandprotokollen. Dieses empirische Material wiederum sollte Grundlage für eine genauere theoretische Begründung der klientenzentrierten Therapie sein. - Bisweilen wird noch ein 3. Phase der Arbeit von Rogers betont: Um 1960 läßt sich eine Modifikation seiner frühen Ansichten zur therapeutischen Situation beobachten. Es wird eine stärkere Selbsteinbringung des Therapeuten empfohlen, und gleichzeitig findet eine stärkere Hinwendung zum Erleben des Klienten in der Psychotherapie statt. (Pfeiffer 1977: 11)

beiten auch über die therapeutische Beziehung hinaus und wollen Hinweise für die Gestaltung menschlichen Zusammenlebens geben[179]. Zum anderen geht es Rogers um die Professionalisierung der therapeutischen Tätigkeit. In diesem Zusammenhang stellt er in seinen Büchern etliche Therapiebeispiele vor. Nach Tonbandaufzeichnungen angefertigte Abschriften von vollständigen Therapiestunden bzw. markanten Ausschnitten werden dargestellt, kommentiert, und so sein therapeutisches Konzept transparent gemacht[180].

Die Bedeutung der von Rogers vertretenen Klientenorientierung läßt sich zum einen in der Abgrenzung gegenüber anderen Konzepten der Psychotherapie skizzieren. In diesem Sinne verstehen sich die Arbeiten von Rogers nicht lediglich als eine Abkehr von der traditionellen Psychotherapie, sondern als expliziter Bruch mit der herkömmlichen Vorstellung von Therapie[181]. Bei traditionellen Verfahren - so Rogers - steht im Mittelpunkt das Problem und nicht die Person (Rogers 1942: 29-35). Das Problem ist das, was der Therapeut als Problemlage, bzw. als Krankheitsbild des Patienten diagnostiziert hat. Dies gilt es zu heilen, was nichts anderes bedeutet, als daß der Patient an die Normalitätsvorstellungen des Therapeuten angepaßt wird.

In einer Untersuchung über Unterschiede in den Techniken von direktiven und nicht-direktiven Beratern[182] ermittelt Rogers die charakteristischen Merkmale der traditionellen Psychotherapie. Sie bedient sich überwiegend der Methoden des Anordnens und Verbietens, des Ermahnens und der Suggestion. Therapie bedeutet

---

179 Er vertritt "die Auffassung, daß Psychotherapie nur ein Sonderfall aller konstruktiven zwischenmenschlichen Beziehungen ist und daß sich infolgedessen sämtliche Erkenntnisse aus dem Bereich der Psychotherapie verallgemeinern lassen." (Rogers 1977:21f)

180 Der ständige Bezug auf "Material" ist für eine Vermittlung der klientenzentrierten Psychotherapie im Sinne von Rogers unverzichtbar. Nicht nur in der Therapie selbst, sondern auch in ihrer Vermittlung in der Lehre bzw. in der Ausbildung muß immer ein Stück des Erlebens mitvermittelt werden, und das ist auf ausschließlich kognitiver Ebene nicht zu bewerkstelligen ist. In seinen Veröffentlichungen war dies für Rogers ein grundlegendes Problem, "da die wirkliche Bedeutung des Dings das Ding selbst ist" (Rogers 1951: 15). Die Differenz, die bereits zwischen Tonband- und transkribiertem Protokoll besteht (Rogers 1951: 39), vergrößert sich bei paraphrasierenden oder beschreibenden Zusammenfassungen, denn je entfernter von der Situation, um so mehr vom Prozeß des Erlebens geht verloren. Zur Ausbildung in und zur Vermittlung von Rogers Therapie können Videos einiger von ihm durchgeführten Therapien entliehen werden über die *Gesellschaft für wissenschaftliche Gesprächspsychotherapie, Richard-Wagner-Str. 12, 5000 Köln 1*.

181 nwieweit Rogers mit seiner Kritik anderen Richtungen der Psychotherapie, insbesondere der Psychoanalyse gerecht wird, sei hier dahingestellt.

182 Vgl. Rogers 1942: Tabellen Seite 112ff und 116. Dort werden die Ergebnisse einer Erhebung über typische Beratertechniken in direktiven und in nicht-direktiven Beratungen tabellarisch einander gegenüber gestellt.

dort Intervention durch den Therapeuten, da er entscheidet und seine Entscheidungen mittels Rat oder Überredung durchzusetzen versucht.
Die klientenzentrierte Psychotherapie versteht sich hierzu als Alternative, denn:

> Das Ziel ist es nicht, ein bestimmtes Problem zu lösen, sondern dem Individuum zu helfen, sich zu entwickeln, so daß es mit dem gegenwärtigen Problem und mit späteren Problemen auf besser integrierte Weise fertig wird (Rogers 1942: 36).

Und:

> ... wenn der Berater auf die vom Klienten ausgedrückten Einstellungen eingeht und seine Gefühle erkennt und klärt, ist das Interview klient-bezogen (client-centered) und das vorgebrachte Material ist Material, das für das Problem des Klienten emotionell relevant ist. Wenn der Berater andererseits auf den gedanklichen Inhalt reagiert, dann geht das Interview in Richtung der Interessen des Beraters, und die wesentlichen Probleme des Klienten treten nur langsam und bruchstückhaft zutage (Rogers 1942: 129).

Ähnlich formuliert Rogers auch später noch:

> Man hat entdeckt, daß die Berater früher mit Fragen, Interpretationen, Beruhigungen, Ermunterungen und Hinweisen reagierten. Derartige Reaktionen lassen, obwohl sie immer nur einen kleinen Teil des Ganzen ausmachen, ein begrenztes Vertrauen des Beraters in die Fähigkeit des Klienten erkennen, seine Schwierigkeiten zu verstehen und mit ihnen fertig zu werden (Rogers 1951: 43).

4.1.3.2. Ablauf und Funktion des therapeutischen Prozesses in der klientenzentrierten Therapie

Neben der grundsätzlich veränderten Rollen- und Situationsdefinition in der Therapie liegt die Bedeutung des klientenzentrierten Ansatzes in einem völlig anders strukturierten Ablauf des eigentlichen therapeutischen Prozesses, und in einer veränderten Funktion des Prozesses.[183] So ist das charakteristischste Merkmal der klientenzentrierten Psychotherapie die Überzeugung von der Eigenverantwortlichkeit des Klienten. Mit der Entdeckung der "Kraft und Verantwortlichkeit des Klienten" sind neue Potentiale für den Prozeß der Heilung[184] entdeckt worden, die

---

183 Eine kritische Gegenüberstellung von naturwissenschaftlich orientierter Psychologie, bzw. Lerntheorie und klientenzentrierter Psychotherapie findet sich bei Rogers 1951: 131ff.

184 Die über Klientenzentrierung freigesetzten Potentiale sind nicht nur für therapeutische Zwecke, sondern auch für andere soziale Prozesse entdeckt worden. Der wesentliche Vorteil, der sich aus einer freien Kommunikation und einem nicht-bedrohlichen psychischen Klima ergibt, besteht in der Möglichkeit, individuell unterschiedliche Bedeutungszuschreibungen von verschiedenen Teilnehmern an einer Situation zu erkennen. Diese Erkenntnis ist eine Voraussetzung für jede Verständigung und hilft, Kommunikationshindernisse aus dem Weg zu räumen. (Rogers 1951: 306-309). Von Gordon (1951) wurde dies in ein Konzept grup-

dem "Heilungsprozeß" eine andere Richtung und einen anderen Verlauf geben: Klientenzentrierte Psychotherapie macht 1. frei für Normalität; setzt 2. auf emotionale Reorganisation statt auf intellektuelle Einsicht; und bezieht sich 3. in ihrem Verlauf eher auf die Gegenwart als auf Vergangenheit. Der eigentliche Prozeß in der klientenzentrierten Psychotherapie in Abgrenzung zu anderen "Heilungsprozessen" wird von Rogers verschiedentlich beschrieben[185]. Sein Verlauf wird aus unterschiedlichen Perspektiven verfolgt. Zuerst aus der Perspektive des Patienten:

> 1. Der Klient vermag in wachsendem Maß seine Gefühle und persönlichen Bedeutungsinhalte sowohl verbal als auch körperlich-motorisch zu äußern.
>
> 2. Seine Äußerungen beziehen sich zunehmend auf Vorgänge, die das Selbst betreffen.
>
> 3. Er vermag seine Gefühle und Wahrnehmungen sowie deren Gegenstände, äußere und innere, genauer zu differenzieren. Sein Erleben wird in seinem Bewußtsein präziser symbolisiert.
>
> 4. Er beginnt sich zunehmend mit der Inkongruenz zwischen seinem unmittelbaren Erleben und seinem Selbstbild zu beschäftigen.
>
> 5. Er nimmt einige dieser Widersprüche in vollem Umfang und bewußt wahr. Er lebt jetzt Gefühle und Bedeutungsinhalte, die früher aus seinem Bewußtsein ausgeschlossen waren.
>
> 6. Sein Selbstbild wandelt sich und gestaltet sich fortwährend um, damit diese ehemals verleugneten Erfahrungen assimiliert werden können.
>
> 7. Parallel dazu gelangt der Klient zu der Erkenntnis, daß die Strukturen, nach denen er sein Leben ausgerichtet hat, seine eigenen Schöpfungen sind und nicht objektive Gegebenheiten der Außenwelt.
>
> 8. Aufgrund der vorangegangenen Schritte stimmt das Selbstkonzept des Klienten mit seinem unmittelbaren Erleben mehr überein und ist gleichzeitig fließender und

---

penbezogener Führung und Verwaltung übersetzt (eine Gegenüberstellung von traditioneller und gruppenbezogener Führung bei Gordon 1951: 299-301). - In seiner Konzeption schülerbezogenen Unterrichtens ging Rogers von der Prämisse aus: "Wir können eine andere Person nicht direkt etwas lehren; wir können nur ihr Lernen fördern." (Rogers 1951: 338) Daraus ergab sich für ihn als Fazit: "Die erzieherische Situation, die auf wirkungsvollste Weise signifikantes Lernen fördert, ist eine Situation, in der 1. die Bedrohung für das Selbst des Lernenden auf ein Minimum reduziert und 2. differenzierte Wahrnehmung des Erfahrungsfeldes gefördert wird." (Rogers 1951: 340)

185 Für die detaillierte Beschreibung des Verlaufs der Therapie gibt Rogers - je nach Perspektive - zwischen 7 und 12 Stufen an (Rogers 1977: 32ff). Unabhängig davon besteht aber die eigentliche Veränderung während dieses Prozesses darin, daß die strenge räumliche und zeitliche Distanz zu den eigenen Gefühle und ihre objektivierende Wahrnehmung hingeführt wird zum Erleben in der Person.

veränderlicher geworden. Zunehmende Kongruenz von Selbst und Erleben ist gleichbedeutend mit einer Besserung der psychischen Einordnung.

9. Da der Klient an Kongruenz gewonnen hat und sich deshalb von innen her weniger bedroht fühlt, kann er freier und offener mit dem Therapeuten und anderen Personen in Beziehung treten..

10. Er sieht sich selbst zunehmend als Bezugspunkt und Maßstab für Bewertungen (Rogers 1975, 45).

Aus der Perspektive des Therapeuten beinhaltet die klientenzentrierte Therapie eine prinzipiell veränderte Aufgabenstellung, die sich durch den gesamten Verlauf der Therapie hindurch zieht. Seine Aufgabe ist nämlich,

> ... die Schaffung einer interpersonellen Situation, in der einmal dem Klienten Material zu Bewußtsein kommen kann und zum anderen der Berater seine Bereitwilligkeit sinnvoll demonstriert, den Klienten als eine Person zu betrachten, die imstande ist, sich selbst zu lenken (Rogers 1951: 38).

Gleichzeitig durchläuft eine Therapie aber auch verschiedene Etappen, während derer die Realisierung der grundlegenden Aufgabenstellung unterschiedliche Anforderungen an den Therapeuten stellt. Erstens muß er die konkreten Einstellungen des Klienten zur Therapie, bzw. zur Beratung ermitteln. Dies bezieht sich einerseits auf das Bild des Klienten vom Berater und die damit verbundenen Erwartungen. Dies ist notwendig für einen produktiven Verlauf der Therapie, denn die Erfahrung hat gezeigt:

> Der Berater kann mit allem identifiziert werden, wogegen das Individuum ankämpft, oder er kann als Antwort auf alle Probleme und als Lösung aller Schwierigkeiten betrachtet werden (Rogers 1942: 56).

Andererseits muß der Therapeut auch den "Leidensdruck" des Klienten ermitteln, da dieser quasi die "Eingangsvoraussetzung" für eine Therapie ist.

Zweitens muß der Therapeut die innere und äußere Situation des Klienten auf die darin enthaltenen Chancen für eine Verhaltensänderung beurteilen (Rogers 1942: 64f) Drittens schließlich muß er klären, ob der Klient auch Hilfe will, ob er nicht etwa überwiegend auf Drängen Dritter gekommen ist. Und parallel dazu muß er abklären, inwieweit der Klient auch fähig ist, eine therapeutische Situation herzustellen, ob er z.B. auch über die entsprechende Verbalisierungsfähigkeit verfügt.

Erst nach diesen Vorklärungen, während derer der Therapeut sich sehr gezielt, informationsermittelnd, verhalten muß, fängt die eigentliche Therapie an. Mit ihrem Beginn werden wiederum anders akzentuierte Anforderungen an den Therapeuten gestellt:

> Häufig wird über beträchtliche Strecken der ersten Kontakte versucht, diese ganz anders geartete Form einer menschlichen Beziehung zu verstehen und auszuprobie-

ren. Diese Tatsache muß der Berater erkennen, wenn er die Situation wirkungsvoll handhaben will (Rogers 1942: 84).

Nachdem zunächst von Seiten des Therapeuten gezielt Informationen ermittelt werden mußten, geht es in der darauf folgenden Phase darum, daß er immer, wenn nötig, den Klienten auf die Spielregeln der Therapie, oder anders ausgedrückt, auf die Situationsdefinition verpflichtet. Je weiter eine Therapie fortschreitet - so legen auch empirische Untersuchungen nahe - desto mehr nehmen Situationsdefinitionen durch den Berater ab[186].

Noch aus einer dritten Perspektive schließlich beschreibt Rogers den Prozeß der Therapie: Als Interaktion zwischen Therapeut und Klient, deren Muster sich - aus eben dieser Interaktion hervorgehend - im Zeitverlauf ändert[187]:

1. Der Klient will Hilfe. Dieser erste Schritt zu Beginn des therapeutischen Prozesses ist bisweilen selbst schon Ergebnis der Interaktion zwischen Klient und Therapeut. So ist es nicht ungewöhnlich, daß der Klient seine Vorstellung damit einleitet, daß er auf den Rat Dritter gekommen sei. In den ersten Vorabklärungen seitens des Therapeuten kann es dann dazu kommen, daß der Klient auch jetzt erst sich selbst gegenüber eingesteht, daß er selbst an einer Therapie interessiert ist[188]. Das Eingeständnis, zumindest auch aus eigenem Interesse

---

186 "Die Forschung auf dem therapeutischen Sektor steckt zwar noch in den Anfangsgründen, aber immerhin gibt es bereits einige Unterlagen, die erkennen lassen, daß eine solche Strukturierung durchschaubar gemacht werden kann. Porter hat bei der Entwicklung eines Instruments zur Messung der Beratungs-Interview-Verfahren die Rolle analysiert, die der Berater in neunzehn auf Tonband protokollierten Interviews spielte. Er unterteilte die verschiedenen Beratungsverfahren in diejenigen, die die Interviewsituation definieren, diejenigen, die die Problemsituation hervorbringen und ausbauen, und diejenigen, die die Aktivität des Klienten fördern. Folgende interessante Beobachtung ließ sich anhand dieser Unterlagen machen: Wenn man Porters Interviews der Reihe nach durchgeht, dann stellt man zwischen diesen Gruppen einen deutlichen Unterschied hinsichtlich des Umfangs, in dem die Interviewsituation definiert ist, fest. In ersten Interviews befassen sich durchschnittlich mehr als sechs Berater-Feststellungen mit der Definition der Beziehung. Bei den mittleren Interviews (dem vierten, fünften und sechsten) definiert im Schnitt nur noch eine Feststellung des Beraters pro Interview die Situation. Bei den abschließenden Interviews finden sich fast keine Bemerkungen dieser Art. - Lewis kommt in ihrer sehr detaillierten Analyse sowohl der Berater- als auch der Klient-Feststellungen in sechs Behandlungsfällen zum gleichen Ergebnis. Im ersten Zehntel der therapeutischen Kontakte finden sich die meisten Erklärungen bezüglich der Rolle des Therapeuten. In allen nachfolgenden Zehnteln werden diese Erklärungen immer seltener, bis sie schließlich ganz fehlen." (Rogers 1942: 88)
187 Vgl. dazu ausführlich Rogers 1942: 38-50. Auch dieses Phasenmodell ist durch empirische Untersuchungen belegt (ebd.: 50-52).
188 "(Tonbandprotokoll)

den Gang zur Therapie angetreten zu haben, ist nicht weniger "Eingangsvoraussetzung" wie das Vorhandensein eines Leidensdruckes, da erst durch das eigene Interesse an einer Therapie der Klient ein Stück Verantwortung für sich übernimmt.

B: Ich glaube, ich weiß nicht sehr viel darüber, wie Sie hergekommen sind - ich meine, ich weiß nicht, ob Ihnen jemand vorgeschlagen hat, mich aufzusuchen oder ob irgend etwas Sie beunruhigt und Hilfe suchen läßt.
K: Ich habe mit Miss G. gesprochen, und sie schlug mir vor, diesen Kurs zu besuchen. Mein Dozent sagte mir, es gehöre zu diesem Kurs, daß ich Sie sehe, also bin ich gekommen.
B: Sie haben den Kurs also belegt, weil man Ihnen dazu geraten hatte.
K: Hm...ja.
B: Ich nehme an, daß Sie auch aus dem gleichen Grund zu mir gekommen sind, ich meine ...
K: Ja.
B: Also, hm, eines möchte ich gleich zu Anfang klarstellen; wenn ich irgendwas tun kann, um Ihnen zu helfen, einige der Dinge durchzuarbeiten, die Sie unter Umständen belasten, dann bin ich gerne dazu bereit. Auf der anderen Seite will ich aber nicht, daß Sie denken, Sie müßten zu mir kommen oder daß es zu dem gehört, was Sie für den Kurs tun müssen. Manchmal hat einer Schwierigkeiten mit seinem Studium, manchmal mit anderen Dingen. Diese Sachen kann man besser durcharbeiten, wenn man mit jemand darüber spricht und versucht, den Dingen auf den Grund zu gehen, aber ich finde, das sollte jedem selbst überlassen bleiben; deshalb möchte ich gleich zu Anfang klarstellen, daß es bei Ihnen liegt. Wenn Sie mich sehen wollen, bin ich einmal in der Woche für Sie da, und Sie können kommen und mit mir reden - aber Sie müssen nicht. Ich weiß jetzt nicht - wollen Sie mir vielleicht erzählen, wie Sie dazu kamen, diesen Kurs zu belegen - ging das nur auf den Vorschlag von Miss G. zurück?
K: Miss G. hat es mir geraten. Sie fand meine Lerngewohnheiten nicht gut, weil sie sich offenbar nicht sonderlich vorteilhaft auf meine Noten und all das auswirkten. Deshalb dachte sie, wenn ich mich mal damit befasse, würde ich lernen, meine Zeit besser zu nutzen, mich besser zu konzentrieren und so weiter.
B: Der Grund, weshalb Sie den Kurs belegt haben, war demnach, daß Sie Miss G. zufriedenstellen wollten.
K: Ja, das stimmt. Nein, nicht ganz. Ich wollte mich selbst verbessern.
B: Hm, ich verstehe.
K: Ich wollte meine Arbeitsmethoden, meine Lerngewohnheiten ändern und erfahren, wie ich meine Zeit besser nutzen und meine Konzentration steigern kann.
B: Klar.
K: Ich gehe in den Kurs. Sie hat es mir vorgeschlagen, und ich tue es zu meinem eigenen Nutzen.
B: Ich verstehe. Sie tun es also zum Teil, weil es Ihnen vorgeschlagen wurde, zum Teil aber auch, weil es Ihr eigener Wunsch war, so was zu machen, stimmt das?
K: Ich hatte das Gefühl, daß ich das brauche, deshalb hab ich mich eingeschrieben. (*Lacht*)
B: Jetzt interessiert es mich eigentlich viel mehr warum Sie dachten, Sie könnten es brauchen. Warum Miss G. meinte, Sie brauchten es, ist nebensächlich. Warum dachten Sie das?"
(Rogers 1942: 38f)

2. Definition der Situation. Hier geht es darum, Erwartungssicherheit für Klient und Therapeut herzustellen. Neben der Erläuterung eher technischer Rahmenbedingungen muß der Therapeut hierzu auch vermitteln,

> ... daß es seine Aufgabe ist, die Atmosphäre zu schaffen, in der die Probleme durchdacht und die Beziehungen deutlicher erkannt werden können (Rogers 1942: 41).

Der Hinweis auf den Charakter der Therapie, den Charakter der Beziehung zwischen Klient und Therapeut alleine reicht nicht aus, um diesen Aspekt der Situationsdefinition zu vermitteln, selbst wenn mehrfach entsprechende Hinweise gegeben werden.

Diese Art der intellektuellen Erklärung reicht offenbar nicht aus. Die Grundidee muß immer wieder betont werden, bis der Klient spürt (Hervorh. von mir), daß es sich um eine Situation handelt,... (Rogers 1942: 40) in der er sich entfalten kann. Und dieser Aspekt des Spürens oder Erlebens kann ohnehin nur interaktiv, nämlich in Beziehung zu einer anderen Person vermittelt werden.

3. Ermutigung zum freien Ausdruck:

> In gewissem Umfang wird dies durch die freundliche, interessierte und aufnahmebereite Einstellung des Beraters erreicht, zum Teil aber auch durch verbesserte Interviewtechniken. Wenn es uns gelang, dem Klienten das Gefühl zu geben, daß die Stunde ausschließlich ihm gehörte und von ihm ganz nach Wunsch genutzt werden konnte, kam es nicht selten zu Ausbrüchen von Feindseligkeit und Angst, von Gefühlen der Sorge und der Schuld, der Ambivalenzen und Unentschlossenheit, denen freien Lauf zu lassen wir nach und nach gelernt haben. (Rogers 1942: 42)

Diese Bemerkungen belegen, daß die "Ermutigung zum freien Ausdruck" nicht lediglich einen Lernprozeß auf Seiten des Klienten voraussetzt. Auch auf Seiten des Therapeuten wird eine erlernte Fähigkeit vorausgesetzt, nämlich nicht beurteilend, bewertend, steuernd oder sonst irgendwie strukturierend auf Äußerungen des Klienten zu reagieren. Der Therapeut hat diese Fähigkeit allerdings nicht im Laufe einer einzelnen Therapie, sondern über Ausbildung und über die Erfahrung verschiedener Therapien hergestellt.

4. Der Berater akzeptiert und klärt: Beides vollzieht er explizit und vorbehaltlos und er bezieht sich dabei ausschließlich auf das vom Klienten geäußerte Gefühl und nicht auf den Inhalt der Äußerung. Am Beispiel des Protokolls einer Beratung mit einer Mutter, die mit ihrem Sohn nicht zurecht kommt, erläutert Rogers dieses Prinzip:

> Der Berater akzeptiert den Zorn der Mutter, ihre Hoffnungslosigkeit und ihre Verzweiflung ohne Kritik, ohne Einwand und ohne ungebührliches Mitleid; er akzeptiert diese Gefühle lediglich als Tatsache und verbalisiert sie in etwas klarerer Form, als die Mutter es tat. Er achtet auf das Gefühl und nicht auf den Inhalt der mütterli-

chen Klagen. Als die Mutter über Jims Tischmanieren jammert, reagiert er darauf nicht im Sinne der Etikette, sondern im Sinne des Gefühls, das die Mutter offensichtlich in Bezug auf diese Manieren hat. Zu beachten ist jedoch, daß der Berater nicht über das hinausgeht, was die Mutter bereits ausgedrückt hat. Das ist außerordentlich wichtig, da es nur Schaden anrichten würde, wenn man zu weit und zu schnell voranginge und Einstellungen verbalisieren würde, die dem Klienten noch nicht bewußt sind. Das eigentliche Ziel besteht darin, die Gefühle, die der Klient imstande war auszudrücken, zu erkennen und voll zu akzeptieren. (Rogers 1942: 45)

5. Ausdruck positiver Gefühle. Nachdem negative Gefühle wie Wut, Aggression und Haß ausgedrückt werden konnten, ohne daß diesen Äußerungen mit Kritik oder Ablehnung begegnet wurde, dann werden auch positive Gefühle als Ausdruck bislang verborgener oder verschütteter Ambivalenzen gezeigt. Dies geschieht stufenweise, manchmal in einem recht langwierig fortschreitenden Prozeß. Nach allen Erfahrungen mit der klientenzentrierten Therapie ist dieser Vorgang, "einer der sichersten Aspekte des gesamten Prozesses ..., der mit Bestimmtheit vorausgesagt werden kann." (Rogers 1942: 45)

6. Erkennen positiver Impulse. Nachdem der Klient im Verlauf der 3. und 4. Phase Raum und Gelegenheit hatte, seine problematischen Impulse darzustellen und sie sich selbst zu vergegenwärtigen, kann er jetzt analoge Erfahrungen mit der positiven Seite seiner ambivalenten Einstellungen machen.

7. Entwicklung von Einsicht. Nach vorausgegangenen Phasen, in denen Prozesse des Erlebens im Zentrum standen, folgt nun eine Phase der eher kognitiven Bearbeitung. Sie "... stellt die Basis dar, von der aus das Individuum zu neuen Integrationsebenen fortschreiten kann" (ebd. 46). Wirkte der Therapeut bis hierhin eher als ein Katalysator für Empfindungen und Gefühle, wirkt er nun als Katalysator im kognitiven Klärungsprozeß.

8. Klärung der zur Wahl stehenden Möglichkeiten.

Neben diesem Prozeß der Einsicht findet ein Prozeß der Klärung möglicher Entscheidungen, möglicher Handlungsabläufe statt - und es muß noch einmal betont werden, daß die aufgeführten Schritte weder getrennt voneinander noch in einer starren Reihenfolge stattfinden. Dieser Prozeß findet häufig mit einer etwas hoffnungslosen Einstellung statt. Das Individuum scheint im wesentlichen zu sagen: "So bin ich also, ich sehe das jetzt viel deutlicher. Aber wie kann ich mich ändern?" Die Funktion des Beraters besteht hier darin, daß er hilft, die verschiedenen zur Verfügung stehenden Möglichkeiten zu klären und die Angst und die Mutlosigkeit, die das Individuum fühlt, anzuerkennen. Seine Funktion ist es nicht, zu einem bestimmten Handlungsablauf zu drängen oder Ratschläge zu erteilen. (Rogers 1942: 47)

9. Positive Handlungen. An dieser Stelle beginnt der in der Therapie eingeleitete Prozeß, sich im Alltag außerhalb der Therapie fortzusetzen. Zunächst sind es

kleine und kleinste Aktivitäten, die der Klient seinem neuen Selbst entsprechend praktiziert. Was sich bislang im geschützten Rahmen der Therapie vollzog, kann nun unter weniger geschützten Bedingungen erprobt werden. Hier beginnt nun ein Prozeß, der sich zunehmend aus der Therapie herausverlagert und der nicht mit dem einmaligen Durchlaufen der nun folgenden Schritte abgeschlossen ist. Diese Schritte sind

10. wachsende Einsicht;

11. gesteigerte Unabhängigkeit;

12. nachlassendes Hilfsbedürfnis

und sie werden mehrfach, quasi jeweils auf erweiterter Stufenleiter, durchlaufen.

Wenn überhaupt von einem eindeutig zu indentifizierenden Resultat des therapeutischen Prozesses in der klientenzentrierten Therapie gesprochen werden kann, dann ist es eine Art Aha-Erlebnis: Bislang ausschließlich in einer bestimmten Weise wahrgenommene Beziehungen erscheinen nun als "... verschiedene Elemente, die plötzlich in einer neuen Beziehung wahrgenommen werden, die die Lösung darstellt" (Rogers 1942: 188). Da es sich dabei nicht lediglich um einen kognitiven Vorgang, sondern auch um eine Veränderung des inneren Erlebens, die vor allem auch mit einer Akzeptierung des Selbst verbunden ist (Rogers 1942: 187ff), handelt, kann auch dies nur vage zeitlich festgelegt werden.

Exkurs: Klientenzentrierte Therapie und demokratische Kultur in den USA

Eine ganz andere Dimension der Bedeutung der Arbeit von Rogers ergibt sich, wenn sie in Beziehung zu dem sozialen Rahmen betrachtet wird, dem sie entstammt. Rogers selbst verweist auf den Zusammenhang von nicht-direktiver Therapie und amerikanischer demokratischer Kultur (Rogers 1951: 22). Das Gedankengut der frühen amerikanischen Demokratisierungsbewegung[189] ist in vielfältiger Weise in die Konzeption der klientenzentrierten Psychotherapie eingebunden. Der Glaube an die Fähigkeit zu individuellem Wachstum, die aufklärerische Wirkung von Expertenwissen, bzw. professioneller Beratung und die demokratische, da dialogische, Beziehung zwischen Therapeut und Klient haben dort gleichermaßen ihren Ursprung.

Daß er vom Klienten und nicht vom Patienten spricht, steht für die Programmatik seiner Psychologie, nach welcher der Therapeut sich nicht als der überlegene Partner versteht. Auf Grund der gleichberechtigten Beziehung verbietet

---

189 Zu den sozialreformerischen Bewegungen des Social Science Movement und des Professionalism, die zur Lösung sozialer Probleme vor allem auf Sozialwissenschaften setzten, vgl. Maindok 1977.

es sich auch für den Therapeuten, dem Klienten Anweisungen zu geben, d.h. sich direktiv zu verhalten. Sinn einer Psychotherapie sollte es vielmehr sein, die Selbstverantwortlichkeit des Klienten zu fördern. Die radikale Klientenorientierung von Rogers Psychotherapie findet in seinen Vorstellungen über Verlauf und Ergebnis einer gelungenen Therapie ihren pointiertesten Ausdruck:

Wenn die Rekonstruktion einer autonomen Persönlichkeit Aufgabe und Ziel des therapeutischen Prozesses ist, kommt dem Therapeuten die Rolle eines Mediums zu, über welches die Herstellung dieser autonomen Persönlichkeit vermittelt wird. Ganz allgemein gesprochen besteht die Aufgabe des Therapeuten darin, Äußerungen des Klienten zu reflektieren und zu verstärken und seine eigene Persönlichkeit aus dem Geschehen herauszuhalten. Gleichzeitig wird der Therapeut bei Rogers aber auch immer wieder auf das nachdrücklichste aufgefordert, dem Klienten emotionale Wärme entgegenzubringen. Die Rekonstruktion der Persönlichkeit des Klienten wird geradezu davon abhängig gemacht, daß der Therapeut sich in den Klienten einfühlt und sein Mitempfinden auch spürbar werden läßt (216).

4.2. Interviewer: Anforderungen, Fähigkeiten und Fertigkeiten

4.2.1. Die Technik der klientenzentrierten Gesprächsführung

Explizite Darlegungen der Gesprächstechnik von Rogers finden sich in seinen Arbeiten aus den frühen 40er Jahren. Damals galt es zunächst, die nicht-direktive Psychotherapie einzuführen, für die damalige Zeit wohl ein revolutionäres Unterfangen. Die Explikation seiner Interviewtechnik findet sich daher überwiegend in abgrenzenden Vergleichen zu direktiven Formen der Therapie und Stilen der Gesprächsführung.

Leitmotivisch für das nicht-direktive Gespräch wird immer wieder hervorgehoben, daß der Therapeut die Interviewsituation im Sinne der Verantwortung des Klienten definiert. Von der Seite des Therapeuten sollen weder Beurteilungen noch Vorschläge oder gar Berichtigungen kommen. Es wird "die fortwährende Konzentration auf die phänomenale Welt des Klienten" (Rogers 1975: 21) gefordert. Dem Klienten muß jeder erdenkliche Raum gewährt werden, damit er seine Sichtweisen darstellen, bzw. damit er sie sich überhaupt erst vergegenwärtigen kann.

Untrennbar verknüpft mit diesem kognitiven Vorgang ist nach Rogers auch ein bestimmter affektiver Prozeß: Zur Rekonstruktion der eigenen Persönlichkeit bedarf der Klient nicht lediglich eines Zuhörers, der ihm intellektuell folgt und ihn versteht. "Accept" ist die Vokabel, die in diesem Zusammenhang immer wieder bemüht wird. Die Übersetzung mit 'akzeptieren' oder 'anerkennen' weist vielleicht nicht stark genug auf das emotionale Erleben, das hier angesprochen wird. Der

Klient soll 'angenommen' werden. Hierbei handelt es sich nicht darum, daß einfach eine angenehme Atmosphäre hergestellt wird, wie es die Bemerkungen von Scheuch und Erbslöh nahelegen. Es geht vielmehr darum, daß der Klient Aspekte seiner Persönlichkeit, die er vor sich selbst verborgen hatte, also selbst nicht annehmen konnte, rekonstruiert. Dies ist ihm nur möglich, wenn er während der schrittweisen Vergegenwärtigung seiner verdrängten Anteile keine irritierenden Reaktionen seines Gegenübers erlebt.

Die nicht-direktive Therapie wird als rekonstruktiver Suchprozeß gedeutet, und dabei gilt:

> DER KLIENT IST DER BESTE FÜHRER. Der sicherste Weg zu den Problemen, die von Wichtigkeit sind, zu den Konflikten, die quälen, und zu den Gebieten, mit denen sich die Beratung konstruktiv befassen kann, ist es der Struktur der Gefühle zu folgen, wie sie der Klient frei ausdrückt. Wenn eine Person, insbesondere in einer therapeutischen Beziehung, in der sie sich nicht verteidigen muß, über sich selbst und ihre Probleme spricht, werden die wirklichen Probleme dem aufmerksamen Zuhörer immer offenkundiger. ... Folglich sind die besten Interviewtechniken diejenigen, die den Klienten ermutigen, sich so frei wie möglich auszudrücken, und bei denen der Berater sich gleichzeitig bewußt bemüht, jede Aktivität oder Reaktion zu vermeiden, die die Richtung des Interviews oder den Inhalt des Ausgedrückten beeinflussen würden. (Rogers 1942: 123)

Auf diese Situationsdefinition für klientenzentrierte Verfahren hin bestimmt Rogers auch sehr konkret die Funktion des Therapeuten. Im Rahmen dieser "technic of reflection" (Rogers 1945: 279) hat der Therapeut als "verbal mirror" zu fungieren. Er ist das Medium, über welches der Klient sich seiner Äußerungen bewußt wird. Das Mittel, das dem Therapeuten als Reflektor zur Verfügung steht, ist die Sprache, und das Instrumentarium, das Rogers anbietet, sind Empfehlungen zur Gesprächsstrategie:

In seinen eigenen Redebeiträgen solle der Therapeut immer Begriffe und Symbole des Klienten benutzen. Er solle immer nur das aufgreifen, was bereits vom Klienten zum Ausdruck gebracht wurde, keine Interpretationen vortragen, derer er sich selbst noch nicht sicher fühlt, und er solle Zusammenfassungen oder Interpretationen sofort fallen lassen und nicht weiter erörtern, wenn sie vom Klienten nicht akzeptiert werden.

An Fallbeispielen illustriert Rogers, wie diese Anweisungen in konkreten Gesprächssituationen umgesetzt werden. Dabei wird deutlich, daß der Therapeut sich zwar zurücknimmt, aber keinesfalls passiv abwartet. Er ist vielmehr in einer speziellen Weise des Zuhörens trainiert, die es ihm ermöglicht, zum "richtigen" Zeitpunkt die entscheidenden Aussagen des Klienten aufzugreifen, um somit Ausführungen des Klienten weiter anzuregen und ihn in tiefere Schichten vordringen zu lassen, aber der Therapeut geht mit dem Klienten mit, bewegt sich in den Horizonten, die der Klient zum Ausdruck gebracht hat. Insofern wird auch hier die

Kommunikation vom Therapeuten gesteuert, indem durch seine Interventionen dem Verhalten des Befragten eine ganz allgemeine Richtung gegeben wird, nämlich auf Rekonstruktion seiner Persönlichkeit hin. Es wird also auch hier strategisch auf den Gesprächsverlauf eingewirkt, aber eben nicht auf direktive Art:

> ...the problems which she discusses, their sequence from superficial to deep, the attitudes expressed - are all of her own selection. The counselor has done nothing to bias the material. There have been no questions to guide the interview. There are also no evaluations which arouse defense or which shut off expression (Rogers 1945: 280).

Die klienten-orientientierte Gesprächsführung ist als Technik verschiedentlich in einer Weise gedeutet worden, die sich von den Absichten ihres Begründers deutlich entfernt hat. Um solchen Mißverständnissen entgegen zu arbeiten, hat Rogers mehrfach zu verschiedenen Aspekten dieser Technik Stellung genommen.

4.2.3. Der Stellenwert einer Gesprächstechnik in der Therapie

Um den Stellenwert der klienten-orientierten Gesprächsführung als einer Technik innerhalb des therapeutischen Prozesses zu gewichten, muß man sich zum einen Rogers Absicht vergegenwärtigen, die mit dem Stichwort Professionalität statt Intuition umschrieben werden kann. Es geht dabei um die Entwicklung einer eigenständigen Technik der Gesprächsführung, die auch verstanden werden soll als Nachdenken des Therapeuten über die Voraussetzungen der eigenen Tätigkeit[190]. Rogers ist davon überzeugt,

> ... daß die Beratung ein erlernbarer, überschaubarer, und verstehbarer Prozeß ist, ein Prozeß, der vermittelt, überprüft, verfeinert und verbessert werden kann (Rogers 1942: 14).

Dies solle geschehen,

> ... damit das Eingehen auf den Klienten und seine Schwierigkeiten im Sinne beobachteter Realitäten statt von einer ungewissen und ausschließlich intuitiven Basis aus erfolgen kann (Rogers 1942: 55).

Die Aufklärung über die Grundlagen der eigenen Tätigkeit, deren Resultat eben eine bestimmte Art der Gesprächstechnik sein soll, muß nach Rogers Wissenschaftsverständnis auch empirisch fundiert sein. Dies drückt sich in Rogers Arbeiten nahezu durchgehend aus: Hypothesen und Annahmen, die der klientenzentrierten Therapie zugrunde liegen sind so formuliert, daß sie empirischer Überprüfung zugänglich sind. Es entstanden etliche Untersuchungen zur klientenzentrierten The-

---

[190] Entwicklung von Theorie aus empirischer Erfahrung -> Mayo Zitat -> Nachdenken über Voraussetzungen der eigenen Tätigkeit. (Rogers 1951: 31)

rapie von Rogers, bzw. seinen Mitarbeitern und Mitarbeiterinnen und in seinem Umfeld[191]. - Die Testbarkeit ihrer Hypothesen mag neben ihrer Praktikabilität ein weiterer Reiz sein, den die klientenzentrierte Therapie für Rogers und seine Rezipienten hat[192].
Ein anderer Aspekt, der die Gewichtung der Technik im therapeutischen Prozeß erhellt, ist ihre Rolle im Verhältnis zur Person des Therapeuten oder Beraters. Thesenartig kann diese Beziehung so umschrieben werden, daß in der klientenzentrierten Therapie die Technik ausschließlich als Mittel zum Ziel, und nicht isoliert oder verselbständigt, sondern eingebunden in die Einstellung des Therapeuten zum Klienten praktiziert wird. Die Charakteristik des klientenzentrierten Therapieansatzes, das besondere, nämlich demokratische Verhältnis zu Menschen, drückt sich auch in der Art und Weise aus wie die "Technik" in der Therapie zum Einsatz kommt. Es verbietet sich die Arbeit mit einer starren Technik, die isoliert von der Person des Therapeuten wirksam sein könnte (Rogers 1951: 23)[193]. Effektiv ist die Technik nur, wenn sie Einstellung und Orientierung des Beraters, der sie anwendet, unterstützt. Statt der Handhabung einer Technik geht es darum,

> daß der Berater, der in der klient-bezogenen Therapie erfolgreich tätig ist, über ein zusammenhängendes und ständig sich weiterentwickelndes, tief in seiner Persönlichkeitsstruktur verwurzeltes Sortiment von Einstellungen verfügt, ein System von Einstellungen, das von Techniken und Methoden, die mit diesem System übereinstimmen, ergänzt wird (Rogers 1951: 34).

Bei einer entsprechenden Übereinstimmung von Einstellung und Technik des Beraters wird die Technik im engeren Sinne ein Mittel "zur Durchführung von Einstellungen" (Rogers 1951: 377). Und:

---

191 Z.B. Untersuchungen über Wirkungen des Therapeuten auf den therapeutischen Prozeß (Rogers 1970: 150ff) mit Messung zur Beziehung zwischen Klient und Therapeut (ebd.: 204f) (Dieses Thema nimmt Rogers später nochmals auf und kommt u.a. zu dem interessanten Ergebnis: "Die Bewertungen der Klienten (hinsichtlich der therapeutischen Beziehung - HM) stimmen mit denen objektiver Beobachter besser überein, als die der Therapeuten." (Rogers 1977:55) Empirische Untersuchungen über die Bedeutung der Professionalität des Therapeuten für eine förderliche Situationsgestaltung in der Therapie und die Aufrechterhaltung der Balance zwischen Nähe und Distanz (Rogers 1951: 61ff); Untersuchungen über die Wirksamkeit selbstinitiierter Lernprozesse (ebd.: 64ff), zur Wahrnehmung der therapeutischen Beziehung durch den Klienten und über Erwartungen des Klienten an den Therapeuten (ebd.: 73ff). - Ebenso empirisch abgesichert sind auch die oben, Abschnitt 4.1.3.2., dargestellten Schritte im therapeutischen Prozeß (Rogers 1942).
192 Vgl. dazu Rogers 1951: 23.
193 Dem entspricht auch eine thematische Verschiebung der Arbeiten von Rogers: "Unser Interesse hat sich von der Beratertechnik zur Beratereinstellung und -philosophie verlagert, wobei die Bedeutung der Technik von einer geistigeren Ebene aus neu erkannt wurde." (Rogers 1951: 30)

Klient-bezogene Beratung kann, wenn sie wirkungsvoll werden soll, weder ein Trick sein noch ein Werkzeug. Sie ist keine subtile Art von Leitung des Klienten, bei der vorgegeben wird, daß man dem Klienten die Leitung selbst überläßt (Rogers 1951: 43).

4.2.4. Offenheit und Strukturierung in der klientenzentrierten Therapie

Ähnlich dem Verhältnis von Technik und Therapeut in der Therapie bietet das Verhältnis von Offenheit und Strukturierung in der klientenzentrierten Therapie Anlaß zu Mißverständnissen und Mißdeutungen.

Über dem Postulat der völligen Freiheit zum Gewährenlassen von Gefühlen und der Betonung, daß jede Art von Druck oder Zwang zu vermeiden seien, wird bisweilen der andere Aspekt der Situationsdefinition in der klientenzentrierten Therapie übersehen, nämlich die strenge Definition des Handlungsrahmens, in dem emotionale Freiheit gewährt wird. Klientenzentrierung beinhaltet also kein Laisserfaire, sondern eine eindeutig strukturierte Beziehung, wie bereits aus der grundlegenden Hypothese über die Wirkungsweise dieser Therapieform zu entnehmen ist:

> Wirksame Beratung besteht aus einer eindeutig strukturierten, gewährenden Beziehung, die es dem Klienten ermöglicht, zu einem Verständnis seiner selbst in einem Ausmaß zu gelangen, das ihn befähigt, aufgrund dieser neuen Orientierung positive Schritte zu unternehmen. Aus dieser Hypothese folgt zwangsläufig, daß alle Techniken auf die Entwicklung dieser freien und gewährenden Beziehung, dieses Verständnisses des eigenen Selbst in der beratenden und in anderen Beziehungen, und dieser Tendenz zur positiven, selbstinitiierten Handlung abzielen sollten (Rogers 1942: 28).

In unmittelbarem Zusammenhang mit dem Verhältnis von Offenheit und Strukturierung steht die Frage nach den Grenzen, die der therapeutischen Beziehung gesetzt sind. Werksgeschichtlich wird dieses Thema bei Rogers bereits zu einem sehr frühen Zeitpunkt behandelt (Rogers 1942: 92ff) und es sollte auch vor Beginn jeder therapeutischen oder beratenden Arbeit eindeutig und unmißverständlich geklärt werden. Definiert werden müssen Zeitgrenzen, d.h. Vereinbarungen über Häufigkeit und Dauer der Therapie- bzw. Beratungsstunden (ebd.: 96f), aggressive Handlungen müssen aus den Sitzungsstunden strikt ausgegrenzt werden (ebd.: 99f) und schließlich müssen die Grenzen der Zuneigung zwischen Klient und Therapeut klargestellt werden (ebd.: 100ff). Daß die Situation eindeutig strukturiert und definiert ist, daß die Beziehung als eine innerhalb gewisser Grenzen definiert ist, sollte im Interesse des Klienten und des Therapeuten geschehen:

> Wenn die Beziehung nur mangelhaft definiert ist, besteht immer die Möglichkeit, daß der Klient zu große Forderungen an den Berater stellt. Das Ergebnis ist, daß der Berater unterschwellig stets in der Defensive und auf der Hut bleibt, damit sein

Wunsch zu helfen ihm nicht zum Fallstrick wird. Wenn er jedoch die Grenzen seiner Funktion genau versteht, kann er diese Abwehrhaltung aufgeben, kann er sich den Bedürfnissen und Gefühlen des Klienten besser widmen und eine feste und unveränderliche Rolle spielen, in bezug auf die der Klient sich reorganisieren kann (Rogers 1942: 102f).

Dieses Plädoyer für Grenzen und für eine strukturierte Beziehung bestätigt sich in den Erfahrungen, die Rogers in der Arbeit mit der klientenzentrierten Therapie macht: Aus der Perspektive des Klienten beurteilt sollte die Rolle des Beraters kein Laisser-faire beinhalten, da dies 1. als fehlendes Interesse und 2. als geringe Wertschätzung wahrgenommen wird (Rogers 1951: 40).

4.2.5. Die Rolle des Therapeuten/Beraters

Der nicht-dircktive Charakter der klientenzentrierten Therapie mag bisweilen den Blick über die Strukturiertheit der Situation in diesem Verfahren hinweggelenkt haben. Ähnlich wenig konturiert mag die Rolle des Therapeuten, bzw. des Beraters erschienen sein. Der Anschein, diese Rolle könne von jedem eingenommen werden, sofern er nur freundlich und geduldig zuhören kann, ist hier ebenso falsch, wie im bereits diskutierten Fall des narrativen Interviews.

Die Funktion des Therapeuten wird in der klientenzentrierten Therapie als die eines Katalysators dargestellt. Daß diese Funktion nicht von jeder beliebigen Person wahrgenommen werden kann, weist bereits darauf hin, daß der Therapeut sich in einer bestimmten, professionell vermittelten Weise zum Klienten verhält. Welche Voraussetzungen damit verbunden sind, hat Rogers immer wieder zum Thema gemacht, ist doch gerade die Absicht, sich das therapeutische Verhalten zu vergegenwärtigen ein zentrales Interesse von Rogers.

In einem Katalog wünschenswerter Vorbildung listet Rogers die Eigenschaften, Fähigkeiten und Fertigkeiten des Therapeuten auf, die ihn zu einem guten Berater werden lassen: 1. Praktische Erfahrung mit und Kenntnis von Menschen und ihren Milieus; 2. Fähigkeit zum phänomenologischen Wahrnehmen von Anderen; eine Fähigkeit, die mindestens partiell erlernbar ist (Rogers 1951); 3. innere Sicherheit, eine ausgeglichene Persönlichkeit; 4. eventuell eigene Therapieerfahrung; 5. Erfahrung im einfühlenden Verstehen anderer; 6. Kenntnisse über Forschungsmethoden und psychologische Theorie. (Rogers 1951: 380ff).

Einige dieser Merkmale müssen zunächst zumindest ansatzweise auf der Ebene von Persönlichkeitsmerkmalen verankert sein: Feinfühligkeit, Objektivität i.S. von Interesse und Offenheit, bzw. Unvoreingenommenheit und Achtung vor dem Individuum (Rogers 1942: 222f) sind unabdingbare Voraussetzungen, ohne die die klientenzentrierte Gesprächstechnik gar nicht wirksam werden kann. Nur wenn diese Eigenschaften wirklich stabile Persönlichkeitsmerkmale sind, kann die Echtheit oder Kongruenz des Therapeuten entstehen, die Rogers insbesondere in seinen späteren Arbeiten immer wieder gefordert hat. Die humanistische Orientierung seines Ansatzes verlangt schließlich, daß der Therapeut keine professionelle Maske aufsetzt, sondern seine Gefühle zugibt,

> ...daß der Therapeut sich dessen, was er erlebt oder leibhaft empfindet, deutlich gewahr wird und daß ihm diese Empfindungen verfügbar sind, so daß er sie dem Klienten mitzuteilen vermag, wenn es angemessen ist (Rogers 1975: 31).

Auch nur dann ist es möglich, daß der Therapeut den Klienten vollständig und bedingungslos annimmt, ihm Zuwendung, frei von Bewertungen und Beurteilungen entgegenbringen kann, und

> ... daß der Therapeut den Klienten schätzt, wie Eltern ihr Kind schätzen - nicht weil er jede seiner Äußerungen und Verhaltensweisen gutheißt, sondern weil er ihn vollkommen und nicht nur unter bestimmten Bedingungen akzeptiert (Rogers 1975: 27).

Weitere Voraussetzungen, wie z.b. psychologisches Fachwissen sind im Rahmen eines Studiums erlernbar. Die Fähigkeit zum phänomenologischen Wahrnehmen und das einfühlende Verstehen sind teils Voraussetzungen, teils in speziellen Ausbildungen erlernbar. Zu den über Ausbildung zu vermittelnden Fähigkeiten gehört ebenfalls die von jedem Therapeuten zu beherrschende Form der Selbstkontrolle, wie sie in Supervisionen erlernt werden kann[194]. Aber alle diese Fähigkeiten und Fertigkeiten können nur dann im Sinne der klientenzentrierten Therapie wirken, wenn sie auf einer humanistischen Orientierung aufbauen.

Gerade weil auch die zu erlernenden Fähigkeiten und Fertigkeiten im Rahmen der klientenzentrierten Therapie immer nur im Zusammenhang mit Einstellungen wirksam werden können, ist die Dauer der Ausbildung von Beratern und Therapeuten nicht eindeutig festzulegen. Nach Rogers eigenen Aussagen und Erfahrungen kann sie zwischen 2 Tagen und 5 Jahren liegen (Rogers 1951: 384).

Die am häufigsten durchgeführten Ausbildungskurse für Berater dauerten je nach Zweck und Vorbildung der Teilnehmenden 2, bzw. 6 Wochen. Die sechswöchigen Kurse enthielten in der Regel die folgenden Elemente (Rogers 1951: 385ff):
1. Eine Einführung, die teilnehmerspezifisch thematische Schwerpunkte aufgreift; 2. Gruppenarbeit, eine "Mischung aus Diskussion und Gruppentherapie" (ebd.: 387); 3. Erfahrungen aus erster Hand, d.h. die Durchführung eigener Inter-

---

194 "Der gute Berater vermeidet es, seine eigenen Wünsche, Reaktionen oder Widersprüchlichkeiten in die therapeutische Situation einfließen zu lassen." (Rogers 1942: 86f) - In Rogers sogenannter 3. Phase allerdings, um 1960, die durch seine Hinwendung von einer eher strukturalistischen zu einer prozeßhaften Persönlichkeitskonzeption und zum Erleben in der Psychotherapie charakterisiert ist, betont er die Selbsteinbringung des Therapeuten in die therapeutische Situation. (Rogers 1977:11) - Aber in beiden Positionen wird vorausgesetzt, daß der Therapeut in der Lage ist, mit den eigenen Gefühlen in einer kontrollierten und strategischen Weise umzugehen.

views, sofern sich eine entsprechende Anzahl von Klienten für Ausbildungszwecke zur Verfügung stellte; 4. Fallanalyse anhand von Tonbandaufzeichnungen, bzw. Abschriften; 5. Gelegenheit zu persönlicher Therapie; 6. konzentrierte, vertraute und zwanglose Gemeinschaft, deren Bedeutung sich eigentlich erst ex-post herausstellte:

> Wenn ein Programm wie dieses so geplant werden soll, daß es die größtmögliche Wirkung hat, dann wäre es offenbar zu empfehlen, daß Auszubildende und Ausbilder, soweit sich das durchführen läßt, nicht nur gemeinsam arbeiten, sondern auch gemeinsam leben und wohnen, da die zwanglose Gemeinschaft einen bedeutenden Einfluß auf die Assimilierung neuer Konzepte und Verhaltensweisen zu haben scheint (Rogers 1951: 389).

Wie nahezu alle Aspekte der klientenzentrierten Therapie ist auch untersucht worden, welche Wirkung die Teilnahme an Ausbildungsgängen auf die Tätigkeit von Beratern hat. Diese Untersuchung (Rogers 1951: 392ff) belegt nicht nur, daß die Lernresultate entsprechender Trainingsmaßnahmen objektiviert werden können. Sie legt auch dar, daß ein solches Training in seinen Wirkungen sehr effektiv ist.

Für die Ausbildung im universitären Bereich übrigens, die unter restriktiveren Rahmenbedingungen stattfinden muß, plädiert Rogers für die Praxis des Rollenspiels und die Durchführung von Probeinterviews (ebd.: 405ff).

4.3. Nicht-direktive Techniken der Gesprächsführung als professionelle Resourcen im Klienten-orientierten Interview

4.3.1. Modifikationen des Konzepts von Carl Rogers

In der Psychologie, bzw. in Bereichen, die mit psychologisch orientierten Kommunikationskonzepten arbeiten, wurden - gerade auch in Deutschland - einzelne Motive von Rogers Ansatz vielfach aufgenommen und ergänzt. Bei den Arbeiten, an denen dies hier illustriert werden soll, handelt es sich nicht um grundlegende Modifikationen, sondern eher um Varianten, die mit dem Instrumentarium von Rogers arbeiten, daran anknüpfen und noch zusätzliche technische Möglichkeiten hinzufügen.

Einer der ersten, der mit seinen Arbeiten Rogers Konzept nicht nur erweiterte, sondern dieser Konzeption auch noch zu einem weiteren Popularisierungsschub verhalf, ist Thomas Gordon. Gordon nimmt insbesondere die Aspekte der Klientenzentrierung und der nicht-direktiven Interviewtechnik auf und versucht gleichzeitig, den Ansatz von Rogers auch für andere Bereiche fruchtbar zu machen.

Schon Rogers hatte damit begonnen, seinen Ansatz aus dem klassischen therapeutischen Bereich herauszulösen und ihn auch in andere Bereiche einzuführen, die stark über Kommunikation strukturiert werden. Neben der Ausbildung von Ärzten in der nicht-direktiven Technik der Gesprächsführung bemühte er sich um die Ausbildung von Lehrern und begründete eine neue Art des Unterrichtens.[195] Gordon schließlich widmete sich gar nicht mehr therapeutischen Problemstellungen, sondern ausschließlich der Kommunikation in verschiedenen außertherapeutischen Zusammenhängen. Auch er betätigte sich noch im pädagogischen Bereich, veröffentlichte zwei Bestseller zum Thema Eltern-Kind-Beziehungen[196], dehnte das Konzept auch auf Familien- und Partnerberatung aus, und wendete sich mit dem Thema "Gruppen-bezogene Führung und Verwaltung" (Gordon 1951) der Kommunikation in Organisationen zu.

Seine Arbeiten beschäftigten sich damit, wie das Konzept von "Akezptieren, Verstehen, Gestatten" auf Gruppen übertragen werden könnte (ebd.: 287f), mit der eindeutigen Abgrenzung von traditioneller und gruppenbezogener Führung (ebd.: 299; 301), damit, wie in Organisationen ein nicht-bedrohliches psychisches Klima geschaffen werden könne (ebd.: 309), was Vermittlung von Wärme und Einfühlung dort bedeuten könnten (ebd.: 310f), wie die Fähigkeit des Zuhörens in Organisationen vermittelt werden kann, und was dort die Grenzen einer nun nicht mehr Klienten-, sondern gruppenbezogenen Orientierung sind (310ff).

Mit dem Übergang von Therapie zu Kommunikationstraining ist "Kommunikation" für Gordon nun zum zentralen Thema geworden, er untersucht, genauer als Rogers, den Prozeß in seinem Verlauf und die in ihm eingebauten Störungsquellen. Kodierungs- und Dekodierungsprozesse in der Kommunikation, Formen des Zuhörens, Kommunikationsstile und -gewohnheiten werden von ihm analysiert und begrifflich gefaßt und damit wird ein Wissensfundus geschaffen, auf den viele Kommunikationsberater zurückgreifen. Rogers Technik des klientenzentrierten Interviews hat Gordon schließlich noch zur Technik des "Aktiven Zuhörens" erweitert. Der graduelle Unterschied zwischen den beiden Konzepten besteht darin, daß bei Gordon der Zuhörer Aktiver ist und sich selbst stärker einbringt, als dies bei Rogers der Fall ist. Ferner ist das "Aktive Zuhören" stärker als ein zu vermittelndes, bzw. zu erlernendes Konzept aufbereitet, stellt ausführlichere technische Anweisungen zur Verfügung. Bezogen auf Eltern-Kind-Beziehungen beinhaltet das Aktive Zuhören folgende Richtlinien:

1. Machen Sie sich klar, wann aktives Zuhören angebracht ist.

Denken Sie daran, daß aktives Zuhören eine Technik ist, die Ihnen hilft, Ihre Bereitschaft, das Kind zu akzeptieren und zu verstehen, mitzuteilen. Verwenden Sie es nur, wenn eigene Probleme Sie so wenig bedrängen, daß Sie dazu fähig sind, Ihren Kindern bei deren Problemen wirklich helfen zu können.

---

195 Zum schüler-bezogenen Unterrichten vgl. oben, 4.1.3.2.
196 Thomas Gordon: *Familienkonferenz* und *Familienkonferenz in der Praxis*.

2. Machen Sie sich klar, wann Sie aktives Zuhören nicht verwenden sollten.

Es wird wirkungslos bleiben, wenn Sie Ihr Kind im Moment nicht akzeptieren können - wenn Sie das Problem besitzen. Also genauso wirkungslos wird es sich bei dem Versuch erweisen, Ihr Kind dazu zu bringen, irgendeine Verhaltensweise, die Sie nicht akzeptieren, zu verändern. Verzichten Sie auf aktives Zuhören, wenn Sie keine Zeit haben oder nicht in der Stimmung sind. Benutzen Sie es nicht als Technik, um Ihre Kinder zu manipulieren. Damit erreichen Sie keineswegs, daß sie sich so verhalten, wie Sie es für wünschenswert halten.

3. Sie können es nur beherrschen, wenn Sie es ausreichend üben.

Eltern können aktives Zuhören ohne ausreichende Praxis nicht beherrschen lernen. Wenden Sie es beim Ehepartner, den Freunden und den Kindern an.

4. Geben Sie nicht zu schnell auf.

Geben Sie Ihren Kindern genügend Zeit, damit diese merken, daß Sie sie wirklich verstehen wollen und daß Sie ihre Probleme und Gefühle akzeptieren. Denken Sie daran, daß sie an Ihre Predigten, Belehrungen, Ratschläge und Nachforschungen gewöhnt sind.

5. Sie werden die Fähigkeiten Ihrer Kinder nicht kennenlernen, wenn Sie ihnen nicht die Möglichkeit geben, ihre Probleme selbst zu lösen.

Beginnen Sie, wenn Sie können, mit der Überzeugung, daß Ihre Kinder ihre Probleme ohne direkte Hilfe bewältigen können. Sie werden überrascht sein, wie ihr Vertrauen wachsen wird.

6. Nehmen Sie hin, daß aktives Zuhören Ihnen anfangs unnatürlich erscheinen wird.

Zweifellos wird es Ihnen mehr als Ihren Kindern als Trick erscheinen. Mit wachsender Übung werden Sie sich natürlicher und weniger ungeschickt vorkommen.

7. Versuchen Sie, die anderen Techniken des Zuhörens häufiger einzusetzen: passives Zuhören, Aufmerksamkeitsreaktionen und Türöffner.

Nicht jede Reaktion Ihres Kindes muß rückgemeldet werden. Verwenden Sie aktives Zuhören vor allem, wenn es sich um heftige Empfindungen handelt und wenn Ihr Kind darauf angewiesen ist, akzeptiert zu werden.

8. Geben Sie Ihren Kindern nur Rat, wenn sie ihn brauchen.

Liefern Sie keine Hilfestellung, bevor Sie sich nicht versichert haben, daß Sie das eigentliche Problem kennen. Prüfen Sie dann, ob Ihr Kind Ihren Rat wünscht. Geben Sie nur kurze Hinweise. Natürlich müssen Sie auch darauf vorbereitet sein, daß Ihre Ansichten zurückgewiesen werden: Unter Umständen sind sie unangemessen oder unbrauchbar.

9. Hüten Sie sich davor, Ihrem Kind aktives Zuhören aufzudrängen oder aufzuzwingen.

Achten Sie auf Gesten, die Ihnen mitteilen, daß Ihre Kinder keine Lust haben, zu reden oder weiterreden zu wollen. Respektieren Sie ihre Privatsphäre.

10 Erwarten Sie nicht von Ihren Kindern, daß sie sich schließlich für die von Ihnen gewünschte Lösung entscheiden.

Denken Sie daran, daß aktives Zuhören den Kindern bei deren Problemen helfen soll. Die Kinder sollen anhand dieses Instrumentes ihre eigenen Lösungen finden. Seien Sie nicht zu überrascht, wenn sich manchmal keine Lösung ergibt - vielleicht erzählen Ihre Kinder noch nicht einmal, wie sie das Problem schließlich gelöst haben. Hauptsache, sie haben es gelöst. (Gordon 76: 97f)

Auch bei Gordon wird die Verknüpfung von Kommunikationstechnik und innerer Einstellung betont. Gegenüber Rogers vertritt Gordon aber auch die Ansicht, die Technik könnte einstellungsbildend wirken. Für die Brauchbarkeit der Konzeption des Aktiven Zuhörens im Rahmen eines Interviewtrainings ist dies bedeutsam. Wenn diese These zutrifft würde das schließlich bedeuten, daß zumindest in einem gewissen Umfang Defizite auf der Ebene von Persönlichkeitsmerkmalen durch Training ausgeglichen werden können.

Die Arbeiten von Thomann und Schulz von Thun (1988) sollen hier hauptsächlich soweit eingeführt werden, als sie das "Aktive Zuhören" um die Technik des "Doppelns" ergänzten: Wie schon Rogers bauen auch diese Autoren auf der expliziten und vorrangigen Zentrierung auf den Klienten auf[197]. Ihr Programm besteht nicht darin, dem Klienten eine Diagnose zu liefern, sondern ihn zur *Selbstklärung* zu veranlassen. Dazu bedienen sie sich des bereits von Rogers und Gordon bekannten Instrumentariums des Spiegelns und des Aktiven Zuhörens[198]. Dies präzisieren sie hinsichtlich bestimmter Grundtechniken: Drastifizieren des vom Klienten Gesagten, Zusammenfassung in Form provokanter Vermutungen, Kontrasuggestion, kokretisierendes Zuhören, akzeptierendes Bestätigen, reales Folgern, Suggestion.

Das eigentlich Neue bei diesen Autoren ist, daß sie zwar nicht das Prinzip des Spiegelns, bzw. des Aktiven Zuhörens verlassen, aber über die verbale Ebene hinausgehen, auf der diese Prinzipien bislang angewandt wurden. Mit dem "Doppeln" führen sie eine zusätzliche Technik ein, die sich auch szenischer Möglichkeiten bedient. Indem der Therapeut oder Moderator in die Rolle seiner Klienten schlüpft, sie "nachspielt", arbeitet er nicht lediglich als "verbal mirror", sondern übernimmt eben auch körperlich die Funktion eines Spiegels.

Thomann und Schulz von Thun arbeiten mit dieser Technik überwiegend im Bereich von Paartherapien oder in der Gruppenarbeit. Von seiner Funktion her soll das Doppeln durch seine zusätzliche szenische Komponente als verstärktes Spie-

---

[197] "Der Klient ist immer noch der erste Fachmann seiner selbst, nur er kennt sein Gebiet, auch wenn er keinen Überblick hat oder sein Blick getrübt ist. ... Der Klient kennt seinen Weg. Und auch ein Umweg hat seinen Sinn... ." (Thoman/Schulz v. Thun 1988: 46)
[198] "das emotionale Wichtige aus der Äußerung des Klienten herausfiltert und in seiner Sprache akzeptierend zurückspiegelt." (Thoman/Schulz v. Thun 1988: 78)

geln wirken[199]. Für den Ablauf des Doppelns ist ein strenges Verlaufsschema festgelegt: 1. Der Therapeut, bzw. der Moderator muß die Erlaubnis seines Klienten zu diesem Verfahren einholen und darf ihn nicht plötzlich und unvorbereitet damit konfrontieren. 2. Er spielt das nach, also spiegelt das, was der Klient ihm mitgeteilt hat. Ein Teil der überwiegend verbalen Mitteilungen muß dabei erst szenisch übersetzt werden. 3. Der Therapeut, bzw. Moderator muß den Klienten um seine Zustimmung dazu erfragen, daß er gleichsam eine "Korrektur" des Verhaltens seines Klienten darstellen darf. D.h. er will alternative Möglichkeiten zu der zuvor gedoppelten Situation vorspielen.

Neben der professionellen Anwendung und Handhabung dieser Techniken der Kommunikationssteuerung finden sich inzwischen auch Ratgeber zur Gesprächsführung bzw. zum persönlichen Erfolgsmanagement, in denen sich Komponenten der Konzeptionen von Rogers und seinen Nachfolgern wiederfinden. Dies belegt zum einen, daß Rogers mit seiner Grundorientierung auf den Klienten und seiner Technik des Spiegelns einen Weg beschritten hat, der wirklich in faszinierender Weise praktikabel erscheint. Gerade in der populären Literatur zum Thema Kommunikationssteuerung zeigt es sich nämlich, daß diese beiden Aspekte weitreichende Möglichkeiten eröffnen, um auch ohne lange Ausbildung und Vorbereitung den Verlauf von Kommunikation sensibler wahrzunehmen und gegebenenfalls auch zu steuern.[200] Zum anderen aber wird dieses Verfahren gerade in der Ratge-

---

199 "Es geht beim Doppeln jedoch nicht nur um die Verbalisierung emotionaler Erlebnisinhalte, sondern gleichfalls um die Ergänzung, Klärung und Drastifizierung von Sache, Selbstaussage, Beziehung und Appell. ... spricht das Doppeln anstellee des Klienten ... den anderen Partner direkt an. ... Um diesen dialogischen Aspekt zu verstärken ... nennt der Klärungshelfer ... den angesprochenen Partner mit seinem Rufnamen... ." (Thoman/Schulz v. Thun 1988: 110f)

200 Weisbach (1992) - der sich sehr eng an Gordon anlehnt - empfiehlt zum autodidaktischen Training professioneller Gesprächsführung zunächst einmal, sich verschiedene Arten des Zuhörens, die er vorstellt, zu vergegenwärtigen: 1. "Ich verstehe" - Zuhören, das mit Wendungen wie z.B. "Ich verstehe, und deshalb wollen Sie jetzt..." eher ein Auftakt zum eigenen Sprechen ist, bzw. eine Unterbrechung, bei der Ausführungen des Unterbrochenen 'übernommen' und weiter ausgeführt werden. 2. Aufnehmendes Zuhören: ein echtes Zuhören, das sich körpersprachlich ausdrückt (Blickkontakt, leichtes Nicken, das nicht Zustimmung, sondern Aufmerksamkeit signalisieren etc.) - 3. Umschreibendes Zuhören mit eigenen Worten zusammengefaßt werden. Dies signalisiert Aufmerksamkeit und ist Kontrolle für richtiges Verständnis. - 4. Aktives Zuhören, bei dem auch in Worte gefaßt wird, was in verbalen Äußerungen gefühlsmäßig mitschwingt. - In einem nächsten Schritt stellt Weisbach verschiedene Gesprächshaltungen vor, die Bezugspunkt für die Frage sein sollten, "Wie gehe ich auf das ein, was der Andere sagt?", und unterscheidet dabei 1. wertende (zustimmende oder ablehnende Urteile enthaltende), 2. interpretierende (Zusammenfassung enthaltende, die möglicherweise den gemeinten Sinn verzerren), 3. stützend/tröstende (die Beziehungs- oder Gefühlsebene betonende), 4. forschende (die Inhalt-

berliteratur bisweilen auch aus all seinen Bezügen herausgelöst und soweit als Instrument reduziert, daß es schon fast den Charakter einer magischen Praktik bekommt[201].

4.3.2. Modifikationen der klientenzentrierten Psychotherapie für die Sozialforschung

Vergleicht man das Interview in der klientenzentrierten Psychotherapie mit dem Interview in der Sozialforschung, drängen sich Gemeinsamkeiten auf. Was im Verlauf des therapeutischen Interviews verbalisiert werden soll, ist nach Rogers "die phänomenale Welt des Klienten". Der Klient allein soll entscheiden, was zur Sprache kommt, in welcher Reihenfolge und mit welcher Begrifflichkeit. Jeder

---

sebene übermäßig betonende), 5. aktiv (sofort mit möglichen praktischen Lösungen/Konsequenzen aufwartende), 6. verständnisvolle (hautpsächlich auf richtiges Verstehen ausgerichtet) Gesprächshaltungen. - Die Widerstandsformen gegen offene, partnerschaftliche Kommunikation, die Weisbach aufführt, lesen sich als Verstöße gegen das Prinzip der Orientierung an der phänomenalen Welt des anderen: 1. Trotz (bewußtes Beharren auf dem eigenen Standpunkt), 2. Zuwendung zur verwehrten Alternative (als modifizierte Form von Trotz: Ich mache genau das, was ich nicht soll, oder was nicht von mir erwartet wird)), 3. Heimlichkeit und 4. Aggression. - Die von Weisbach schließlich aufgeführten Gesprächsstörer hingegen sind Verletzungen des obersten Prinzips der humanistischen Psychologie, nämlich den Klienten ernst zu nehmen: 1. Befehlen, 2. Überreden, 3. Warnen/Drohen, 4. Vorwürfe, 5. Bewerten, 6. Herunterspielen/Bagatllisieren (manchmal auch Trösten), 7. Nicht ernst nehmen/Ironisieren/Verspotten, 8. Lebensweisheiten zum Besten geben, 9. Ursachen aufzeigen und Hintergründe deuten/interpretieren, 10. Ausfragen 11. Vorschläge und Lösungen anbieten (ungebetene Ratschläge).

201 Als ein Beispiel dafür sei hier das Buch *Erfolg mit Stil. Perfektes Auftreten im Business* von Prof. Dr. Barbara Schott und Veronika Zickendraht (1992) aufgeführt. Einerseits versteht dieses Buch sich als praktische Anleitung zur Selbstinszenierung im Berufsleben ("Weiße Socken zu dunklen Anzügen gelten als absoluter Fauxpas." (ebd.: 129)). Andererseits will es aber auch als Ratgeber für psychologische Aspekte des Berufslebens dienen. An NLP (Neurolinguistisches Programmieren) orientiert, wird zunächst das Zustandekommen des Gesamteindrucks einer Person behandelt: In den ersten sieben Sekunden einer Begegnung werden 7 Informationen wahrgenommen und der Eindruck, den diese vermitteln, hält 7 Jahre. Als Beurteilungshilfe für andere wird ein Schema dargeboten, mit dessen Hilfe Typisierungen danach vorgenommen werden können, welchen der fünf Sinneskanäle das Gegenüber favorisiert. Indikatoren dafür sind: Sprache, Körperbau (dünn, angespannt = Augenmensch; voll, weich = Gefühlsmensch; dazwischen = Ohrenmensch), Stimmlage (schnell, hoch, nasal = Augenmensch; langsam, atmungsreich = Gefühlsmensch; sehr deutlich, gleichmäßig = Ohrenmensch). - Als Technik, um Zustimmung des anderen zu erreichen werden das Spiegeln der Körpersprache (wenn A die Beine übereinanderschlägt, tut auch B dies) bzw. das Überkreuzspiegeln (wenn A die Beine übereinanderschlägt, tut auch B dies, aber seitenverkehrt), und das Mitatmen, d.h. die Angleichung des Atemrythmus, empfohlen.

Bias von Seiten des Interviewers ist unerwünscht. Der Therapeut oder Berater solle nicht als eine Person mit eigenen Empfindungen und Denkweisen in Erscheinungen treten, sondern als "verbal mirror" fungieren, der die zur Sprache gebrachte phänomenale Welt des Klienten reflektiert.

Diese Anforderungen an Therapeuten erinnern stark an das, was in jedem Lehrbuch über sozialwissenschaftliche Methoden steht: um eine Beeinflussung des Befragten durch den Interviewer zu vermeiden, wird dem Interviewer strengste Neutralität abverlangt. Stellt man nun Überlegungen der interpretativen Sozialforschung denen von Rogers gegenüber, so scheint es, als wäre das Verfahren des klientenzentrierten Interviews geradezu auf die Bedürfnisse offener Interviews zugeschnitten. Wenn der Interviewer sich als "verbal mirror" versteht und auch verhält, dann scheint er über eine Strategie zu verfügen, mit welcher er die widersprüchlichen Anforderungen bewältigen kann, die seiner Rolle eigen sind: Er kann erzählungs- und verständnisgenerierend in das Gespräch eingreifen, ohne mit seinen eigenen Äußerungen die Beiträge des Befragten zu präformieren. Er kann, so scheint es, die Situation in einer Weise gestalten, daß der Befragte seine Relevanzstrukturen entfalten kann.

Bereits 1945 stellte Rogers in einem Beitrag im American Journal of Sociology seine nicht-direktive Interviewtechnik als ein Konzept vor, das auch für die Sozialforschung interessant sein könnte. Ohne Modifikationen stellt er sie in der gleichen Weise dar, wie sie auch in der Psychotherapie eingesetzt wird. Resümierend hebt er nochmals als Vorzug dieser Technik hervor, daß die Abwehr des Befragten gering gehalten und ein Bias durch den Interviewer weitgehend vermieden wird. Für die Sozialforschung fruchtbar hält er sie im Bereich von Attitude Surveys und in der Anthropologie, als "...an unbiased method by which we may plumb these private thoughts and perceptions of the individual." (Rogers 1945: 282)

Zwischen den Interviews der Hawthorne Studien und dem Konzept von Rogers bestehen nicht nur zufällige Ähnlichkeiten. In einem gemeinsamen Aufsatz von Rogers/Roethlisberger (1932) legen die beiden für ihre je unterschiedlichen Bereiche die gleichen methodologischen Überlegungen dar. Deutlicher allerdings als in diesem eher populären Beitrag von Roethlisberger über Industrieberatung wird seine Einschätzung nicht-direktiver Verfahren für die Sozialforschung in dem Bericht über die Hawthorne Studie:

Auf einer bemerkenswerten Sitzung im Verlauf der Untersuchung gesteht einer der Interviewer erst verhalten, daß die Befragten sich oft nicht an das vorgegebene Fragenschema halten und auch trotz mehrfacher Interventionen nicht drauf zurückzuführen sind. Diesem vorsichtigen Eingeständnis schließen sich nach und nach auch die anderen Interviewer an. Es kommt zu einer offenen Diskussion über Interviewprobleme. Im Verlauf dieser Debatte wird auch festgestellt, daß Befragte, die zunächst kaum zum Reden zu bewegen waren, dann aus sich herausgingen, wenn ein sie interessierendes Thema angesprochen wurde:

> This conference marked a turning point in the interviewing method. It revealed certain obvious defects in the direct-question method. Such a method tended to put a person in a "yes" or "no" frame of mind. Instead of obtaining the employee's spontaneous and real convictions, it tended to arouse a reaction of antagonism or a stereotyped form of response. Frequently the questions themselves suggested the answers .
> And, moreover, the method elicited opinions upon topics which the interviewer thought to be important but which the employee might never have thought of before. (Roethlisberger, F.J./Dickson, W.J. 1939: 202f)

Auch später noch wurde immer wieder einmal auf Rogers verwiesen (z.B. Dean/Eichhorn/Dean 1954 und Lieberherr 1983), ohne aber seine Konzeption systematisch auf ihre Brauchbarkeit für die Sozialforschung zu überprüfen. Auch bei Kahn/Cannell (1957), deren Arbeit etwa von Scheuch (1973) als eine Modifikation des Konzeptes von Rogers für die Belange der Sozialforschung angeführt wird, verhält es sich m.E. nicht anders. Kahn und Cannell betonen in ihrer Rezeption des klientenzentrierten Interviews dessen Motivationseffekte. Durch diesen Interviewstil würde eine Situation hergestellt (safe, permissive and warm), die auch für sozialwissenschaftliche Forschungsinterviews durchaus vorteilhaft sei.

In der Rogers-Rezeption wird außerdem hervorgehoben, daß allein der Klient den Gesprächsverlauf und die Themen vorgibt. Dadurch wird immer wieder ein Aspekt in den Vordergrund der nicht-direktiven Gesprächstherapie gerückt, der zwar von Rogers auch selbst immer wieder in den Vordergrund gerückt wurde, der aber m.E. den Kern des Konzeptes falsch akzentuiert. Die Themenvorgabe durch den Befragten, so Kahn und Cannell, kann für sozialwissenschaftliche Interviews (Information Getting Interviews) nicht übernommen werden.

Vielleicht liegt es an der Beteuerung seines humanistischen Anspruchs, daß die starke Position, die Rogers dem Klienten einräumt als ethisches Postulat mißverstanden wird, und damit, - wie aus der Rezeption von Kahn/Cannell ersichtlich - als Selbstzweck verstanden wird. Was dabei aus dem Blick gerät, ist die Funktion dieser Position des Klienten im therapeutischen Prozeß. Knapp gesagt dient sie als Mittel zur Rekonstruktion zerstörter und/oder verdrängter Persönlichkeitsanteile. D.h. die non-direktive Technik, wie sie Rogers vorstellt, ist - in ihrer konsequenten Ausformung - ein Mittel zur Heilung Kranker. Kahn und Cannell stellen nun nicht die Frage, wie dieses Mittel für einen anderen Zweck, nämlich die Rekonstruktion von Wissensbeständen (mehr oder weniger "normaler" Individuen) zu modifizieren sei, sondern stellen ihm ihre Konzeption des "controlled nondirective probing" gegenüber.

4.3.3. Kommunikationsprozesse in der Psychotherapie und in der Befragung: Differenzen und Gemeinsamkeiten

Die Brauchbarkeit der Technik des Spiegelns oder Widerspiegelns für die Sozialforschung läßt sich nicht auf der Basis vordergründiger Ähnlichkeiten zwischen therapeutischem und sozialwissenschaftlichem Interview einschätzen. Um die Diskussion darüber zu eröffnen, soll hier zunächst einmal nach den Differenzen zwischen der klientenzentrierten Psychotherapie und dem Interview in der Sozialforschung gefragt werden.

In der Psychotherapie und in der Sozialforschung werden aus sehr unterschiedlichen Absichten heraus Interviews geführt, und dies ist wohl die sinnfälligste Differenz. Das therapeutische Interview zielt auf Heilung, das sozialwissenschaftliche auf Informationsgewinn. Wesentlich bedeutsamer aber als die verschiedenartigen Zielsetzungen sind m.E. die Konsequenzen, die sich daraus für die Beziehung zwischen Interviewer und Befragtem ergeben: Der Befragte im therapeutischen Gespräch sucht als Klient den Therapeuten auf, weil er von ihm Hilfe will. Er läßt sich auf die Gesprächssituation und Erwartungen des Therapeuten ein, weil er sich von dieser Beziehung einen Vorteil verspricht. Zum sozialwissenschaftlichen Interview kommt der Befragte nicht, weil er Hilfe will, sondern er wird vom Interviewer zum Interview gebeten. Anders als im therapeutischen Interview findet hier also keine Austauschbeziehung statt, sondern der Befragte tut dem Interviewer einen Gefallen, wenn er sich zur Teilnahme bereit erklärt. Während der Therapeut sich um die grundsätzliche Teilnahmebereitschaft seines Klienten nicht bemühen muß, besteht für den Sozialforscher eine wesentlich schwierigere Motivationsarbeit.

Dies ist aber ein Problem, daß sich bereits vor Beginn des Interviews stellt und für die Frage nach Sinn und Nutzen der klientenzentrierten Gesprächsführung für die Sozialforschung unerheblich ist. Wenn die gesamte Last der Motivationsarbeit erst unmittelbar zu Beginn des Interviews aktualisiert und somit dem individuellen Interviewer angelastet wird, handelt es sich um ein Versäumnis in der Vorbereitung einer Untersuchung. Häufig genug werden Interviewer mit solchen Versäumnissen konfrontiert und versprechen dann aus der Situation heraus die Zusendung von Projektberichten - die niemals eintreffen -, eine Präsentation der Ergebnisse - die niemals stattfindet -, oder sie versuchen den potentiellen Befragten mit Appellen an seine soziale Verantwortung, seine Eitelkeit oder ähnlichem zu locken. All dies aber sollte nichts mit Techniken der Gesprächsführung zu tun haben.

Trotz der Differenz in den Teilnahmevoraussetzungen zum Interview sehe ich in der Beziehung, die sich nun entwickelt, eher strukturelle Gemeinsamkeiten als unüberbrückbare Gegensätze: Heilung, wie sie von Rogers verstanden wird und Informationsgewinnung in den Sozialwissenschaften setzen beide einen Rekonstruktionsprozeß voraus, in dem es darum geht, Erfahrungen und/oder Wissensbestände zu verbalisieren, die bislang von den Befragten noch nicht soweit reflektiert wurden, daß sie unmittelbar abrufbar wären. Barrieren auf dem Weg zur Versprachlichung können vielfältiger Art sein. Was insbesondere von der sinnverstehenden Soziologie im Zusammenhang mit der Problematik des Fremdverstehens immer wieder thematisiert wird, sind die Routinen, derer wir uns täglich bedienen und über die wir Konsens unterstellen, solange sie nicht in Ausnahmesituationen thematisiert werden müssen. Erst in Krisensituationen, wenn die Notwendigkeit der Explikation besteht, können diese Dinge "zur Sprache kommen". Wie die Krisenexperimente von Garfinkel gezeigt haben, stellt das Hinterfragen von Selbstverständlichkeiten nicht lediglich kognitive Anforderungen an die Befragten. In den teils unwirschen, teils aggressiven Reaktionen drückt sich aus, daß dabei auch affektive Dimensionen angesprochen werden. Daß der Rekonstruktionsprozeß in der Therapie, aber auch im Forschungsinterview nicht nur ein intellektueller, sondern auch ein emotionaler ist, wird besonders da deutlich, wo es darum geht, Verdrängtes zu erinnern. Daß Erinnerungen ganz oder teilweise durch Ambivalenzen oder Abwehr verstellt sind, ist nicht ausschließlich eine Erfahrung aus therapeutischen Gesprächen, sondern spielt auch in vergleichsweise unpersönlichen Experteninterviews eine Rolle. Die Differenz zwischen Gesprächstherapie und Forschungsinterview besteht also keineswegs in der Vorherrschaft affektiver Orientierungen auf der einen und kognitiver Orientierungen auf der anderen Seite. Beides sind Beziehungen, in denen kognitive und affektive Anteile miteinander verknüpft sind. Was nun den Unterschied zwischen den beiden ausmacht, ist eher die Frage, bis in welche affektiven Tiefenschichten zum Zwecke der Rekonstruktion vorgedrungen wird. Es geht also eher um die Intensität der Ängste, die im Verlauf der Beziehung angesprochen und überwunden werden müssen.

Wie solche zunächst graduellen Differenzen sich dann wiederum auf die Qualität und die Gestaltung des Rekonstruktionsprozesses auswirken, läßt sich im Zusammenhang mit der Intensität der Zentrierung auf die Person des Befragten erörtern. Sinn und Zweck der Sozialforschung sind daraufhin angelegt, daß Meinungen, Ansichten und/oder Denkweisen der Befragten erhoben werden sollen. Insoweit ist auch das Forschungsinterview auf die Befragten zentriert. Am konsequentesten wird dieser Anspruch von Vertretern qualitativer Methoden vertreten, denen es um die Rekonstruktion fremder Relevanzstrukturen geht. In diesem Zusammenhang hat z.B. Bude (1985) auf die Gefahr verwiesen, qualitative Interviews könnten zu einem Forum grenzenloser Selbstdarstellung von neurotischen Erzählern werden oder sie könnten aufgrund ihrer Offenheit dort, wo Abwehr gegenüber einem Thema bestehe, mit "leerem Sprechen" gefüllt werden. Diese Bedenken weisen nachdrücklich darauf hin, daß ein Forschungsinterview im Unterschied zu therapeutischen Gesprächen eben nicht ausschließlich auf die Person des Befragten zentriert sein darf, sondern auch eine vorgegebene Thematik verfolgen muß. Die Gesprächsführung im Forschungsinterview darf daher nicht vollständig dem Befragten übergeben werden, sondern der Interviewer muß auch steuernd eingreifen. Kahn/Cannel oder auch Scheuch und Erbslöh in ihrer Rogers-Rezeption sehen hier einen unüberbrückbaren Widerspruch: entweder wird Rogers Konzeption inklusive Zentrierung auf den Befragten verfolgt, aber dann kann der Zweck eines Forschungsinterviews nicht mehr verfolgt werden, oder es findet eine sozialwissenschaftliche Befragung statt, dann aber nicht im Stile von Rogers Gesprächsführrung. Wie bereits oben angesprochen, verwerfen Kahn/Cannel die Brauchbarkeit dieses Ansatzes für Befragungen vorschnell. Sie fragen nämlich nicht, wie dieses Mittel zur Rekonstruktion zerstörter und/oder verdrängter Persönlichkeitsanteile modifiziert werden könnte und auch als ein Mittel zur Rekonstruktion von Wissensbeständen eingesetzt werden könnte.

Auch wenn der Interviewer den Verlauf des Gesprächs strukturiert, braucht der Anspruch eines nicht-direktiven Verfahrens, das auf die Person des Befragten zentriert ist, nicht aufgegeben zu werden. Die Gesprächssteuerung läßt sich vielmehr in einer Art und Weise praktizieren, durch welche die einleitende Situationsdefinition - nämlich die "phänomenale Welt des Befragten" in den Mittelpunkt zu stellen - beibehalten bleibt. Gerade durch Konfrontation mit bereits Gesagtem kann dem Befragten der Wunsch oder die Notwendigkeit zu einem Themenwechsel, zur Präzisierung und zur Vertiefung plausibel gemacht werden. Indem der Interviewer als "verbal mirror" operiert, kann er auch nahelegen, daß Unthematisiertes angesprochen wird.

Oben wurde bereits gesagt, daß auch in Forschungsinterviews Themen angesprochen werden, die mit starken Affekten, möglicherweise sogar mit Angst besetzt sein können. Anders als im therapeutischen Gespräch dürfte es sich aber in einem sozialwissenschaftlichen Interview in der Regel nicht um Dinge handeln, die mit ausgesprochen traumatischen Erlebnissen verknüpft sind. Nochmals unter dem Aspekt des Rekonstruktionsprozesses betrachtet, beinhalten die verschiedenen Typen von Kommunikation unterschiedliche Intensitäten von Angst und Widerstand, die bearbeitet und überwunden werden müssen. Im Forschungsinterview mögen es unangenehme und unliebsame Erinnerungen an persönliches Versagen, Mißerfolge sein, die gegen Gefühle des Unbehagens der Erinnerung wieder zugänglich gemacht werden sollen. In der Therapie sind es dagegen dramatische Erlebnisse, deren Erleiden Persönlichkeitsstrukturen beschädigt hat, und die nicht lediglich kognitiv erinnert, sondern emotional geheilt werden müssen. Bezogen auf die unterschiedliche Intensität der affektiven Komponenten lassen sich auch unterschiedliche Dimensionen von Zentrierung auf den Befragten abgrenzen: Im sozialwissenschaftlichen Interview sollten es die subjektiven Relevanzstrukturen sein, die ein Befragter in Auseinandersetzung mit einer bestimmten Thematik zum Ausdruck bringt. Im therapeutischen Prozeß sollte es die emotionale Bedürftigkeit des Klienten sein. In ähnlich modifizierter Weise ist nun auch das "accept" für ein Forschungsinterview zu verstehen. In der Therapie steht die Erfahrung des "accept" für einen erfolgreichen Kommunikationsverlauf, und sie ist zugleich das Ziel, auf das hin der Therapeut sich orientiert und an dem er seine Arbeit beurteilen kann. Im Forschungsinterview geht es nun nicht darum, daß jemand sich emotional als Person angenommen fühlt. Wenn jemand sich schon zu einem Interview bereit erklärt, will er intellektuell, als Experte akzeptiert und anerkannt werden. Von Schritt zu Schritt des Interviews muß für ihn deutlich werden, daß der Interviewer seinen Ausführungen folgt und sich mit ihnen auseinandersetzt. Dies impliziert nichts anderes, als daß er sich des Mitgeteilten rückversichert, sondiert, kurz: sich als interessierter Zuhörer zu erkennen gibt, der sich für die Ausführungen des Befragten interessiert; und zwar interessiert unter bestimmten Gesichtspunkten, auf die hin er um das Gespräch gebeten hat und auf die hin er es auch lenken möchte.

4.3.4. Spiegeln als eine Technik der Gesprächsführung im sozialwissenschaftlichen Interview

Wird nicht in dem Moment, in dem der Interviewer explizit steuernd in den Gesprächsverlauf eingreift, ein Gesprächsmodell, das auf die Person des Befragten zentriert ist, aufgegeben ? Diese Frage kann eindeutig verneint werden. Als Rekonstruktionsprozeß verstanden, in dem Wissensbestände, Erfahrungen und/oder Meinungen so vergegenwärtigt werden, daß sie "zur Sprache kommen", besteht die Aufgabe des Interviewers darin, zu motivieren, den Rekonstruktionsprozeß zu forcieren und zu steuern. Die Technik des "Spiegelns" kann dabei als Mittel eingesetzt werden, um dem Befragten in einer Weise, die eben nicht 'von außen' in den Gesprächsverlauf eingreift, mitzuteilen, was er noch nicht oder noch nicht genügend kommuniziert hat.

In einer Befragung, die anders als eine Therapie eben kein affektives, sondern ein kognitives Primat hat, kann der Interviewer dem Befragten als "verbal mirror" den jeweiligen Stand der Rekonstruktion bestimmter Wissensbestände anzeigen. Dies erfordert nun im Vergleich zur Technik des Spiegelns im therapeutischen Gespräch einige Modifikationen. Rogers Katalog der Äußerungen des Befragten, die vom Interviewer aufgegriffen und gespiegelt werden können, muß ergänzt werden. In den Hinweisen zur nicht-direktiven Gesprächsführung heißt es, daß alle Äußerungen des Befragten, seien sie nun sprachlicher oder nicht-sprachlicher Art, aufgegriffen werden können. In einer Befragung nun, die einen thematischen Fokus hat, sollte außer Begriffen, Aussagen, Stimmungen, Gesten, die der Befragte geäußert hat, auch das aufgenommen werden, was er nicht thematisiert hat. Dies kann einmal dazu dienen, die vom Befragten angesprochene Thematik zu ergänzen ("Sie haben bislang nur Positives von ihrem Arbeitsplatz berichtet. Gibt es auch

Dinge, die nicht angenehm sind ?") oder mit dem Hinweis auf Unthematisiertes kann einen Themenwechsel eingeleitet werden ("Von ihrer Arbeitssituation haben Sie mir jetzt ein anschauliches Bild vermittelt. Wie sieht es mit ihrer Freizeit aus ?"). Eine weitere Modifikation berührt Rogers Postulat, alles zu vermeiden, was den Klienten unter Druck setzen könnte. Den Verlauf einer Befragung kann es eher anregen, wenn der Befragte auch auf Widersprüche in seinen Äußerungen hingewiesen wird ("Sie haben sehr überzeugend dargestellt, daß Ihre Wohnsituation unerträglich für sie ist. Weshalb sind Sie dann so lange hier wohnen geblieben ?"). Die von Thomann und Schulz von Thun aufgeführten erweiterten Möglichkeiten des Spiegelns, bzw. des Aktiven Zuhörens wie Drastifizierung, Kontrasuggestion etc. könnten in diesem Zusammenhang zum Ausdruck kommen. Auf diese Weise bekäme das Interview einen stärkeren dialogischen Charakter, ohne daß die phänomenale Welt des Befragten verlassen werden müßte. Hierbei ist es sogar möglich, daß der Interviewer seine eigenen Emotionen - die in extremen Situationen ohnehin kaum zu unterdrücken sind - bewußt zum Ausdruck bringen könnte: als Reaktionen auf Äußerungen des Befragten. Daß Äußerungen des Befragten emotional auf den Interviewer wirken, wird in der traditionellen Methodenlehre nur deshalb zum Problem, weil sie dort sofort in einen Zusammenhang von persönlichen Einstellungen und Meinungen gestellt werden. Das Aktive Zuhören bietet die Möglichkeit, mit der eigenen Betroffenheit so umzugehen, daß nur der Anteil dargestellt werden braucht, in dem sie Äußerungen des Befragten spiegeln.

Ob Rogers Hinweise zum "Spiegeln" gibt, ob Kahn/Cannell sich über das Proben auslassen, Gordon oder Thomann und Schulz von Thun das "Aktive Zuhören" beschreiben, es wird von allen der gleiche Fehler angesprochen, der beim Einsatz dieser Techniken gemacht werden kann: Pausen des Befragten nicht abzuwarten, d.h. ihn in seinem Rekonstruktionsprozeß zu stören und Fragen zu formulieren, die Unterstellungen, bzw. Interpretationen enthalten. Beide Verstöße sind dazu angetan, sich Widerstände von Seiten des Befragten einzuhandeln, bzw. seinen Rekonstruktionsprozeß zu unterbrechen. Dies ist die gleiche Problematik, die in sozialwissenschaftlichen Interviews, insbesondere in Situationen, die ein explizites steuerndes Eingreifen des Interviewers verlangen, aktuell wird. Um Unterstellungen, bzw. Interpretationen zu vermeiden, bietet es sich an, Zusammenfassungen, die solches beinhalten könnten, immer als Fragen zu formulieren, bzw. immer in die Form einer Nachfrage zu kleiden, die abklären soll, ob Gesagtes im Sinne des Befragten verstanden worden ist.

Witzel (1982: 92ff) belegt an Interviewbeispielen überzeugend, wie insbesondere über "Sondierungen" "verständnisgenerierende Kommunikationsstrategien" geschaf-en werden können:

> Auf diese Weise wird dem fortschreitenden Lernprozeß des Forschers/Interviewers Genüge getan und gleichzeitig die Gesprächsbereitschaft des Befragten im positiven

Sinne aufgegriffen: der Untersuchte fühlt sich ernst genommen und quittiert das Bemühen des Interviewers, sich auf seine Problemsicht einzulassen, mit der Bereitschaft, diesem Interesse entsprechend weitere Erzählsequenzen zu produzieren. Nachfragen stehen damit nicht im Widerspruch zu der Intention, eine Erzähllogik aufzubauen, im Gegenteil, sie befördern geradezu letztere, wenn sie allerdings für die Befragten nicht taktisch sondern bezogen auf den jeweils erörterten Problembereich plausibel erscheinen. Für den Interviewer ergibt sich damit die praktische Aufgabe, im Gespräch immer wieder entscheiden zu müssen, wann er mit Nachfragen einsetzen soll bzw. ob und wie eine Unterbrechung des narrativen Flusses gerechtfertigt ist, Er wird z.B. genau beobachten müssen, ob ein Befragter noch daran arbeitet, ein Problem zum Ausdruck zu bringen, oder ob dieser meint, bereits eine für ihn befriedigende Antwort gegeben zu haben (Witzel 1982: 92f).

Mit den Ausführungen von Witzel wird die Ähnlichkeit zwischen Sondieren und Spiegeln belegt. Wie lassen sich nun "Spiegeln" oder "Aktives Zuhören" auf der einen und "Sondieren" oder "Proben" auf der anderen Seite voneinander abgrenzen? Die unterschiedlichen Verwendungszusammenhänge, Heilen vs. Informationsgewinn, wurden bereits diskutiert. Ebenso wurde dargelegt, daß unterschiedlich viele Möglichkeiten bestehen, thematisch-steuernd in den Kommunikationsverlauf einzugreifen. Ein weiteres Abgrenzungskriterium, das hier noch angesprochen werden soll, ist pragmatischer Art. Bereits einleitend wurde darauf hingewiesen, daß bei Kahn/Cannel und auch bei Witzel ein Verfahren vorliegt, das durchaus eine günstige Wirkung auf den Ablauf von Interviews hat. Der Nachteil dieser Verfahren ist, daß sie in einer Form präsentiert werden, die nur wenig Hinweise für ihre Vermittlung anbietet. Es entsteht der Eindruck, als könnten Sondieren bzw. Proben nicht im Sinne einer professionellen Fertigkeit erlernt werden, sondern als könnten sie eher dadurch angeeignet werden, daß Interviewer sich erst durch langdauernde Interview- praxis gleichsam in diese Verfahren einfühlen.
Die Diskussion der Technik des Spiegelns von Rogers und auch die des Aktiven Zuhörens muß auch auf die Frage zugespitzt werden, ob sie auch in der Sozialforschung als instrumentell verwendbare Interviewtechnik vermittelt werden könnte. Um diesen Anforderungen gerecht zu werden, müßte die Technik des Spiegelns 1. konkrete *Handlungsanweisungen* für die Interviewer implizieren und 2. müßte sie sich in konkrete *Beobachtungs-* und *Beurteilungskriterien* für ein Interviewtraining umsetzen lassen. Wie oben referiert, hat Rogers nur in den frühen 40er Jahren und auch da nur in knapper Form Hinweise für das Arbeiten mit der Technik des Spiegelns gegeben. Auch hier liegt keineswegs ein klares Programm zur Einübung in diese Technik vor, das einfach übernommen werden könnte. Das Vorliegende aber, und auch die weiterführenden Arbeiten von Gordon, Thomann und Schulz von Thun bieten m.E. einen brauchbaren Ansatz, um ein solches Übungs- oder Trainings-programm für Interviewer auszuarbeiten. Anders als bei der Technik des Sondierens, bzw. des Probens werden für das Spiegeln und für das Aktive Zuhören

Anregungen gegeben, die von Interviewern konkret befolgt werden können. Die Anweisung, Begriffe, Aussagen, Stimmungen und Gesten des Befragten, das von ihm Unthematisierte und an Widersprüchen geäußerte aufzugreifen, kann ganz konkret in Handlungen umgesetzt werden. Hier ist durchaus ein Ansatz gegeben, für die Arbeit mit einer Interviewtechnik Lernschritte anzugeben. Darüber hinaus ist für ein entsprechendes Training auch die Entwicklung von Bewertungsskalen denkbar. Kahn/Cannell haben in ihrem bereits mehrfach erwähnten Manual im Zusammenhang mit der Verwendung von Rollenspielen in der Ausbildung von Interviewern solche Möglichkeiten vorgestellt, an die hier sicher angeknüpft werden könnte.

5. Interviewtraining für Sozialforscher: Perspektiven

Trotz zahlreicher Veröffentlichungen zum Thema Interview in der Sozialforschung - das haben die Kapitel "Interviewtraining als Thema in Lehrbüchern" und "Das Interview in der empirischen Sozialforschung" belegt -, bleiben viele Fragen zu den Anforderungen an Interviewer in offenen Befragungsverfahren - und auch in strukturierten Interviews mit offenen Passagen. Solange hier Unklarheit besteht, kann nicht sinnvoll über Lernziele und Lerninhalte für Inteviewtrainings diskutiert werden. Die Gegenüberstellung von verschiedenen Traditionen der Arbeit mit Interviews - die der traditionellen empirischen Sozialforschung, die des narrativen Interviews und die aus Nachbarprofessionen - sollte hier ein Stück weiter führen. Dabei stand von Anfang an fest, daß das Ergebnis der vorliegenden Arbeit nicht aus einer schlichten Addition der Beiträge unterschiedlicher Richtungen bestehen könnte: Das Bild des Interviewers in der Sozialforschung kann nicht dadurch vervollständigt werden, daß ihm noch spezielle Anforderungskomponenten des Forschers angefügt werden, der mit dem narrativen Interview arbeitet, oder gar des Therapeuten, der die klient-zentrierte Gesprächstechnik einsetzt. Ebenso unsinnig wäre es, für die Ausbildung von Interviewern umstandslos auf Lerninhalte und Lernformen anderer Bereiche zurückzugreifen. Kontinuierlicher Bezugspunkt der ausführlichen Rekonstruk-tion und Diskussion dieser verschiedenen Ansätze waren jeweils das Interview in der Sozialforschung und dessen spezielle Bedingungen. Einleitend wurde dazu das Modell des Interviews als eines in spezifischer Weise differenzierten Typus von Kommunikation vorgestellt[202]. In diesem Zusammenhang konnte der Stellenwert von Gesprächstechnik im Interview zunächst als eine für Zwecke der Analyse und auch der Ausbildung zwar isolierbare, im realen Prozeß des Interviews aber mit anderen Dimensionen dieses Kommunikationstypus verknüpfte Dimension vorgestellt werden.

Im Verlauf der vorliegenden Arbeit wurde die Dimension der Gesprächstechnik genauer untersucht. Das Ergebnis dieser Untersuchung soll zunächst an einem Schema zur Rolle der "Gesprächstechnik im Interview" erläutert werden. Daran schließt sich die eher deskriptiv orientierte Übersetzung dieser theoretischen Zusammenfassung in einen Anforderungskatalog an Interviewer und in Lernziele und Lerninhalte für ein Interviewtraining.

---

202 Vgl. oben, Seite 11.

Gesprächstechnik im Interview

thematische Kompetenz	Fachkompetenz
sozial kognitiv Steuerung über Gesprächstechnik affektiv	alltagskommunikative Kompetenz

Abb. 2

Abbildung 2 stellt eine Erweiterung des einleitenden Modells der "Kommunikation im Interview" dar. Systemtheoretisch gesprochen, wird hier die Dimension der Gesprächstechnik als Subsystem skizziert, das in Austauschbeziehungen zu seinen Umwelten steht: Als Subsystem ist "Gesprächstechnik" intern differenziert, hat verschiedene spezialisierte Leistungsbereiche ausgebildet, und kann somit unterschiedlichen externen Anforderungen nachkommen. Auf die Thematik der vorliegenden Arbeit bezogen stellt dieses Schema dar, innerhalb welchen Rahmens der Interviewer als Experte für Gesprächsführung steuernd auf den Kommunikationsprozeß im Interview Einfluß nehmen kann. Die verschiedenen "Techniken", derer er sich dabei bedienen kann, stellen gegenüber den üblichen Wissensbeständen von Sozialforschern nichts grundlegend Neues dar. - Daß für die Ausbildung von Experten für Gesprächsführung auf professionelle Ressourcen zurückgegriffen werden sollte, die in verschiedenen Kontexten, in denen mit Interviews gearbeitet wird, entwickelt worden sind, war bereits in einer der Ausgangsthesen dieser Arbeit angekündigt worden. - Neu hingegen ist die Perspektive, aus der heraus der Experte für Gesprächsführung sich diese Techniken vergegenwärtigt. Elemente von Fachkompetenz, thematischer Kompetenz und von alltagskommunikativer Kompetenz, werden aus den üblichen Zusammenhängen herausgelöst und hier zu Zwecken der Gesprächssteuerung eingesetzt. Was im Rahmen seines üblichen Entstehungs- und Verwendungskontextes eine eigenständige Bedeutung hat, wird hier funktionalisiert als Mittel zur Effektivierung der Kommunikationsarbeit im Interview. Neben dieser anderen Perspektive, unter der auf bestimmte professionelle Ressourcen Bezug genommen wird, stellt auch ihre integrative Verknüpfung eine Neuerung dar. Indem die traditionelle Sozialforschung, das narrative Interview und die nicht-direktive Gesprächsführung jeweils einen Aspekt der Kommunikation im Interview besonders betonen, weisen auch ihre professionellen Ressourcen einen entsprechenden eindi-mensionalen Zuschnitt auf. Der Interviewer als Experte für Gesprächsführung hingegen verfügt über grundlegende Wissensbestände aus allen drei Bereichen. Damit steht ihm nicht lediglich ein Set von Kompetenzen zur Verfügung, dessen Einzelelemente bislang eher isoliert voneinander waren, sondern er kann auch das Interview als Kommunikationsprozeß umfassender wahrnehmen.

Wie bereits in der Einleitung schematisch dargestellt, ist die Gesprächstechnik nur eine der Dimensionen der "Kommunikation im Interview"[203]. Das Expertentum für Gesprächsführung macht nur dann Sinn, wenn der Interviewer auch inhaltlich mit dem von ihm zu erforschenden Bereich vertraut ist. - Die thematische Kompetenz ist allerdings ein Aspekt seiner Tätigkeit, der nun nicht im Rahmen eines Interviewtrainings zu vermitteln ist und weist über das Thema Interviewtraining hinaus. - Ähnlich ist auch das Verhältnis von Gesprächstechnik und alltagskommunikativer Kompetenz zu sehen: Vorurteilsfreiheit und Offenheit waren schon immer Prinzipien, denen Sozialforschung folgen sollte. Die qualitative Sozialforschung hat sich nun gerade auch über den Nachweis profilieren können, daß traditionelle Theoriekonzeptionen und Methoden wenig Raum für ethnographische Neugierde bieten. Mit dem Aspekt der alltagskommunikativen Kompetenzen würde hier ein Bereich abgedeckt, der Vorurteilsfreiheit und Offenheit auf Seiten der Interviewer einerseits als Persönlichkeitsmerkmale verlangt. Andererseits beinhaltet dies aber auch, daß Offenheit und Vorurteilsfreiheit auch methodologisch verankert werden, und dies impliziert die Arbeit mit Erhebungsmethoden, die auf alltagskommunikativen Verfahren des Verstehens und der Verständigung basieren.

Der Unterschied zwischen diesem Aspekt der alltagskommunikativen Kompetenzen und der Fachkompetenz besteht darin, daß der Interviewer sich in der ersten Dimension in einer bestimmten Weise auf die Person des Befragten und in der zweiten, in einer bestimmten Weise auf die Situation bezieht. Während also die Dimension der alltagskommunikativen Kompetenz auf die Art der Gesprächsführung bezogen ist, ist die der Fachkompetenz auf die Art der Rollendefinition bezogen - die dann selbstverständlich auch wieder bestimmte Folgen für die Gesprächsführung hat.

Betrachtet man die "Gesprächstechnik im Interview" als Set von verschiedenartigen Austauschbeziehungen mit anderen Dimensionen des Interviewprozesses, stellen die "Austauschströme" sich folgendermaßen dar:

---

203 Vgl. oben, Seite 11.

1. Da die Beziehung zwischen Gesprächstechnik und Fachkompetenz auf die Situationsdefinition im Interview und auf Rollenzuweisungen für die Beteiligten abstellt, wird diese Austauschbeziehungen als eine mit sozialem Primat betrachtet: Es geht dabei wesentlich um die Definition der Interviewsituation als einer professionellen Beziehung. Dies soll die Beteiligten davor schützen, daß Interview als ein Ereignis zu erleben, in das sie sich "persönlich" verstricken lassen. - In Kapitel 2 wurde die Frage nach der Situationsdefinition für sozialwissenschaftliche Interviews ausführlich diskutiert. - Desweiteren wurde erörtert, daß die Vermittlung einer professionellen Einstellung zu Interviews nur dann Sinn macht, wenn auch professionelle Fertigkeiten und Fähigkeiten zu ihrer Realisierung aufgezeigt werden. Aus dem Feld der Fachkompetenz können in der Ausbildung von Interviewern Verschiedene Elemente vergegenwärtigt werden, die für eine professionelle Gesprächsführung bedeutsam sind. Im Abschnitt 2.3. ist ausführlicher behandelt worden, welche Bestände von theoretischem und methodischem Wissen als Ressource zur Herstellung einer fachwissenschaftlichen Perspektive im Interview eingesetzt werden können. Die Einhaltung fachwissenschaftlicher Standards wird in der Regel unter dem Aspekt betrachtet, daß sie ausschlaggebend für die Qualität von Untersuchungen sind. Im Rahmen eines Interviewtrainings sollten sie statt dessen zum Thema werden, weil sie es ermöglichen, eine Situation aus einer anderen Perspektive, als der der persönlichen Betroffenheit heraus zu erleben. Indem sie als Mittel eingesetzt werden, um die notwendige professionelle Distanz im Interview herzustellen, ändert sich ihre übliche Funktion. Im Kontext von Gesprächsführung stehen sie nicht mehr unter dem Aspekt eines Beurteilungsmaßstabes sondern unter dem eines Mittels, das kalkuliert und strategisch eingesetzt wird, und deshalb wirken sie als ein Element von Gesprächstechnik.

2. Die Achse Gesprächssteuerung - thematische Kompetenz hebt darauf ab, daß in einem Interview sprachliches Material erzeugt werden soll, das bestimmten inhaltlichen Anforderungen genügt , und das auch in einer bestimmten Darstellungsform organisiert ist. Sie steht daher für eine Beziehung mit kognitivem Primat. In Kapitel 3 konnte gezeigt werden - am Beispiel des narrativen Interviews -, daß es möglich ist, mit kalkulierten Statements, und das heißt ohne lange erklärende und deskriptive Erläuterungen, die Darstellungsform von sprachlichem Material gezielt zu beeinflussen. Darüber hinaus wurde ersichtlich, daß bestimmte sprachliche Interventionen geeignet sind, die Form des Erzählens zu fördern, während andere Äußerungen von Seiten des Interviewers eher dazu führen, einen Erzählfluß zu unterbrechen, dafür aber zum Beispiel Darstellungsschemata des Beschreibens oder Argumentierens auszulösen. Auf dieser formalen Ebene sollten Aspekte thematischer Kompetenz in der Ausbildung von Interviewern thematisiert werden. - Wenn derartiges sprachtheoreti-

sches Wissen zum Bestandteil von Interviewtrainings wird, dann auch wieder unter eher formalen Gesichtspunkten: Wenn es z.b. um die Darstellung von spezialisiertem Expertenwissen geht, sollte auf Seiten des Interviewers Kenntnis über geeignete Möglichkeiten des indexikalen Nachfragens bestehen, bzw. wenn es um die Ermittlung von biographischen Erfahrungen geht, sollten erzählgenerierende und erzählhemmende Faktoren auf Seiten des Interviewers gleichermaßen strategisch kalkuliert werden können. - Mindestens ebenso bedeutsam sind inhaltliche Voraussetzungen des Interviewers über den zu erfragenden Themenbereich. Aber deren Vermittlung kann nicht im Rahmen eines gesprächstechnisch orientierten Interviewtrainings geleistet werden.

3. Die Beziehung zwischen alltagskommunikativer Kompetenz und Gesprächstechnik hat einen affektiven oder motivationalen Primat, weil es dabei um den Bezug des Interviewers auf die Person des Befragten geht. Auch diese Beziehung ist als formale zu verstehen, die unabhängig von einer inneren Zuwendung zwischen zwei Personen hergestellt werden kann. Es muß möglich sein, ein Interview nicht als persönlich erlebte Begegnung, sondern als eine gesprächstechnisch herzustellende Beziehung anzulegen. Die zentralen Funktionen der Austauschbeziehung zwischen Gesprächstechnik und alltagskommunikativer Kompetenz sind es, die Motivation des Befragten zur Mitarbeit zu gewährleisten und aufrechtzuerhalten, und ihn zur größtmöglichen Öffnung seiner Binnenperspektive zu veranlassen. Mit dem Interesse an der "Binnenperspektive" ist hier eine möglichst authentische - und das bedeutet weitgehend unbeeinflußt von der Interviewsituation und von der Person des Interviewers - Darstellung der Sichtweisen des Befragten angesprochen. Dies kann sowohl bedeuten, daß er sein Spezialwissen möglichst ausführlich, seine Erlebnisse und Gefühle möglichst unbeeinflußt vom aktuellen Kontext, oder seine Meinungen und Beurteilungen möglichst wenig situationsstrategisch kalkulierend darstellt. - In Kapitel 4 wurde im Zusammenhang mit der Rekonstruktion des Ansatzes von Rogers ein Verfahren vorgestellt, das, eingesetzt als Technik der Gesprächsführung, den Befragten zur Darstellung seiner phänomenalen Welt oder allgemeiner ausgedrückt - seiner Binnenperspektive veranlassen soll. In diesem Zusammenhang wurden auch Differenzen und Gemeinsamkeiten des Interviews in der Therapie und in der Sozialforschung ausführlich erörtert, und es wurden die auch für Forschungsinterviews zu übernehmenden Komponenten der Gesprächstechnik nicht-direktiver Verfahren diskutiert.

Das erweiterte Modell der Kommunikation im Interview zusammengefaßt, deutet sich hier das Bild eines Experten für Gesprächsführung an, der kompetent in den Dimensionen von Fachwissen, thematischem Wissen und alltagskommunikativer Kompetenz agiert, der sich aber auch - in gewisser Distanz zu diesen Dimensionen

- seine Kommunikationsarbeit vergegenwärtigen und sich auch strategisch zu kommunikativen Geschehen verhalten kann. Neben Fachwissen, thematischem Wissen und alltagskommunikativer Kompetenz, stellt sich Gesprächstechnik hier als eine weitere Dimension der Kommunikation im Interview dar, die zwar ausschließlich auf Ressourcen zurückgreift, die den ersten drei Bereichen entstammen, die aber im Kontext von Gesprächstechnik einen neuen Stellenwert erhalten: Sie können hier relativ unabhängig gegenüber den Inhalten eines Interviews als Mittel zur Steuerung der Kommunikation unter mehr formalen Aspekten eingesetzt werden.

5.1. Anforderungen an Interviewer

Es gibt viele Tätigkeiten die, ähnlich der eines Interviewers, ganz oder überwiegend über Kommunikation realisiert werden. Die Anforderung, einen Kommunikationsprozeß in sozialer, kognitiver und affektiver Hinsicht zu steuern, ist von daher keine interviewerspezifische Anforderung. Interviewerspezifisch hingegen ist der relativ ausschließliche und unmittelbare Bezug auf verbale Kommunikation. In therapeutischen Situationen kann eine Stunde verzweifelten Weinens oder trotzigen Schweigens den Heilungsprozeß, und damit das Ziel der Therapie, ganz erheblich vorantreiben. In pädagogischen Situationen können Lerneffekte über Monate oder gar Jahre "reifen", bevor sie sich niederschlagen. In rechtlichen Beziehungen schaffen Urteile dort Klarheit, wo Kommunikation versagt hat, und wie in der Medizin die Angst vor Krankheit oder Tod, so verleiht in der Theologie die Angst vor ewiger Verdammnis jedem Argument eine gewisse Macht und Durchschlagskraft. In einem Interview hingegen zählt ausschließlich das, was mit Hilfe kommunikativer Bemühungen während der Dauer des Interviews verbal hervorgebracht worden ist. Dies ist einer der Gründe, weshalb der Interviewer in der Sozialforschung auch als Experte für Gesprächsführung qualifiziert werden sollte. Die Dominanz verbaler Kommunikation impliziert für den Interviewer die Anforderung, einen Kommunikationsprozeß in sozialer, kognitiver und affektiver Hinsicht zu steuern und zwar unmittelbar ergebnisorientiert innerhalb eines bestimmten Zeitrahmens. Anders ausgedrückt, muß der Interviewer den Befragten beständig veranlassen, Daten einer bestimmten Qualität, d.h. eines bestimmten Typs und eines bestimmten Detaillierungsgrades zu produzieren.

In den vorausgegangenen Kapiteln und in der theoretischen Zusammenfassung zeichnete sich ab, daß die Gesprächsleitung im Interview drei unterschiedliche Anforderungsbündel beinhaltet:

1. Situationsdefinition für das Interview;

2. spezifischer Umgang mit eigenen Emotionen und Motivierung des Befragten;

3. kognitive Steuerung der Äußerungen des Befragten hinsichtlich Art und Menge der Aussagen.

Welcher dieser Aspekte betont wird und welcher von eher nachgeordnetem Interesse ist, unterscheidet sich in der empirischer Sozialforschung, dem narrativen Interview und der klientenzentrierten Gesprächsführung ganz erheblich. Unter dem Gesichtspunkt der Steuerung eines Kommunikationsprozesses in sozialer, affektiver und kognitiver Hinsicht, konnten diese sehr verschiedenartigen Zusammenhänge allerdings aufeinander bezogen werden. Sie eröffneten einander ergänzende Aspekte, wie das genannte Anforderungsbündel, bezogen auf die spezifischen Problemstellungen nicht-standardisierter Befragungsverfahren in der Sozialforschung, präzisiert werden sollte:

ad 1. Die Zielerreichung eines Interviews wird erschwert, wenn der Interviewer nicht bereits mit seiner Vorstellung und mit der Eröffnung der Befragung eine klare Situationsdefinition vermittelt, die, wenn nötig, während des weiteren Verlaufs immer wieder von neuem zu aktualisieren ist. Diese Situationsdefinition beinhaltet einerseits eine Zuweisung sozialer Rollen für die Beteiligten, aber auch eine Definition der Situation in thematischer und kognitiver Hinsicht. Gerade bei der Rollenzuweisung, so hatte die Literatur aus der empirischen Sozialforschung gezeigt, gibt es Unklarheiten. Es bestehen Unsicherheiten, bzw. verschiedene Vorstellungen über die Rolle, die der Interviewer einzunehmen hat, was auch nicht folgenlos für die Rollendefinition des Befragten bleibt. Die kritischste Frage dabei ist, wieviel Nähe bzw. Distanz im Interview angebracht oder nötig ist, ob es nun als eine professionelle Beziehung oder eher als ein soziales Ereignis zu gestalten sei.

ad 2. Was bereits die Definition der eigenen Rolle so schwierig macht, sind hauptsächlich die affektiven Aspekte des Interviews. Einerseits wird dies dadurch erzeugt, daß es Themen gibt, wie z.B. Aids-Erkrankungen oder Vergewaltigung, die auch beim Interviewenden heftigste Emotionen auslösen. Ein Teil der Schwierigkeiten, mit eigenen Gefühlen umzugehen, die Interviewer während Befragungen haben, ergibt sich aus einem Mißverständnis des methodischen Postulats der Neutralität. Diese Forderung wird wohl bisweilen so ausgelegt, daß Interviewer prinzipiell keine Gefühle zeigen dürften. Die Anforderung, die mit dem Neutralitätspostulat abverlangt wird besagt aber wohl etwas anderes. Keine Gefühle zu zeigen wäre eine absurde, weil nicht realisierbare Forderung. Auch für den Befragten, der über schreckliche Erlebnisse berichtet, wäre es mehr als irritierend, wenn er das Gefühl haben muß, daß er sich in einem emotionalen Vakuum äußert. Dieses Neutralitätspostulat kann doch nur beinhalten, daß Interviewer nicht mit ihrer Betroffenheit zugleich eigene Einstellungen und Meinungen preisgeben. Bei dieser Sichtweise kann das Neutralitätspostulat dem Interviewer lediglich die Anforderung abverlangen, mit eigenen Gefühlen im Interview so umzugehen, daß sie dem Befragten etwas über sich selbst widerspiegeln, aber ihm nicht das Innenleben des

Interviewers offenbaren. - Eine andere Komponente dieser Anforderung, in der Darstellung eigener Gefühle quasi zwischen innen und außen differenzieren zu können, ist der Selbstschutz von Interviewern. Gerade bei belastenden Themen sollten Interviewer über Möglichkeiten der Distanzierung verfügen, um sich selbst vor einer zu intensiven gefühlsmäßigen Verstrickung zu schützen.

Die andere affektive Komponente, die dem Interviewer Anforderungen abverlangt und für deren Realisierung er wohl nicht auf ausreichende professionelle Hilfen zurückgreifen kann, ist die des beständigen Motivierens, um den Redefluß des Befragten in Gang zu halten. In einem sozialwissenschaftlichen Interview sollte dies nun weder über äußere Anreize, noch über den Versuch des Interviewers, Gemeinsamkeiten zwischen sich und dem Befragten herzustellen, reguliert werden. Die Motivation des Befragten sollte alleine über die Gesprächsführung durch den Interviewer und auf die Art und Weise, wie er sich auf die Äußerungen des Befragten bezieht, gesichert werden.

ad 3. Auch wenn es dem Interviewer gelingt, den Gesprächsverlauf in seiner affektiven Dimension zu steuern und den Befragten zu Äußerungen zu motivieren, die relativ unbeeinflußt vom Interviewer sind, selbst dann realisiert sich nicht per se das Ziel eines Interviews. Schließlich geht es nicht darum, einfach nur beliebige Aussagen zu sammeln: Ziel eines sozialwissenschaftlichen Interviews wird es entweder sein, sachbezogenes Expertenwissen zu ermitteln, oder Einstellungen zu bestimmten Phänomenen, oder Informationen darüber, wie bestimmte Erfahrungen subjektiv erlebt und verarbeitet werden etc. Es geht also nicht um sprachliches Material schlechthin, sondern um Material, das in einer bestimmten sprachlichen Darstellungsform organisiert ist. Hieraus nun ergibt sich eine dritte Anforderung an Interviewer: Die spezifische Art der Steuerung des Kommunikationsprozesses im Interview in seiner kognitiven Dimension. Diese Anforderung führt wiederum zu der als ersten hier genannten Anforderung zurück, die beinhaltet, daß der Interviewer schon zu Beginn eine Situationsdefinition vermittelt, die, wenn nötig, während des weiteren Verlaufs immer wieder von neuem zu aktualisieren ist. Diese Situationsdefinition beinhaltet neben der bereits diskutierten Zuweisung sozialer Rollen andererseits auch, daß der folgende Kommunikationsprozeß in kognitiver Hinsicht strukturiert wird. D. h., die Situationsdefinition durch den Interviewer muß den Befragten in die Rolle des Erzählers, des Berichtenden oder dessen versetzen, der eine bestimmte Meinung oder Position zu begründen hat. Darüber hinaus muß über die Situationsdefinition in ihrer kognitiven Dimension geklärt werden, wie ausführlich oder knapp, wie allgemein oder konkret der Befragte sich zu äußern hat.

Dieser Teil der Situationsdefinition durch den Interviewer sollte nun allerdings nicht über ausführliche Erläuterungen oder umständliche Erklärungen vollzogen werden. Daß der Befragte über die explizite Darstellung der Spielregeln für den Verlauf des Interviews auf eine bestimmte Situationsdefinition verpflichtet wird, ist weder nötig, noch unbedingt wünschenswert. Bereits anhand des Befragungsverfahrens von Popitz/Bahrdt u.a., erst recht aber am Beispiel des narrativen Interviews, konnten andere Möglichkeiten aufgezeigt werden: Jeder Kommunikationsverlauf folgt einer bestimmten inneren Ordnung, und an dieser relativen Selbstläufigkeit von Kommunikation kann der Interviewer anknüpfen. Er braucht den Befragten nicht durch eine explizite Aufforderung zur Darstellung seiner Aussagen innerhalb eines bestimmten Schemas zu veranlassen, sondern kann dies auch durch ein entsprechend formuliertes Statement erreichen. Als Anforderung an den Interviewer formuliert beinhaltet dies, daß er zumindest soweit über kommunikationstheoretisches Wissen verfügt, daß er den Kommunikationsprozess in den er eingebunden ist, wahrnehmen und steuernd auf ihn einwirken kann.

5.2. Lernziele und Lerninhalte für ein Interviewtraining

Ein Interviewtraining, in dem Interviewer als Experten für Gesprächsführung geschult werden, sollte als übergeordnetes Lernziel die Vermittlung einer professionellen Orientierung verfolgen. So sehr es dazu notwendig ist, daß diese Absicht explizit thematisiert und von anderen Orientierungsmöglichkeiten abgegrenzt wird, so wenig reicht die schlichte Thematisierung zur Realisierung dieses Ziels aus. Eine professionelle Orientierung kann sich nicht lediglich in einer inneren Einstellung erschöpfen, sondern sie beinhaltet auch ein bestimmtes praktisches Verhalten. Dies bedeutet, daß im Rahmen eines Interviewtrainings Wissensbestände und Techniken vermittelt werden, über welche diese Einstellung auch realisiert werden kann.

Wie der vorausgegangene Abschnitt dargelegt hat, impliziert die Tätigkeit eines Experten für Gesprächsführung im Interview, daß er beständig Kommunikationsarbeit leistet, den Kommunikationsverlauf in sozialer, motivationaler und kognitiver Hinsicht kontrolliert und steuert.

In Lernziele für ein Interviewtraining umformuliert, bedeutet das die Vermittlung der Fähigkeit zu einer bestimmten Art der Verhaltenskontrolle. Diese Fähigkeit verlangt, daß ein Kommunikationsverlauf überhaupt erst als steuerbarer Prozeß wahrgenommen und erkannt werden kann und gegebenenfalls steuernd in ihn eingeggriffen werden kann. Der Interviewer ist also einerseits dazu zu befähigen, daß er sich beobachtend zu dem Prozeß verhält, in den er selbst involviert ist, also Teilnehmer und Beobachter zugleich wird. Dies ist eine Seite dessen, was global als professionelle Orientierung charakterisiert wird, daß nämlich ein Vorgang, zu dem man sich alltäglicherweise intuitiv verhält, nun vom Experten der bewußten Beobachtung zugänglich gemacht werden kann. Dies bedeutet nicht nur ein Mehr an Aufmerksamkeit, sondern auch eine andere Qualität von Aufmerksamkeit. Es bedeutet, ein Ereignis aus einer Perspektive wahrzunehmen, die eben nicht alltäglich ist. Im Vergleich zu einer nicht-professionellen Orientierung finden in der Betrachtung eines Vorgangs einerseits Auslassungen statt, und andererseits wird auch Neues wahrgenommen. Während die Aufmerksamkeit von Beteiligten an Kommunikationsprozessen im Alltag hauptsächlich auf die Inhalte der wechselseitigen Mitteilungen gerichtet ist, muß der Experte für Gesprächsführung im Interview eben auch einen Blick für die sprachlichen Konfigurationen entwickeln, denen die Kommunikation folgt.

Oben wurde im Zusammenhang mit dem narrativen Interview bereits dafür plädiert, daß analog zu den Zuordnungstechniken in den verschiedensten Berufen mit Klientenbezug auch von Experten für Gesprächsführung Beobachtungsroutinen eingeübt werden sollten, durch die das unendlich aspekt- und facettenreiche kommunikative Geschehen im Interview einer fortlaufenden strukturierten Beobachtung zugänglich wird. Als zweites Lernziel ließe sich dem die Ausstattung mit Prozeßkenntnissen über Kommunikation und drittens schließlich die Einübung von Steuerungstechniken anfügen.

Zum steuernden Eingreifen in den Kommunikationsprozeß im Interview gibt es Interventionsmöglichkeiten, die auf unterschiedlichen Ebenen angesiedelt sind. Durch die Wahl bestimmter Frageformen kann quasi an der Oberfläche in das Geschehen eingegriffen und der Verlauf einer einzelnen Frage-Antwort-Sequenz gesteuert werden. Bei heiklen Fragen z.B. kann eine Formulierung, mit deren Hilfe Peinliches oder Bedrohliches entschärft wird, die Bereitschaft zur Beantwortung dieser einzelnen Frage vergrößern. Davon zu unterscheiden sind explizite Techniken der Gesprächsführung, deren Wirkung auf den Kommunikationsprozeß tiefgründiger und weitreichender sind. Ein Beispiel dafür wäre die Arbeit mit Erzählaufforderungen im narrativen Interview, die durch eine Art Selbstläufigkeit die Äußerungen des Befragten strukturieren. In ähnliche Dimensionen hinein wirken auch Techniken wie das Spiegeln oder das aktive Zuhören.

Der Zusammenhang zwischen den gerade genannten Lernzielen und den im folgenden dargestellten Lerninhalten für ein Interviewtraining soll hier nicht weiter erörtert werden. Unter eher theoretischen Gesichtspunkten läßt er sich aus den Kapiteln 2 bis 4 rekonstruieren. Als empirischen Beleg dafür, daß hier ein sinnvoller Zusammenhang besteht, möchte ich mich lediglich auf meine eigene - zugegebenermaßen nicht-repräsentative - Erfahrung mit Interviewtrainings beziehen. Meine Erfahrungen mit Trainingserfolgen bei der Beobachtung verbalen Verhaltens deckt sich dabei mit Untersuchungen zur Wahrnehmung von nicht-verbalem Verhalten:

> In der Literatur gibt es ... Anzeichen dafür, daß sich Beobachter in Bezug auf ihre Sensitivität für "cues" in verschiedenen Kommunikationsmodalitäten unterscheiden. SHAPIRO (1968) demonstrierte unterschiedliche Sensitivität seiner Beobachter in Bezug auf Gesichtsausdruck und Sprachverhalten. Diese Unterschiede können zu

einem bestimmten Grad auf Erfahrung oder Spezialisierung zurückgeführt werden: DITTMAN, PARLOFF und BOOMER (1965) konnten zeigen, daß professionelle Tänzer emotionalen Ausdruck besser aufgrund von Körperbewegungen beurteilen können, während klinische Psychologen genauere Beurteilungen abgeben, wenn sie den Gesichtsausdruck als Stimulus zur Verfügung haben.

Es ist daher anzunehmen, daß Beobachter durch geeignetes Training die nötige Sensitivität und Rezeptivität für die Analyse verschiedenartigster non-verbaler Verhaltensweisen "lernen" können. (Scherer 1974: 99)

Die Lerninhalte eines Interviewtrainings können thematisch - nicht aber was die weiter unten zu erläuternde Form ihrer Vermittlung anbelangt - in drei Blöcken zusammengefaßt werden:

1. Die "Lehre von der Frage" als klassisches Spezialgebiet der empirischen Sozialforschung: Hierbei wird einmal allgemeines Wissen über Fragen und ihre Wirkung auf den Kommunikationsverlauf dargestellt. Dabei geht es im einzelnen um die Kontextuierung von Antworten, die durch Fragen hergestellt wird, um Implikationen, die sich aus der Anwendung verschiedener Frageformen ergeben und um Grundwissen über das "Wording". Zum zweiten gehört dazu die Wirkung verschiedener Fragetypen auf den Kommunikationsprozeß. Wie bereits in Kapitel 2. dargelegt, bietet sich hierzu eine Klassifikation von Fragen danach an, auf welcher Ebene sie auf den Kommunikationsprozeß einwirken. Die detailliertere Behandlung einzelner Fragen behandelt also:

   – Fragen, die auf die Beziehung zwischen Interviewer und Befragtem, bzw. auf die sozialen Aspekte Bezug nehmen, in denen diese Beziehung angesiedelt ist.

   – Fragen, die unmittelbar auf den Kommunikationsfluß bezogen sind, die das Interview in kognitiver Hinsicht steuern;

   – Fragen, die eher instrumentelle Wirkung haben, durch deren Einsatz die formale Seite der Kommunikation gesteuert wird.

2. Sprachsoziologisches Wissen: Es wird bewußt kein linguistisches oder kommunikationstheoretisches Wissen vermittelt, da dieses für Belange sozialwissen-schaftlicher Interviews zu unspezifisch ist. In erster Linie geht es hierbei um Wissen über die interaktive Hervorbringung von Sprache: Sprachschemata der Sachverhaltsdarstellung wie Erzählen, Argumentieren, Beschreiben und die innere Organisation, die im Rahmen dieser Schemata mit einer gewissen Selbstläufigkeit hervorgebracht wird. Dazu gehören die verschiedenen Zugzwänge innerhalb verschiedener Darstellungsschemata und innerhalb dieser Zugzwänge bestimmte Organisationsmuster wie die Einführung von Ereignisträgern, Herauslösung einer thematischen Geschichte etc.

Soweit erkennbar, ist der Bereich des sprachsoziologischen Wissens gemessen an seinen Einzelthematiken, der umfangreichste der drei Bereiche des Interviewtrainings. Dies sollte nicht unbedingt Konsequenzen für seine Gewichtung innerhalb eines Trainings haben. Er sollte vielmehr als der thematische Schwerpunkt innerhalb einer Schulung betrachtet werden, der je nach Zeitrahmen des Interviewtrainings an erster Stelle ausgedehnt, bzw. beschnitten werden sollte. Als unverzichtbarer Bestandteil aber sollten Schemata der Darstellung von Sachverhalten und deren Zugzwänge behandelt werden.

3. Technik des Spiegelns bzw. des Aktiven Zuhörens: Gerade aufgrund der Rezeptionsgeschichte der Arbeiten von Rogers in Deutschland ist es notwendig, diese beiden Techniken noch einmal gegenüber verschiedenen Mißverständnissen abzugrenzen: Im Rahmen eines sozialwissenschaftlichen Interviews brauchen sie nicht zwangsläufig mit der Absicht eingesetzt werden, eine Atmosphäre des Wohlfühlens herzustellen. Dies würde sie nur für ganz bestimmte, "weiche", Interviewtypen brauchbar machen. keinesfalls sollten sie in quasitherapeutischer Absicht gebraucht werden. Aufgabe eines sozialwissenschaftlichen Interviews kann und sollte es nicht sein, in psychischen Tiefschichten von Befragten zu experimentieren. - Positiv ausgedrückt, können über die Technik des Spiegelns bzw. des Aktiven Zuhörens mehrere Funktionen der Kommunikation im Interview realisiert werden.

Ihre zweifellos motivierende Wirkung macht sie für sozialwissenschaftliche Interviews deshalb interessant, weil die Motivation nicht von außen in eine zweckgebundene Beziehung hereingetragen werden muß, sondern aus der Beziehung selbst, nämlich dem Gang des Interviews hervorgeht. Wie oben im Kapitel 4. gezeigt wurde, können über diese Techniken Rekonstruktionsprozesse verstärkt werden. Der thematische Fokus in einem sozialwissenschaftlichen Interview, das sei hier nochmals betont, wird dann allerdings nicht auf die Vergegenwärtigung von Erfahrungen und Wissen ausgerichtet sein, daß in psychischen Tiefschichten abgelagert ist. Im Experteninterview z.B. geht es eher um die Rekonstruktion von Sonderwissens-Beständen (vgl. Honer 1993). Eine weitere Möglichkeit, die diese Techniken für sozialwissenschaftliche Interviews eröffnen, ist es, den Gesprächsverlauf deutlich zu steuern, ohne den Befragten in der Entfaltung seiner phänomenalen Welt zu stören. Und schließlich können die Technik des Spiegelns, bzw. des Aktiven Zuhörens auch als ein Elemente der von Interviewern zu erlernenden Beobachtungsroutinen verstanden werden. Sie bieten schließlich eindeutig operationalisierbare - und auch überprüfbare - Gesichtspunkte, auf die hin der Kommunikationsverlauf beobachtet werden kann. - Gemessen am Umfang der zu vermittelnden Informationen ist dies der am wenigsten umfangreiche Themenbereich. Zunächst braucht es nicht mehr als ein Hinweis auf die Ebenen, auf denen Äußerungen von Seiten des Befragten stattfinden können, bzw. auf die verschiedenen Arten von Äußerungen, die der Interviewer zu beobachten hat.[204] Wesentlich schwieriger und langwieriger ist hierbei der Prozeß, in welchem der Interviewer es nach und nach lernt, dieses Wissen auch in sein eigenes kommunikatives Verhalten umzusetzen.

5.3. Interviewtraining als Lernprozeß

Einleitend zu dieser Arbeit wurde bereits an den bei Popitz/Bahrdt u.a. entwickelten Begriff der Habitualisierung angeknüpft. Der Verlauf von Lernprozessen in einem Interviewtraining wird danach so verstanden, daß eine kognitive Bearbeitung bislang spontan praktizierter Handlungsweisen stattfindet, und daß diese kognitive Bearbeitung sich strukturverändernd auf künftige, wiederum spontan praktizierte, Handlungen auswirkt. Während eines Interviewtrainings sollte der "Fluß des Geschehens", den ein Interview darstellt, in seine Details zerlegt, diese jeweils nach ihrer bewußten Analyse erprobt werden, um diesen Vorgang an einem anderen Detail wieder von Neuem zu beginnen. Anders ausgedrückt kann ein Interviewtraining als ein Prozeß verstanden werden, in dessen Verlauf eine bislang eher intuitiv praktizierte Tätigkeit sukzessive vergegenwärtigt wird, um dann auf einer qualitativ anderen Ebene wieder intuitiv gehandhabt zu werden.

Nach dieser Skizze kann Lernen nicht als ein linearer Prozeß verstanden werden, sondern eher als ein sich zyklisch wiederholender, oder spiralförmig verlaufender Vorgang. Aktion und Reflexion, oder konkreter ausgedrückt: Gelegenheiten zur Selbsterfahrung und Selbstbeobachtung müssen sich in einem Interviewtraining beständig mit Phasen der Vermittlung professionellen Wissens und der Analyse problembezogenen Interviewmaterials abwechseln. Klärungsbedürftig ist auch der Vorgang der Vergegenwärtigung spontaner Handlungen. Es reicht nicht aus, z.B. zum Thema Einstieg ins Interview darauf hinzuweisen, daß hier vom Interviewer die sozialen Rollen der Beteiligten und der thematische Verlauf des Interviews definiert werden müssen. Auch weitere Erläuterungen über die Wirkung unterschiedlicher Einleitungsformeln alleine genügen für eine wirkliche Vergegenwärtigung nicht. Die im akademischen Bereich typische kognitive Vermittlungsebene muß dafür durch andere Ebenen ergänzt werden, in denen eine eher erlebensorientierte Vergegenwärtigung stattfinden kann. Die zunächst theoretisch vorgestellten Wissenselemente über Kommunikation im Interview sollten möglichst auch immer noch am Beispiel eines konkreten Falles in ihrer Wirkung vorgeführt werden.[205]

---

204 Vgl. oben, Abschnitt 4.3.4., Seite 171.
205 So die Erfahrung in eigenen Interviewtrainings: Techniken zur Formulierung heikler Fragen, Vorschläge zur Gestaltung der Einleitung, aber auch der Umgang mit komplexeren Techni-

Umgesetzt in ein Trainingsprogramm bedeutet dies, daß Erläuterungen zu einzelnen Aspekten von Interviewtechnik stets an Audio- oder Videoaufzeichnungen und möglicherweise auch noch an Transkripten illustriert werden und daß diese Erläuterungen sich beständig mit Probeinterviews, bzw. Rollenspielen abwechseln.

Eine der üblichsten Lernformen, mit der in Interviewtrainings gearbeitet wird, so konnte in Kapitel 1 gezeigt werden, ist das Rollenspiel. Kahn/Cannell heben die Eignung dieser Methode als Instrument der Selbsterfahrung hervor und als Rahmen, in dem Sensibilität für die eigene Wirkung auf andere entwickelt werden kann. Schließlich, und dieses Argument von Kahn/Cannell wird von vielen anderen, die mit Rollenspielen arbeiten bekräftigt, bietet die Situation des "als ob", die frei von Erfolgszwängen realer Interviewsituationen ist, auch die Möglichkeit, "einfach mal etwas zu probieren", was in der Realität zu riskant wäre.[206]

Neben den wohl unbestreitbaren Vorzügen des Rollenspiels sollten allerdings auch dessen Defizite nicht übersehen werden. Von besonders drastischen Erfahrungen berichtet Brons-Albert (1992):

> Vieles, was dort gesagt wurde, erscheint aus diskursanalytischer Sicht wenig angemessen. Was mir besonders auffiel, waren immer wieder auftauchende Aussagen über die Wirkungsweise bestimmter Formulierungen (z.B. "positiv formulieren") auf den Gesprächspartner, für die es keinerlei empirische Bestätigung gab, und die Tatsache, daß Verhaltensweisen der Kursteilnehmer in Rollenspielen stillschweigend so behandelt wurden, als seien sie deren übliche Verhaltensweisen in der trainierten Realsituation.
>
> Verkaufsschulungen fand ich besonders interessant, weil hier eine überschaubare Diskursform mit einem klaren Gesprächsziel eingeübt wurde und weil ich anhand eigener Praxis leicht beurteilen konnte, wie praxisfern die gegebenen Empfehlungen waren. Viele dieser Empfehlungen fanden sich auch in der Verkaufsschulungsliteratur, die ich ebenfalls zu lesen begann. Verkaufstrainer und Schreiber von Verkaufsschulungsbüchern sind normalerweise früher selbst Verkäufer gewesen. Insofern fand ich die Unangemessenheit ihrer Ratschläge erstaunlich. Ebenso erstaunlich fand ich die hohen Auflagenzahlen und die Vielzahl der Titel bei der Verkaufsschulungsliteratur bzw. den großen kommerziellen Erfolg von Verkaufsschulungen, so

---

ken, wie z.B. dem Spiegeln, dem Umgang mit Erzählaufforderungen, bzw. indexikalen Nachfragen etc. werden in jeweils nachfolgenden Rollenspielen oder Probeinterviews um so eher erinnert und aufgenommen, je vielfältiger die Darstellung des Problems war. Es scheint so zu sein, daß dies nicht an der Häufigkeit der Wiederholungen, sondern in der Tat daran liegt, daß versucht wurde, unterschiedliche Dimensionen der Wahrnehmung anzusprechen.

206 Ein Bestandteil meiner eigenen Interviewtrainings ist das Thema "heikle Fragen". Die Erläuterungen dazu, und insbesondere die Tatsache, daß direkte Fragen nach Einkommen Antwortverweigerungen zur Folge haben können, wird verschiedentlich angezweifelt. Bisweilen war ich selbst überrascht von den Lernerfolgen, zu denen Rollenspiel führt, wenn Trainees es dann doch einfach mal mit direkten Fragen nach finanziellen Verhältnissen versuchen.

daß ich herausfinden wollte, ob tatsächlich der von mir vermutete Unterschied zwischen Anspruch und tatsächlicher Wirkung von Verkaufstrainings besteht und, falls dies zutrifft, wie es trotzdem zu der Zufriedenheit der Kursteilnehmer mit den Kursen kommt. (Brons-Albert 1992: 276f)

Daß, wie in diesem Beispiel, die Arbeit mit Rollenspielen schon fast an Scharlatanerie grenzt, ist sicher kein Einzelfall. Im Bereich kommerzieller Verhaltens- und Kommunikationstrainings dürfte dies in umgekehrt proportionalem Verhältnis zur der fachlichen Inkompetenz und didaktischen Einfallslosigkeit der Veranstalter stehen. Gerade das, was den Vorzug des Rollenspiels ausmacht, bietet diese Lernform auch zu solcher Art des Mißbrauchs an. Worauf die Ausführungen von Brons-Albert ebenfalls hinweisen ist, daß neben geplanten Lernzielen mit diesem Instrument gerade für die, die erstmals an einem solchen Training teilnehmen, per se eine bestimmte Art von Faszination vermittelt wird.

Dies resultiert einfach daraus, daß viele Rollenspieler im Spiel eine qualitativ neue Erfahrung machen: Daß es möglich ist, sich das eigene Verhalten, das unter den üblichen Alltagszwängen routinisiert, bzw. habitualisiert abläuft und kaum zum Gegenstand von Aufmerksamkeit wird, zu vergegenwärtigen, und im Zuge dieser Vergegenwärtigung die Komplexität eigener Handlungsweisen kennenzulernen. Dies scheint zu erklären, warum selbst bei dilletantischster Handhabung das Rollenspiel immer noch Erfolg garantieren kann.

Einen anderen Vorbehalt gegenüber dem Einsatz dieser Technik begründet Brons-Albert damit, daß die Teilnehmer des Rollenspiels sich nie so verhalten wie in der Realität. Sie belegt dies an etlichen Aspekten von Sprachverwendung[207], aber auch an szenischen Beispielen[208]. Diesen Argumenten kann sich niemand entziehen, aber es sind Einwände, die sich in dieser oder ähnlicher Weise gegen alle Lernformen vorbringen lassen, die separiert von alltäglichen Vollzügen praktiziert werden. Wenn "learning on the job" als einzige Alternative verbleibt, dann kann durchaus am Lernen über Rollenspiele festgehalten werden. Es sollte also nicht um ein Für oder Wider des Rollenspieles gehen, sondern darum, wie es möglichst effektiv gestaltet werden kann.

Es gibt eine ganze Reihe von Fragen, die sich im Zusammenhang mit Rollenspielen stellen, und die unterhalb der Ebene des Prinzipiellen angesiedelt

---

207 Die Präsenz von Zuschauern und die Tatsache, daß Rollenspiele meist aufgezeichnet werden, führt zwangsläufig zu einem sorgfältigeren Umgang mit Sprache. Es werden z.B. Begriffe und Satzkonstruktionen verwendet, die umgangssprachlich kaum verwendet werden.
208 So berichtet sie aus ihren Erfahrungen von Trainingskursen mit Buchhändlern, daß im szenischen setting des Rollenspiels kein einziges Buch vorhanden ist, im Verkaufsalltag des Buchhandels die Händler aber kaum mit leeren Händen dastehen, weil sie in der Regel etwas, nämlich ein Buch, in der Hand haben.

sind[209]. Erste Hinweise für die praktische Organisation und Durchführung von Rollenspielen finden sich bei Kahn/Cannell. Wesentlich ausführlicher, wenn auch nur bedingt auf Interviewtrainings übertragbar, stellen Günther/Sperber (1993) die Arbeit mit Rollenspielen dar.

---

209 Eine Schwierigkeit, die recht häufig auftritt, möchte ich als die fehlende Rollendistanz im Rollenspiel beschreiben: Spieler halten fast zwanghaft an dem von ihnen entwickelten Klischee einer Rolle fest und sind, aus welchen Gründen auch immer, nicht in der Lage, auch das Rollenspiel als Prozeß des Aushandelns zu begreifen. Es kommt zu Szenen, - ähnlich denen der Commedia dell'arte, wenn Pulcinello und Arlecchio starrsinnig aufeinander einprügeln -, die nur noch mit einem k.o. enden können, weil zumindest einer der Beteiligten nicht mehr in der Lage ist, eine einmal eingeschlagene Kommunikationsstrategie zu ändern. Zu einem der m.E. wesentlichen Lerneffekte des Rollenspiels, daß jedes Interview von Anfang bis Ende ein beständig von beiden Beteiligten geformter Interaktionsprozeß ist, kann es dann natürlich nicht mehr kommen.

LITERATURVERZEICHNIS

AGB BIELEFELDER SOZIOLOGEN (Hg.): (1973) Alltagswissen, Interaktion und gesellschaftliche Wirklichkeit. 2 Bd. Reinbek: Rowohlt.

ALWIN, DUANE F.: (1977) Making Errors in Surveys. An Overview. In: Sociological Methods & Research 6.2:131-150.

ANGER, H.: (1969) Befragung und Erhebung. In: GRAUMANN, C. (Hg.): Handbuch der Psychologie, Bd. 7, Sozialpsychologie, 1. Halbband, Theorien und Methoden. Göttingen, S. 567-618.

AQUILINO, WILLIAM S.: (1992) Thelephone versus Face-to-Face Interviewing for Household Drug Use Surveys. The International Journal of the Addictions 27.1: 71-91.

ARGELANDER, H.: (1970) Das Erstinterview in der Psychotherapie. Darmstadt: Wissenschaftliche Buchgesellschaft.

ATTESLANDER, PETER/ KNEUBÜHLER, HANS: (1975) Verzerrungen im Interview. Zu einer Theorie der Befragung. Opladen: Westdeutscher Verlag.

ATTESLANDER, PETER: (1975) Methoden der empirischen Sozialforschung. Berlin: de Gruyter.

ATTESLANDER, PETER: (1991) Methoden der empirischen Sozialforschung. Berlin: de Gruyter, 6. neu bearbeitete und erweiterte Aufl.

AXINN, WILLIAM G.: (1991) The Influece of Interviewer Sex on Responses to Sensitive Questions in Nepal. Social Science Research 20.3: 303-318.

BAACKE: (1990) Zum Problem "Lebensweltverstehen". Zu Theorie und Praxis qualitativ-narrativer Interviews. In: Hermeneutisch lebensgeschichtliche Forschung Bd. 1., Hagen, Fernuniversität, FB Erziehungs-, S. 14-89.

BACK, KURT W.: (1956) The Well-Informed Informant. In: Human Organization 14: 30-33.

BAILAR,B./ BAILY,L./ STEVENS,J.: (1977) Measures of Interviewer Bias and Variance. In: Journal of Marketing Research 14: 337-343.

BAKER, REGINALD: (1992) New Technology in Survey Research: Computer -Assisted Personal Interviewing (CAPI). Social Science Computer Review 10.2: 145-157.

BECKER-SCHMIDT, REGINA/ KNAPP, GUDRUN-AXELI/ RUMPF, MECHTHILD: (1981) Frauenarbeit in der Fabrik - Betriebliche Sozialisation als Lernprozeß? Über die subjektive Bedeutung der Fabrikarbeit im Kontrast zur Hausarbeit. In: Gesellschaft. Beiträge zur Marxschen Theorie 14: 52-74.

BEERLAGE, IRMTRAUD/ KLEIBER, DIETER: (1991) Konflikte und Probleme professioneller Identitäten in der psychosozialen Versorgung. In: FLICK, U. u.a. (Hg.): Handbuch Qualitative Sozialforschung. München: Psychologie Verlags Union. S. 327-330.

BENTON, J. EDWIN/ DALY, JOHN L.: (1991) A Question Order Effect in a Local Government Survey. Public Opinion Quarterly 55.4: 640-642.

BERGER-SCHMITT, REGINA: (1988) Zur Problematik von Antwortstilen. Eine empirische Untersuchung am Beispiel von Zufriedenheitsfragen. In: Zeitschrift für Soziologie 17.5: 374-381.

BERGHE, PIERRE L. van den: (1966) Checklists vs. open-ended questions: a comment on "A brief report on the methodology of stereotype research". In: Social Forces 44:418-419.

BLUM, FRED H.: (1952/53) Getting Individuals to Give Information to the Outsider. In: Journal of Social Issues 8:35-42.

BOHNSACK, RALF: (1991) Rekonstruktive Sozialforschung. Einführung in Methodologie und Praxis qualitativer Forschung. Opladen: Leske+Budrich.

BOWMAN, BARBARA/ BOWMAN, GARDA W./ RESCH, RUTH C.: (1984) Humanizing the Research Interview: A Posthumous Analysis of LeRoy Bowman's Approach to the Interview Process. In: Quality and Quantity, S.159-171.

BOYD, HARPER W. Jr./ WESTFALL, RALPH: (1955) Interviewers as a source of error in surveys. In: The Journal of Marketing 19.4: 311-324.

BRADBURN, NORMAN M./ SUDMAN, SEYMOUR/BLAIR, ED/ STOCKING, CAROL: (1978) Question Threat and Response Bias. In: Public Opinion Quarterly42: 221-224.

BREMERICH-VOS, ALBERT: (1992) Anmerkungen zur Transaktionsanalyse. In: FIEHLER, REINHARD/SUCHAROWSKI, WOLFGANG (Hg.): Kommunikationsberatung und Kommunikationstraining. Opladen: Westdeutscher Verlag, S. 352-369.

BRENNAN, MIKE/ HOEK, JANET: (1992) The Behaviour of Respondents, Nonrespondents, and Refusers across Mail Surveys. Public Opinion Quarterly56.4: 530-535.

BRIGGS, CHARLES L.: (1986) Learning how to ask. A sociolinguistic appraisal of the role of the interview in social science research. Cambridge UP.

BRONS-ALBERT, RUTH: (1992) Verkaufsschulungen der 'Praktischen Rhetorik' in diskursanalyti-scher Sicht. FIEHLER, REINHARD/SUCHAROWSKI, WOLFGANG (Hg.): Kommu-nikationsbe-ratung und Kommunikationstraining. Opladen: Westdeutscher Verlag, S.276-288.

BROSZIEWSKI, ACHIM: (1991) Bonner Perspektiven - Politisches Handeln in der Sicht Bonner Journalisten. Dokumentation des Arbeitskreises "Soziologie politischen Handelns". Berking/Hitzler/Neckel (Hg.). Bamberg: Universitätsdruck, S. 127-132.

BUDE, HEINZ: (1982) Text und Soziale Realität. In: Zeitschrift für Soziologie 2.1:134-143.

BUDE, HEINZ: (1985) Der Sozialforscher als Narrationsanimateur. Kritische Anmerkungen zu einer erzähltheoretischen Fundierung der interpretativen Sozialforschung. In: Kölner Zeitschrift für Soziologie und Sozialpsychologie 37:310-326.

BURCHELL, BRENDAN/ MARSH, CATHERINE: (1992) The Effect of Questionaire Length on Survey Response. Quality and Quantity 26.3: 233-244.

CANNELL,CHARLES F./ FOWLER, FLOYD J., Jr.: (1963) A Note on Interviewer-Effect in Self-Enumerative Procedures. In: AMERICAN SOCIOLOGICAL REVIEW, S. 270.

CARR-SAUNDERS, A.M./ WILSON, P.A.: (1933) The Professions. In: SELIGMAN (Hg.): Encyclopedia of the Social Sciences, Bd. XII, S. 476-481.

CICOUREL, A.V.: (1964) Das Interview. Aus: DERS.: Methode und Messung in der Soziologie. Frankfurt: Suhrkamp, 1975, S.110-151.

CICOUREL, AARON: (1970) Basic and Normative Rules in the Negotiation of Status and Role. zu dt.: Basisregeln und normative Regeln im Prozeß des Aushandelns von Status und Rolle. In: AGB 1973, S. 147-185.

CICOUREL, AARON V.: (1974) Theory and Method in a Study of Argentine Fertility. New York u.a.: John Wiley & Sons.

CICOUREL, A. V.: (1975) Methode und Messung in der Soziologie. Frankfurt: Suhrkamp.

CICOUREL, A. V.: (1978) Mark. In: KOHLI, MARTIN (Hg.): Soziologie des Lebenslaufs. Neuwied: Luchterhand, S. 291-310.

COLASANTO, DIANE/ SINGER, ELEANORE/ ROGERS, THERESA F.: (1992) Context Effects on Responses to Questions about AIDS. Public Opinion Quarterly56.4: 515-518.

COTTERILL, PAMELA: (1992) Interviewing Women: Issues of Friendship, Vulnerability, and Power. Women's Studies International Forum 15.5/6: 593-606.

DEAN, JOHN P./ EICHHORN, ROBERT L./ DEAN, LOIS R.: (1954) Observation and Interviewing. In: DOBY, J.T.(Hg.): An Introduction to Social Research. Harrisburg, S. 274-304.

DENCY, BARBARA L.: (1991) Development of Ethnically Sensitive and Gender-specific AIDS Questionaire for African-American Women. Health Values 15.5: 49-54.

DEVAULT, MAJORIE L.: (1990) Talking and Listening from Women's Standpont: Feminist Strategies for Interviewing and Analysis. In: Social Problems 37.1: 96-116.

DEVEREUX, GEORGES: (1976) Angst und Methode in den Verhaltenswissenschaften. München.

DEWE, BERND/ FERCHHOFF, WILFRIED: (1991) Zum Interaktionsprozeß zwischen "Experten" und "Klienten" im Rahmen sozialer Dienstleistungen. In: FLICK, U. u.a. (Hg.): Handbuch Qualitative Sozialforschung. München: Psychologie Verlags Union. S. 330-333.

DIJKSTRA, WIL: (1983) How Interviewer Variance Can Bias the Results of Research on Interviewer Effects. In: Quality and Quantity 17.3: 179-187.

DOHRENWEND, BARBARA S./ RICHARDSON, STEPHEN A.: (1956) Analysis of Interviewers Behavior. In: Human Organization 15:29-32.

DUNLAP, ELOISE u.a.: (1990) Studying Crack Users and Their Criminal Careers: The Scientific and Artistic Aspects of Locating Hard-To-Reach Subjects and Interviewing Them about Sensitive Topics. Contemporary Drug Problems 17.1: 121-144.

ERBSLÖH, E.: (1972) Techniken der Datensammlung 1 - Interview. Stuttgart: Teubner.

ESBENSEN, FINN-AAGE/ SCOTT, MENARD: (1991) Interviewer-Related Measurement Error in Attitudianl Research: A Nonexperimental Study. Quality and Quantity 25.2: 151-165.

ESSER, ELKE: (1988) Datenerhebungstechniken. In: SCHNELL, RAINER u.a. 1988 Methoden der empirischen Sozialforschung. München: Oldenbourg, S. 291-395.

ESSER, HARTUMT: (1974) Der Befragte. In: KOOLWIJK, J.v./ WIEKEN-MAYSER, M. (Hg.) 1974 Techniken der empirischen Sozialforschung, Band 4. - Erhebungsmethoden: Die Befragung. S. 107-145.

ESSER, HARTMUT: (1975) Soziale Regelmäßigkeiten des Befragtenverhaltens. Meisenheim am Glan.

ESSER, HARTMUT: (1986) Können Befragte lügen? Zum Konzept des "wahren Wertes" im Rahmen der handlungstheoretischen Erklärung von Situationseinflüssen bei der Befragung. In: Kölner Zeitschrift für Soziologie und Sozialpsychologie 38:314-336.

ESSER, HARTMUT: (1991) "Rational Choice". Berliner Journal für Soziologie 1.2: 231-243.

FIEHLER, REINHARD/ SUCHAROWSKI, WOLFGANG: (1992) Kommunikationsberatung und Kommunikationstraining. Westdeutscher Verlag.

FIEHLER, REINHARD/ SUCHAROWSKI, WOLFGANG: (1992) Diskursforschung und Modelle von Kommunikationstraining. In: FIEHLER, REINHARD/ SUCHAROWSKI, WOLFGANG (Hg.): Kommunikationsberatung und Kommunikationstraining. S. 24-35. Opladen: Westdeutscher Verlag.

FLICK, UWE: (1991) Stationen des qualitativen Forschungsprozesses. In: FLICK, U. u.a. (Hg.), Handbuch Qualitative Sozialforschung. München: Psychologie Verlagsunion, S. 148-175.

FLICK, UWE/KARDORFF, ERNST v./ KEUPP, HEINER/ROSENSTIEL, LUTZ v./WOLFF, STEPHAN (Hg.): (1991) Handbuch Qualitative Sozialforschung. München: Psychologie Verlags Union.

FREY, JAMES H./ KUNZ, GERHARD/ LÜSCHEN, GÜNTHER: (1991) Telefonumfragen in der Sozialforschung. Methoden, Techniken, Befragungspraxis. Opladen: Westdeutscher Verlag.

FRIEDRICHS, JÜRGEN: (1973) Methoden der empirischen Sozialforschung. Reinbek: Rowohlt. versch. unveränderte Auflagen.

GEBERT, DIETHER: (1991) Organisation. In: FLICK, U. u.a. (Hg.): Handbuch Qualitative Sozialforschung. München: Psychologie Verlags Union. S. 299-302.

GEER, JOHN G.: (1991) Do Open-Ended questions Measure "Salient" Issues ? Public Opinion Quarterly55.3: 360-370.

GOFFMAN, ERVING: (1967) Interaction Ritual. Essays on Face-to-Face Behavior. zu deutsch: Interaktionsrituale. Über Verhalten in direkter Kommunikation. Frankfurt: Suhrkamp, 2. Auflage 1991.

GOFFMAN, ERVING: (1974) Frame Analysis. An Essay on the Organization of Experience. zu deutsch: Rahmen-Analyse. Ein Versuch über die Organisation von Alltagserfahrung. Frankfurt: Suhrkamp 1980.

GOODWIN, LAURA/ SANDS, DEANNA/ KOZLESKI, ELIZABETH B.: (1991) Estimating Interviewer Reliability for Interview Schedules Used in special Education Research. The Journal of Special Education 25.1: 73-89.

GORDON, THOMAS: (1951) Gruppen-bezogene Führung und Verwaltung. In: ROGERS, CARL R. Die klientenzentrierte Gesprächspsychotherapie. Client-Centered Therapy. Frankfurt: Fischer 1991, S. 287-334.

GORDON, THOMAS: (1970) Parent Effectiveness Training. zu deutsch: Familienkonferenz. Hamburg: Heyne 1989 u.a.J.

GORDON, THOMAS : (1976) P.E.T. in Action. zu deutsch: Familienkonferenz in der Praxis. Hamburg: Heyne, 1989 u.a.J.

GOYDER, JOHN/ LOCK, JEAN/ McNAIR, TRISH: (1992) Urbanization Effects on Survey Nonresponse: A Test within and across Cities. Quality and Quantity 26.1: 39-48.

GREY, DAVID L.: (1967) Interviewing at the Court. In: Public Opinion Quarterly31:285-289.

GROSS, PETER/ HONER, ANNE: (1991) Probleme der Dienstleistungsgesellschaft als Herausforderung für die qualitative Forschung. In: FLICK, U. u.a. (Hg.): Handbuch Qualitative Sozialforschung. München: Psychologie Verlags Union. S. 320-323.

GRUNDHÖFER, HORST: (1984) Einmal mehr: Ähnlichkeiten von Interviewer- und Befragteneinstellung - unbewußte Angleichung im Interviewprozeß. In: Zeitschrift für Soziologie 13.3: 260-263.

GUEST, LESTER: (1947) A Study of Interviewer Competence. In: Int. Journal of Opinion and Attitude Research 1.4:17-30.

GÜNTHER, ULRICH/ SPERBER/WOLFRAM: (1993) Handbuch für Kommunikations- und Verhaltenstraining. Psychologische und organisatorische Durchführung von Trainingsseminaren. München/Basel: Reinhard.

HANDBUCH QUALITATIVE SOZIALFORSCHUNG. (1991) FLICK, UWE/KARDORFF, ERNST v./ KEUPP, HEINER/ROSENSTIEL, LUTZ v./WOLFF, STEPHAN (Hg.): München: Psychologie Verlags Union.

HARKESS, SHIRLEY/ WARREN, CAROL A.B.: (1993) The Social Relations of Intensive Interviewing: Constellations of Strangeness and Science. Sociological Methods and Research 21.3: 317-339.

HERMANNS, HARRY: (1981) Das narrative Interview in berufsbiographisch orientierten Untersuchungen. Arbeitspapiere des Wissenschaftlichen Zentrums für Berufs- und Hochschulforschung an der Gesamthochschule Kassel Nr. 9.

HERMANNS, HARRY: (1991) Narratives Interview. In: FLICK, UWE/KARDORFF, ERNST v./ KEUPP, HEINER/ROSENSTIEL, LUTZ v./WOLFF, STEPHAN (Hg.): 1991 Handbuch Qualitative Sozialforschung. München: Psychologie Verlags Union, S. 182-186.

HOAG, WENDY/ ALLERBECK, KLAUS: (1981) Interviewer- und Situationseffekte in Umfragen: Eine log-lineare Analyse. In: Zeitschrift für Soziologie 10.4: 413-426.

HONER, ANNE: (1989) Einige Probleme lebensweltlicher Ethnographie - Zur Methodologie und Methodik einer interpretativen Sozialforschung. In: Zeitschrift für Soziologie 18.4:297-312.

HONER, ANNE: (1993) Das explorative Interview. Zur Rekonstruktion der Relevanzen von Expertinnen und anderen Leuten. Unveröffentlichtes Ms.

HOPF, CHRISTEL: (1991) Qualitative Interviews in der Sozialforschung. Ein Überblick. In: FLICK, UWE/KARDORFF, ERNST v./ KEUPP, HEINER/ROSENSTIEL, LUTZ v./WOLFF, STEPHAN (Hg.): 1991 Handbuch Qualitative Sozialforschung. München: Psychologie Verlags Union, S. 177-182.

HOPF, CHRISTEL/ WEINGARTEN, ELMAR (Hg.): (1979) Qualitative Sozialforschung. Stuttgart: Klett-Cotta.

HOPF, CHRISTEL: (1978) Die Pseudo-Exploration - Überlegungen zur Technik qualitativer Interviews in der Sozialforschung. In: Zeitschrift für Soziologie 7.2:97-115.

HOPF, CHRISTEL: (1979) Soziologie und qualitative Sozialforschung. In: HOPF,CHR./ WEINGARTEN, E. (Hg.): Qualitative Sozialforschung. Stuttgart: Klett, S. 11-37.

HOPF, CHRISTEL: (1982) Norm und Interpretation. Einige methodische und theoretische Probleme der Erhebung und Analyse. In: Zeitschrift für Soziologie 11.3: 307-329.

HOPF, CHRISTEL: (1985) Nicht-standardisierte Erhebungsverfahren in der Sozialforschung: Überlegungen zum Forschungsstand.In: KAASE, MAX/KÜCHLER, MANFRED (Hg.): Herausforderungen der empirischen Sozialforschung. Mannheim, S.86-108.

HUND, JAMES M.: (1959) Changing Role in the Interview Situation. In: Public Opinion Quarterly 23:236-246.

HUNT, WILLIAM H./ WILDER, W. CRANE/ WAHLKE, JOHN C.: (1964) Interviewing Political Elites in Cross-cultural Comparative Research. In: American Journal of Sociology 70: 59-68.

HUTCHINSON KEVIN L./ WEGGE, DAVID G.: (1991) The Effects of Interviewer Gender upon Response in Telephone Survey Research. Journal of Social Behavior and Personality 6.3: 573-584.

KAHN, ROBERT/ CANNELL, CHARLES F.: (1957) The Dynamics of Interviewing. New York.

KALLMEYER, WERNER/ SCHÜTZE, FRITZ: (1976) Konversationsanalyse. In: Studium Linguistik 1:1-28.

KALLMEYER, WERNER/ SCHÜTZE, FRITZ: (1977) Zur Konstitution von Kommunikationsschemata der Sachverhaltsdarstellung. Dargestellt am Beispiel von Erzählungen und Beschreibungen. In: WEGNER, D.(Hg.):Gesprächsanalyse. Hamburg, S.159-274.

KALTON, GRAHAM/ SCHUMAN, HOWARD: (1980) The Effect of the Question on Survey Responses: A Review. In: AMERICAN STATISTICAL ASSOCIATION 1980 Proceedings of the Section on Survey Research Methods, S. 30-39.

KANE, EMILY W./ SCHUMAN, HOWARD: (1991) Open Survey Questions as Measures of personal Concern with Issues: A Reanalysis of Stouffer's. Sociological Methodology 21: 81-96.

KAPPLER, E.: (1980) Aktionsforschung. In: GROCHLA, E. (Hg.): Handwörterbuch der Organisation. Stuttgart: Poeschel-Verlag, S. 52-64.

KERN, HORST: (1979) Kampf um Arbeitsbedingungen. Materialien zur "Humanisierung der Arbeit". Frankfurt: Suhrkamp.

KERN, HORST: (1979) Kritische Industriesoziologie. In: Ders.: Kampf um Arbeitsbedingungen. Materialien zur "Humanisierung der Arbeit". Frankfurt: Suhrkamp. S. 231-245.

KERN, HORST: (1985) Empirische Sozialforschung. Ursprünge, Ansätze, Entwicklungslinien. München .

KERN, HORST/ SCHUMANN, MICHAEL: (1984) Das Ende der Arbeitsteilung ? - Rationalisierung in der industriellen Produktion. München: C.H.Beck 1986, 3.Auflage.

KINCAID, HARRY V./ BRIGHT, MARGARET: (1957) Interviewing the Business Elite. In: American Journal of Sociology, S.304-311.

KIRSCHHOFER-BOZENHARDT, A.von/ KAPLITZA, GABRIELE: (1975) Das Interviewernetz. In: HOLM, KURT (Hg.): Die Befragung I. München: UTB/Francke, S. 127-135. .

KOMAROWSKY, MIRRA: (1940) The Unemployed Man and His Family. New York: Octagon Books.

KÖNIG, RENÉ: (1973) In: DERS. (Hg.): Handbuch der empirischen Sozialforschung. Bd. 2. Grundlegende Methoden und Techniken der empirischen Sozialforschung. 1. Teil. Stuttgart: Enke, 3. umgearb. u. erw. Aufl.

KÖNIG, RENÉ (Hg.): (1976) Das Interview. Formen, Technik, Auswertung. Köln: Kiepenheuer&Witsch, 10. Auflage.

KOOLWIJK, J.v./ WIEKEN-MAYSER, M. (Hg.): (1974) Techniken der empirischen Sozialforschung, Band 4. - Erhebungsmethoden: Die Befragung.

KRIZ,J./ LISCH,R.: (1988) Interviewerschulung. In: Methoden-Lexikon für Mediziner, Psychologen, Soziologen. München: Psychologie Verlagsunion, S. 128.

KROMREY, HELMUT: (1990) Empirische Sozialforschung. Modelle und Methoden der Datenerhebung und Auswertung. Opladen: Leske, 4. Auflage.

KÜCHLER, MANFRED: (1980) Qualitative Sozialforschung - Modetrend oder Neuanfang ? In: Kölner Zeitschrift für Soziologie und Sozialpsychologie, 32: 339-372.

KÜCHLER, MANFRED: (1981) Kontext - Einer vernachlässigte Dimension empirischer Sozialforschung. In: MATTHES, JOCHEN (Hg.): Lebenswelt und soziale Probleme. Frankfurt/New York:Campus, S. 344-354.

KÜCHLER, MANFRED: (1983) "Qualitative" Sozialforschung - Ein neuer Königsweg ? In: GARZ, DETLEF/KRAIMER, KLAUS (Hg.): Brauchen wir andere Forschungsmethoden ? - Beiträge zur Diskussion interpretativer Verfahren. Frankfurt: Scriptor, S. 9-30.

KUDERA, WERNER: (1992) Die Crux mit den kleinen Zahlen - zum Generalisierungsproblem bei qualitativer Sozialforschung. In: LEHNER, FRANZ/SCHMID, JOSEF (Hg.): Technik - Arbeit - Betrieb - Gesellschaft. Opladen: Leske + Budrich, S. 191-204.

KVALE, STEINAR: (1991) Validierung: Von der Beobachtung zu Kommunikation und Handeln. In: Handbuch Qualitative Sozialforschung. München: Psychologie Verlags Union, S. 427-432.

LAGA, GERD: (1984) Interviewsituation und Antwortverhalten. Ergebnisse einer Studentenuntersuchung. In: MEULEMANN, H./REUBAND, K.H. (Hg.): Soziale Realität im Interview. Frankfurt/New York: Campus, S. 61-80.

LAMNEK, SIEGFRIED: (1989) Qualitative Sozialforschung. Band 2: Methoden und Techniken. München: Psychologie Verlags Union.

LAURIE, HEATHER/ SULLIVAN, ORIEL: (1991) Combining Qualitative and Quantitative Data in the Longitudinal Study of Houdsehold Allocations. The Sociological Review 39.1: 113-130.

LEHMANN, ALBRECHT: (1983) Erzählstruktur und Lebenslauf. Autobiographische Untersuchungen. Frankfurt: Campus.

LEZNOFF, MAURICE: (1956) Interviewing Homosexuals. In: American Journal of Sociology: 202-204.

LIEBERHERR, FRANCOISE: (1983) L'Entretien, un Lieu Sociologique. In: Schweizer Zeitschrift für Sozioliologie/Revue Suisse Sociolgique 2:391-406.

LYONS, GENE M.: (1969) The Uneasy Partnership. Social Science and the Federal Government in the 20th Century. New York:Russel Sage.

MAINDOK, HERLINDE: (1977) Soziologie als Profession. Frankfurt: Diss.

MATTHES, JOACHIM/ SCHÜTZE, FRITZ: (1976) Zur Einführung. In: AGB (Hg.), Alltagswissen, Interaktion und gesellschaftliche Wirklichkeit. S. 11-53. Reinbek: Rowohlt

McKILLIP, JACK/ MOIRS, KATIE/ CERVENKA, CHRISTINE: (1992) Asking Open-Ended Consumer Questions to Aid Programm Planning: Variations in Question Format and Length. In: Evaluation and Program Planning 15.1:1-6.

MEMON, AMINA/ BULL, RAY: (1991) The Cognitive Interview: Its Origins, Empirical Support, evluation and practical Implications. Journal of comunity & Applied Social Psychology 1.4: 291-307.

MENZ, FLORIAN/ NOWAK, PETER: (1992) Kommunikationstraining für Ärzte und Ärztinnen in Österreich: Eine Anamnese. In: FIEHLER, REINHARD/ SUCHAROWSKI, WOLF-GANG (Hg.): Kommunikationsberatung und Kommunikationstraining. Opladen: Westdeutscher Verlag. S. 79-86.

MERTON, ROBERT K./ KENDALL, PATRICIA L.: (1946) The Focused Interview. In: American Journal of Sociology 541-557. In Deutsch: Das fokussierte Interview. In: HOPF, CHRISTEL/WEINGARTEN, E. (Hg.): Qualitative Sozialforschung. Stuttgart: Klett-Cotta 1979, S. 171-204.

MEUSER, MICHAEL/ NAGEL, ULRIKE: (1991) Das Experteninterview als Instrument zur Erforschung politischen Handelns. In: Berking/Hitzler/Neckel (Hg.): Politisches Handeln/ Experteninterview. Bamberg: Universitätsdruck, S. 133-140.

MINSSEN, HEINER: (1991) Gruppenarbeit oder Informatisierung - Rationalisierung als sozialer Prozeß. Universität Dortmund: Habilitationsschrift am FB 14.

MOORE, WILBERT W.: (1970) The Professions Roles and Rules. New York.

MÜLLER, URSULA: (1979) Reflexive Soziologie und empirische Sozialforschung. Frankfurt/New York: Campus.

MÜLLER, URSULA: (1985) Arbeits- und Industriesoziologische Perspektiven von Frauenarbeit - Frauen als 'defizitäre' Männer ? In: Sektion Frauenforschung (Hg.), Frauenforschung. Frankfurt/New York: Campus, S. 76-86.

NOELLE-NEUMANN, ELISABETH: (1963) Umfragen in der Massengesellschaft. Reinbek: Rowohlt.

NOELLE-NEUMANN, ELISABETH: (1974) Probleme des Fragebogenaufbaus. In: BEHREND, K.C.: Handbuch der Marktforschung. Wiesbaden, S. 243-253.

PARSONS, TALCOTT: (1968) Professions. In: SILLS (Hg.): Encyclopedia of the Social Sciences. New York, S. 536-547.

PFEIFFER, WOLFGANG M.: (1977) Vorwort. In: ROGERS, CARL R. 1991a Therapeut und Client. Grundlagen der Gesprächspsychotherapie. Frankfurt: Fischer, S. 9-16.

PFEIL, ELISABETH/ FRIEDRICHS, JÜRGEN: (1965) Überlegungen zum Problem rollenbedingter Interviewantworten. In: Zeitschrift f. Markt- und Meinungsforschung 8:1877-1884.

PLATT, JENNIFER: (1981) On interviewing one's peers. In: British Journal of Sociology 32.1:75-91.

PODELL, LAWRENCE: (1955) The structured Interview as a social relationsship. In: Social Forces 34: 150-154.

POOL, ITHIEL de Sola: (1957) A Critique of the 20th Anniversary Issue. In: Public Opinion Quarterly 21: 190-198.

POPITZ, HEINRICH./ BAHRDT, HANS-PAUL/ JÜRES, ERNS T A./KESTING, HANNO: (1957) Das Gesellschaftsbild des Arbeiters. Soziologische Untersuchungen in der Hüttenindustrie. Tübingen: Mohr, 1977 u.a. J.

PRESSER, STANLEY/ ZHAO, SHANYANG: (1992) Attributes of Questions and Interviewers Correlates of Interviewing Performance. In: Public Opinion Quarterly 56.2: 236-240.

REINECKE, JOST: (1991) Interviewereffekte und soziale Erwünschtheit: Theorie, Modell und empirische Ergebnisse. In: Journal für Sozialforschung 31.3: 293-320.

REINECKE, JOST: (1991) Interviewer- und Befragtenverhalten. Theoretische Ansätze und methodische Konzepte. Opladen: Westdeutscher Verlag.

REUBAND, K.H.: (1984) Zur Rekrutierung und sozialen Zusammensetzung von Interviewerstäben.In: MEULEMANN, H./REUBAND, K.H. (Hg.): Soziale Realität im Interview.Frankfurt. Frankfurt: Campus, S. 61-80.

REUBAND, KARL-HEINZ: (1984) Dritte Personen im Interview - Zuhörer, Adressaten oder Katalysatoren der Kommunikation ? In:MEULEMANN, H./REUBAND, K.-H. (Hg.): Soziale Realität im Interview. Frankfurt: Campus, S. 117-156.

RIBBENS, JANE: (1989) Interviewing - An "Unnatural Situation". In: Women`s Studies International Forum 12.6:579-592.

RICOEUR, PAUL: (1972) Der Text als Modell. Hermeneutisches Verstehen. In: BÜHL, W.L.(Hg.): Verstehende Soziologie. München, S. 252-283.

ROBINSON, JAMES A.: (1960) Survey Interviewing among Memebers of Congress. In: Public Opinion Quarterly 24:127-138.

ROETHLISBERGER, F.J./ DICKSON, WILLIAM J.: (1939) Management and the Worker. An Account of a Research Program Conducted by the Western Electric Company, Hawthorne Works, Chicago. Cambridge Mass.: Harvard Univ. Press. 15th Printing 1970.

ROGERS, CARL R.: (1942) Die nicht-direktive Beratung. Counseling and Psychotherapie. Frankfurt: Fischer 1991.

ROGERS, CARL R.: (1945) The nondirective Method as a Technique for Social Research. In: American Journal of Sociology 50:279-283.

ROGERS, CARL R.: (1951). Die klientenzentrierte Gesprächspsychotherapie. Client-Centered Therapy. Frankfurt: Fischer 1991.

ROGERS, CARL R.: (1959) Klientenzentrierte Kurztherapie. Zwei Fallberichte. In: ROGERS, CARL R.: (1991) Therapeut und Client. Grundlagen der Gesprächspsychotherapie. Frankfurt: Fischer, S. 62-130.

ROGERS, CARL R.: (1962) Die zwischenmenschliche Beziehung: Das tragende Element in der Therapie. In: ROGERS, CARL R.: (1991) Therapeut und Client. Grundlagen der Gesprächspsychotherapie. Frankfurt: Fischer, S. 211-231.

ROGERS, CARL R.: (1962) Ein Bericht über Psychotherapie mit Schizophrenen. In: ROGERS, CARL R.: (1991) Therapeut und Client. Grundlagen der Gesprächspsychotherapie. Frankfurt: Fischer, S. 188-210.

ROGERS, CARL R.: (1974) Gespräch mit Gloria (mit Kommentar). In: ROGERS, CARL R.: (1991) Therapeut und Client. Grundlagen der Gesprächspsychotherapie. Frankfurt: Fischer, S. 1974.

ROGERS, CARL R.: (1974) Klientenzentrierte Theorie. In: ROGERS, CARL R.: (1991) Therapeut und Client. Grundlagen der Gesprächspsychotherapie. Frankfurt: Fischer, S. 131-165.

ROGERS, CARL R.: (1975) Klientenzentrierte Psychotherapie. In: ROGERS, CARL R.: (1991) Therapeut und Client. Grundlagen der Gesprächspsychotherapie. Frankfurt: Fischer, S. 17-61.

ROGERS, CARL R.: (1991) Therapeut und Client. Grundlagen der Gesprächspsychotherapie. Frankfurt: Fischer.

ROGERS, CARL R./ ROETHLISBERGER, F.J.: (1952) Barriers and Gateways to Communication. In: Harvard Business Review 30: 46-52.

RONGE, VOLKER: (1984) Das Interviewgeschäft. Wuppertal: Verlag 84 Hartmann+Petit.

ROSENSTIL, LUTZ von: (1991) Fritz J. Roethlisberger & William J. Dickson: Management and the Worker. In: FLICK, U. u.a. (Hg.): Handbuch Qualitative Sozialforschung. München: Psychologie Verlags Union, S. 126-130.

SANCHEZ, MARIA ELENA: (1992) Effects of Questionaire Design on the Quality of Survey Data. In: Public Opinion Quarterly 56.2: 206-217.

SANCHEZ, MARIA ELENA/ MORCHIO, GIOVANNA: (1992) Probing "Don't Know" Answers: Effects on Survey Estimates and Variable Relationships. In: Public Opinion Quarterly 56.4: 454-474.

SCHERER, KLAUS R.: (1974a) Beobachtungsverfahren zur Mikroanalyse non-vebaler Verhaltensweisen. In: KOOLWIJK, J.V./WIEKEN-MAYSER, M. (Hg.): Techniken der empirischen Sozialforschung. 3. Band. Erhebungsmethoden: Beobachtung. München: Oldenbourg, S. 66-109.

SCHERER, KLAUS R.: (1974b) Ausgewählte Methoden der empirischen Sprachforschung. In: KOOLWIJK, J.V./WIEKEN-MAYSER, M. (Hg.): Techniken der empirischen Sozialforschung. 3. Band. Erhebungsmethoden: Beobachtung München: Oldenbourg,S. 110-157.

SCHEUCH, ERWIN K.: (1973) Das Interview in der Sozialforschung. In: KÖNIG, R. (Hg.), Handbuch der empirischen Sozialforschung. Bd. 2, 1. Teil. S. 66-166. Stuttgart: Enke, 3. umgearb. u. erw. Aufl.

SCHEUCH, ERWIN: (1973) Das Interview in der Sozialforschung. In: KÖNIG, RENE (Hg.): Handbuch der empirischen Sozialforschung. Bd. 2, Buch 1. S. 121-204.

SCHMIDTCHEN, G.: (1962) Der Anwendungsbereich betriebssoziologischer Umfragen. Bern.

SCHNELL, RAINER/ HILL, PAUL B./ ESSER, ELKE: (1988) Methoden der empirischen Sozialforschung. München: Oldenbourg.

SCHOTT, BARBARA/ ZICKENDRAHT, VERONIKA: (1992) Erfolg mit Stil. Perfektes Auftreten im Business.

SCHÜTZE, FRITZ: (1975) Sprache soziologisch gesehen. 2 Bd. München: Fink.

SCHÜTZE, FRITZ: (1976) Zur Hervorlockung und Analyse von Erzählungen thematisch relevanter Geschichten im Rahmen soziologischer Feldforschung. In: ARBEITSGRUPPE BIELEFELDER SOZIOLOGEN: Kommunikative Sozialforschung. München , S. 159-260.

SCHÜTZE, FRITZ: (1976) Zur soziologischen und linguistischen Analyse von Erzählungen. In: Int. Jahrbuch f. Wissens- u. Religionssoziologie, 10: 7-41.

SCHÜTZE, FRITZ: (1977) Die Technik des narrativen Interviews in Interaktionsfeldstudien - dargestellt an einem Projekt zur Erforschung von kommunalen Machtstrukturen. Uni Bielefeld, Fakultät f. Soziologie, 2. Aufl. Jan. 1978.

SCHÜTZE, FRITZ: (1981) Prozeßstrukturen des Lebenslaufs. In: MATTHES, J. u.a. (Hg.): Biographie in handlungswissenschaftlicher Perspektive. Erlangen/Nürnberg, S. 67-156.

SCHÜTZE, FRITZ: (1982) Narrative Repräsentationen kollektiver Schicksalsbetroffenheit. In: LÄMMERT, E. (Hg.): Erzählforschung. Stuttgart, S. 586-590.

SCHÜTZE, FRITZ: (1983) Biographieforschung und narratives Interview. In: Neue Praxis 3:283-293.

SCHÜTZE, FRITZ: (1984) Kognitive Figuren des autobiographischen Stegreiferzählens. In: KOHLI, MARTIN/ROBERT, GÜNTHER (Hg.): Biographie und soziale Wirklichkeit. Neue Beiträge und Forschungsperspektiven. Stuttgart: J.B.Metzlersche Verlagsbuchhandlung, S.78-117.

SCHÜTZE, FRITZ: (1987) Das narrative Interview in Interaktionsfeldstudien I. Kurseinheit 1: 3-fach Kurs. Hagen: Fernuni. Hagen. FB Erziehungs-, Sozial- u.Geisteswissenschaften.

SCHÜTZE, FRITZ: (1987) Symbolischer Interaktionismus. In: AMMON, U. u.a. (Hg.): Soziolinguistik. Berlin/New York.

SCHWARZ, NORBERT/ BLESS, HERBERT/ BOHNER, GERD/ HARLACHER, UWE/ KELLENBENZ, M. (1991) Response Scales as Frames of Reference: The Impact of Frequency Range on Diagnostic Judgements. In: Applied Cognitive Sociology 5.1:37-49.

SCHWARZ, NORBERT/ STRACK, FRITZ/ HIPPLER, HANS-.J./BISHOP, G.: (1991) The Impact of Administration Mode on Response Effects in Survey Measurement. In: Applied Cognitive Sociology 5.3:193-212.

SCHWITALLA, JOHANNES: (1979) Dialogsteuerung in Interviews. Ansätze zu einer Theorie der Dialogsteuerung mit empirischen Untersuchungen von Politiker-, Experten- und Starinterviews in Rundfunk und Fernsehen. München.

SHEATSLEY, PAUL B.: (1952) Die Kunst des Interviewens. In: König, René (Hg.): Das Interview. Köln: Kiepenheuer & Witsch, 10. Auflg. 1976, S. 125-142.

SIEVERS, B. (Hg.): (1977) Organisationsentwicklung als Problem. Stuttgart: Klett-Kotta.

SJOBERG, GIDEON: (1957) The Interviewee as a Marginal Man. In: Southwestern Social Science Quarterly, 38:124-132.

SOEFFNER, HANS-GEORG: (1982) Statt einer Einleitung: Prämissen einer sozialwissenschaftl. Hermeneutik. In: SOEFFNER (Hg.), Beiträge zu einer empirischen Sprachsoziologie. Tübingen: Narr, S. 9-48.

SOEFFNER, HANS-GEORG: (1984) Hermeneutik. Zur Genese einer wissenschaftlichen Einstellung durch die Praxis der Auslegung. In: SOEFFNER, H.-G.: Auslegung des Alltags - Der Alltag der Auslegung. Frankfurt: Suhrkamp, S. 98-139.

SOEFFNER, HANS-GEORG: (1985) Anmerkungen zu gemeinsamen Standards standardisierter und nicht standardisierter Verfahren in der Sozialforschung. In: SOEFFNER, H.-G., Auslegung des Alltags. Frankfurt: Suhrkamp, S. 51-65.

SOEFFNER, HANS-GEORG: (1989) Auslegung des Alltags - Der Alltag der Auslegung. Zur wissenssoziologischen Konzeption einer sozialwissenschaftlichen Hermeneutik. Frankfurt: Suhrkamp.

SOZIALWISSENSCHAFTEN: (1976) Studiensituation, Vermittlungsprobleme, Praxisbezug. Orientierungshilfen für Studenten und Dozenten. Frankfurt: Campus.

SPRANZ-FOGASY, THOMAS: (1992) Ärztliche Gesprächsführung - Inhalte und Erfahrungen gesprächsanlytisch fundierter Weiterbildung. In: FIEHLER, REINHARD/ SUCHAROWSKI, WOLFGANG (Hg.): Kommunikationsberatung und Kommunikationstraining. Opladen: Westdeutscher Verlag, S. 68-78.

STEINERT, H.: (1984) Das Interview als soziale Interaktion. In: MEULEMANN, H./REUBAND, K.H. (Hg.): Soziale Realität im Interview. Frankfurt/New York: Campus, S. 17-60.

STIEMERT, SIGIRID/ STRAUS, FLORIAN: (1991) Qualitative Beratungsforschung. In: FLICK, U. u.a. (Hg.): Handbuch Qualitative Sozialforschung. München: Psychologie Verlags Union, S. 323-327.

STRAUSS, ANSELM L.: (1991) Grundlagen qualitativer Sozialforschung. Datenanalyse und Theoriebildung in der empirischen soziologischen Forschung. München: Fink.

TAYLOR, FREDERICK W.: (1919) Die Grundsätze wissenschaftlicher Betriebsführung. München.

THOMANN, CHRISTOPH/ SCHULZ VON THUN, FRIEDEMANN: (1988) Klärungshilfe. Handbuch für Therapeuten, Gesprächshelfer und Moderatoren in schwierigen Gesprächen. Theorie, Methoden, Beispiele. Rowohlt

TRÄNKLE, U.: (1983) Fragebogenkonstruktion. In: FEGER,H./BREDENKAMP, J.(Hg.): Datenerhebung. Göttingen: Hogrefe, S. 222-302.

TREVINO, A. JAVIER: (1992) Interviewing Women: Researcher Sensitivity and the Male Interviewer. Humanity and Society 16.4: 504-523.

VAN TILBURG, THEO: (1992) Question Sequence Effects in the Measurement of Reciprocity. Quality and Quantity 26.4: 395-408.

VOEGELIN, LUDWIG (Hg.): (1977) Sozialwissenschaften 2 - Berufsorientiertes Studium? Frankfurt: Campus.

WATSON, LYNNE/ IRWIN, JEANETTE/ MICHALSKE, SHARON: (1991) Researcher as a Friend: Methods of the Interviewer in a Longitudinal Study. In: Qualitative Health Research, 1.4: 497-514.

WATZLAWICK, PAUL/ BEAVIN, JOHN H./ JACKSON, D.D.: (1967) Menschliche Kommunikation. Formen, Störungen, Paradoxien. Bern/Stuttgart: Huber, 8. unv. Auflage, 1990.

WEISBACH, CHRISTIAN RAINER: (1992) Professionelle Gesprächsführung. München: C.H.Beck Verlag.

WIEDEMANN, PETER: (199)1 Gegenstandsnahe Theoriebildung. In: FLICK, UWE u.a. (Hg.): Handbuch Qualitative Sozialforschung. München: Psychologie Verlags Union, S. 440-445.

WILENSKY, HAROLD L.: (1972) Jeder Beruf eine Profession ? In: LUCKMANN/SPRONDEL (Hg.): Berufssoziologie. Köln, S. 198-215.

WINDOLF: (1990) Probleme der Erhebung und Auswertung sozialwissenschaftlicher Daten. In: Hermeneutisch lebensgeschichtliche Forschung Bd. 1. Hagen, Fernuniversität, FB Erziehungs- Sozial- und Geisteswissenschaften, S. 197-223.

WITZEL, ANDREAS: (1982) Verfahren der qualitativen Sozialforschung. Überblick und Alternativen. Frankfurt/New York: Campus.

WROBEL, ARNE: (1985) Kommunikation im psychoanalytischen Interview. Pfaffenweiler: Centaurus.

ZALEZNIK, ABRAHAM/ JARDIM, ANNE: (1967) Management. In: LAZARSFELD, PAUL F./SEWELL, WILLIAM H./WILENSKY, HAROLD L. (Hg.): The Uses of Sociology. New York: Basic Books, S. 193-233.